石油工业出版社年鉴

PETROLEUM INDUSTRY PRESS YEARBOOK

2018

石油工业出版社有限公司◎编

石油工业出版社

2018
石油工业出版社年鉴
Petroleum Industry Press Yearbook

编辑说明

一、《石油工业出版社年鉴 2018》(以下简称《年鉴》)是石油工业出版社有限公司首次组织编纂的企业年鉴，是出版社的第一部年鉴，全面、系统、准确记录 2017 年石油工业出版社主要发展情况的资料性工具书。

二、《年鉴》采用“板块式”结构，分类编纂，点面结合，综合记述与条目记述相结合，力求全面反映所记事项。全书分为类目、分目、条目三个层次，以文字叙述为主，辅以图表。《年鉴》设大事记、总述、编辑出版、数字转型、营销工作、印刷业务、展览广告、企业管理、党建与企业文化建设、组织机构、光荣榜、二级单位概览及附录 13 个类目。

三、《年鉴》记事时限为 2017 年 1 月 1 日至 12 月 31 日。所引用的各种数据和资料截至 2017 年底，个别内容略有延伸。

四、《年鉴》稿件、资料主要由石油工业出版社有限公司各部门、各单位提供。引用照片除注明外，均由办公室提供。

五、为行文简洁，《年鉴》中的机构名称一般在首次出现时用全称，再出现时用简称。“中国石油天然气集团公司”“中国石油天然气集团有限公司”简称“集团公司”，“中国石油天然气股份有限公司”简称“股份公司”，两者统称“中国石油”;“石油工业出版社有限公司”简称“石油工业出版社”“出版社”。中国石油各级单位名称遵照集团公司行文要求。

六、遵照年鉴编纂的规范要求，编辑部对撰稿人提供的稿件进行必要的编辑加工。主要依据编写大纲与撰稿要求，统一全书体例，规范专业名词术语，删除明显重复，补充部分资料，修改语言文字，力求做到资料翔实、叙述简洁、数据准确。由于年鉴编辑出版时限性强，疏漏和欠妥之处在所难免，恳请读者批评指正。

七、在《年鉴》编辑和出版过程中，得到石油工业出版社有限公司领导、各部门和各单位领导及撰稿人的大力支持与帮助，在此谨致诚挚的谢意。

《石油工业出版社年鉴》编写组

2018 年 12 月

序

《石油工业出版社年鉴 2018》与大家见面了，这是石油工业出版社首次组织编纂的企业年鉴，概括反映了出版社 2017 年主要发展情况，是出版社 2017 年生产经营、改革发展的真实记录。

年鉴作为信息载体，是全面、系统、准确地记述上年度发展状况，按年度连续出版的工具书，具有资料权威、反应及时、连续出版、功能齐全的特点，近年来以其独特优势，日益受到广泛关注。编纂出版社《年鉴》的目的，是为了真实记录出版社的发展进程，积累保存珍贵文字与图片资料，发挥年鉴“资政、存史、育人、交流”的作用，更好地了解昨天、把握今天、开创明天，进一步总结经验、凝聚人心、鼓舞斗志，推动石油出版事业发展。

多年来，出版社认真做好集团公司年鉴及相关企业年鉴编辑出版工作，取得显著成果。《中国石油天然气集团有限公司年鉴》20 余次获得中国出版协会组织的全国年鉴评比单项奖、一等奖、编纂出版质量特等奖等荣誉，2015 年获中国年鉴出版领域最高奖项——“第五届年鉴编纂出版质量评比综合特等奖”，在中央企业名列前茅。然而，以出版社自身为对象，编纂出版社《年鉴》尚属首次。多年来，石油工业出版社作为中国石油科技工作、员工队伍建设、企业形象建设和企业文化建设的重要组成部分，在推进石油科技进步和文化传播方面做出了应有贡献，积累了丰富经验。全面、系统、准确地记录出版社发展历程，非常必要、非常有意义，是一项全新的课题。对此，全社上下高度重视，专门成立编委会，下设办公室、编写组，各部门各单位通力合作，积极撰写稿件，提供资料和图片，编写组认真拟定编撰要求，加强统筹协调，加快工作进度，保证出版社《年鉴》顺利出版。在此，谨向积极参与和关心支持出版社《年鉴》编辑出版工作的同志表示衷心感谢。

由于出版社《年鉴》系首次编纂，受到时间、人力、掌握素材等方面局限，出版社《年鉴》仍有许多遗憾和不足之处，希望大家多提宝贵意见，以便今后加以改进。出版社《年鉴》要在总结经验基础上，完善运行机制，持续开拓创新，不断提升质量水平和内在价值，坚持每年出版，持续打造精品，假以时日，以期形成一部全面翔实的编年体石油出版史，成为出版社发展的权威记录、珍贵史册以及对外宣传的重要窗口。

《石油工业出版社年鉴 2018》问世，标志着出版社《年鉴》编纂出版工作正式开始，步入常态化轨道。年鉴编纂是一项重要的基础工作，修志问道，以启未来。希望刚刚诞生的出版社《年鉴》能够得到大家喜爱，有更多的人重视《年鉴》、用好《年鉴》。让我们共同努力、开拓创新，继往开来、奋发有为，为石油出版事业高质量发展贡献新的力量。

石油工业出版社有限公司党委书记、执行董事、总经理

2018 年 12 月

◎领导关怀

2017 年 4 月 25 日，中国石油天然气集团公司党组书记、董事长王宜林（前排右二）等领导参观中国石油“五新五小”群众性经济技术创新成果展，展览由出版社承办

2017 年 5 月 26 日，中国石油天然气集团公司总经理、党组副书记章建华（左三）到出版社调研，听取出版社工作情况汇报；出版社党委书记、执行董事、总经理张卫国（左二），总编辑张镇（右二），副总经理韩青华（左一）、周家尧（右一）参加汇报

2017 年 2 月 22 日，中国石油天然气集团公司党组副书记、副总经理徐文荣（前排中）到出版社调研，在中油书店听取出版社图书出版情况汇报

2017 年 6 月 22 日，中国石油天然气集团公司副总经理喻宝才（左五）参观第二十届中国（重庆）国际投资暨全球采购会中国石油展台，展台由出版社承建

2017 年 6 月 20 日，中国石油天然气集团公司总经理助理王铁军（右四）出席第十八届中国・青海绿色发展投资贸易洽谈会开幕式并参观中国石油展台，展台由出版社承建

2017 年 3 月 16 日，国家新闻出版广电总局图书出版管理司副司长李一昕（左四）一行到出版社调研

2017 年 10 月 12 日，出版社和炼油与化工分公司共同承办由中国石油品牌办组织的第十七届中国塑料交易会中国石油展台

◎重大项目

2017 年 11 月 3 日，学习党的十九大精神、发扬行业优良传统暨《大国工匠》出版发行座谈会在北京举行，座谈会由中国石油和化学工业联合会、中国化工职工思想政治工作研究会、中国化工作家协会、中国石油吉林石化公司和石油工业出版社共同主办

2017 年 12 月 8 日，《世界能源展望中国特别报告》发布会在北京隆重举行，发布会由国际能源署（IEA）、中国石油天然气集团公司、电力规划总院共同举办

2017 年 6 月 1 日，中国石油天然气集团公司人事部副总经理李慬章（右二）一行听取出版社党建数字出版、图书出版工作汇报

2017 年 12 月 15 日，中国石油天然气集团公司副总经济师、直属党委常务副书记李正光（左三）一行听取出版社党建信息化平台资源建设工作汇报

2017 年 4 月 21 日至 22 日，中国石油天然气集团公司年鉴工作会议在成都召开，集团公司董事会秘书、办公厅主任、《中国石油天然气集团公司年鉴》主编王志刚（主席台左二）参加会议，会议由出版社承办

2017 年 10 月 13 日至 14 日，《中国石油天然气集团公司年鉴》2017 卷审稿工作会议在兰州召开，会议由出版社承办

2017 年 5 月 15 日，中国石油天然气集团公司科技管理部总经理隋军（右三）一行到出版社听取科技出版工作汇报

2017 年 7 月 3 日，石油科技图书出版专项专家评审会在出版社召开

2017 年 11 月 11 日，中国石油组织史资料编纂工作会议在成都召开，《中国石油组织史资料》的编辑出版由出版社承担

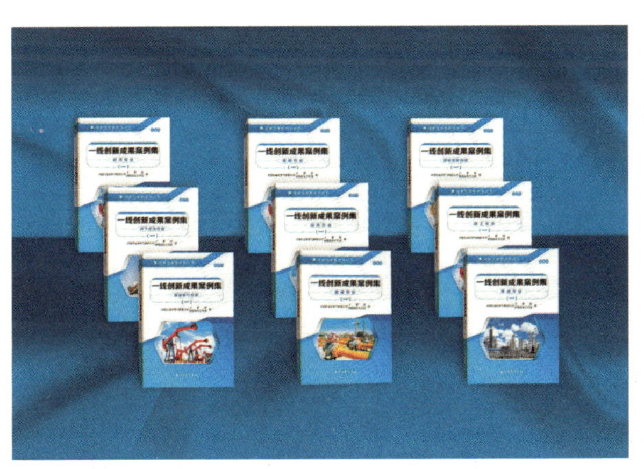

2017 年 9 月 22 日，《一线创新成果案例集》在中国石油天然气集团公司 2017 年职业技能竞赛闭幕式暨一线创新成果发布会上正式发行

2017 年 7 月，出版社收到中国石油天然气集团公司思想政治工作部转赠由《经济观察报》授予的“领读中国·2016 年度书香企业”荣誉奖牌

◎重要会议

2017 年 7 月 21 日，中共石油工业出版社有限公司第二次党员大会隆重举行

2017 年 2 月 14 日，出版社召开 2017 年工作会议暨三届二次职工代表大会

2017 年 1 月 18 日至 19 日，出版社召开科学发展研讨会

2017 年 3 月 30 日，出版社召开党建及反腐倡廉工作会

2017 年 3 月 16 日，出版社召开数字出版工作会

2017 年 3 月 17 日，出版社召开发行工作会议

2017 年 4 月 13 日，出版社召开出版物质量工作会议

2017 年 8 月 4 日，出版社召开学习贯彻中国石油天然气集团公司领导干部会议精神暨半年生产经营分析会

◎战略协议

2017 年 1 月 12 日、14 日，出版社分别与小站教育、未来教育签订战略合作协议

2017 年 5 月 11 日，出版社与国务院国资委研究中心签订战略合作协议

2017 年 10 月 27 日，出版社与中国华油集团公司签订战略合作协议

2017 年 11 月 9 日，出版社与中国石油山东销售公司签订战略合作协议

◎交流活动

2017 年 3 月 29 日，大庆油田有限责任公司党委副书记王昆（左二）一行到出版社座谈交流

2017 年 3 月 20 日，西安石油大学校长屈展（左三），石油管工程技术研究院院长、党委书记张冠军（右二）一行到出版社座谈交流

2017 年 5 月 19 日，纽约科学院全球 STEM 联盟首席执行官 Reuben Advani（右四）一行到出版社访问洽谈

2017 年 6 月 8 日，美国国家地理、圣智学习教育公司来宾到出版社调研考察

2017 年 11 月 14 日，中共中央党校出版社总编辑崔宪涛（左二）一行到出版社调研交流

◎编辑出版

2017 年 3 月 17 日，出版社组织召开国企党建图书著译者座谈会暨新书编撰启动会

2017 年 10 月 18 日，出版社和西南油气田公司联合主办的《海相页岩气勘探开发技术丛书》编写启动会在杭州举行

2017 年 7 月 15 日，出版社在成都组织召开《中国气田开发丛书 · 总论》审稿会

2017 年 8 月 17 日，出版社组织召开《中国石油员工基本知识读本（精要本）》审稿会

◎书展营销

2017 年 1 月 12 日至 14 日，出版社参加第 30 届北京图书订货会

2017 年 5 月 31 日，出版社参加在廊坊举办的以“承燕赵文脉，启盛世书香”为主题的第 27 届全国图书交易博览会

2017 年 8 月 23 日至 27 日，出版社参加第 24 届北京国际图书博览会 (BIBF) 暨第 15 届北京国际图书节

2017 年 4 月 21 日，出版社参与中央党校“跟着总书记读好书”活动

2017 年 8 月 20 日，出版社携手未来教育·大语文上海分校在上海书展举办以“得语文者得天下”为主题的大语文系列图书签售会

2017 年 11 月 28 日，出版社党委书记、总经理张卫国（下图右二）、副总经理周家尧（下图左二）一行到大庆油田有限责任公司学习调研，举行座谈会（上图），为中油书店大庆油田分店授牌（中图），看望大庆图书出版中心工作人员（下图）

◎国际交流

授予：石油工业出版社有限公司

2017年阿布扎比国际书展中国主宾国优秀展示奖。

特颁此证。

中华人民共和国
国家新闻出版广电总局
二零一七年六月

2017 年 4 月 26 日至 5 月 1 日，出版社党委书记、总经理张卫国（右二）等参加第 27 届阿布扎比国际书展；6 月，出版社被国家新闻出版广电总局授予“2017 年阿布扎比国际书展中国主宾国优秀展示奖”

2017 年 6 月 1 日至 6 日，出版社总编辑张镇（右二）等参加 2017 年美国书展（BEA）

2017 年 10 月 11 日至 15 日，出版社副总经理周家尧（右二）等参加第 69 届法兰克福书展

2017 年 4 月 2 日至 8 日，出版社参加第 54 届博洛尼亚国际童书展

2017 年 11 月 24 日至 30 日，出版社参加在泰国举行的第一届东南亚中国图书巡回展

◎党建与企业文化建设

2017 年 7 月 3 日，出版社党委书记、总经理张卫国为出版社全体党员干部讲授专题党课

2017 年 7 月 12 日，中国石油天然气集团公司党组第三巡视组进驻出版社开展专项巡视

2017 年 6 月 19 日，出版社举办迎“七一”党章知识竞赛

2017 年 10 月 18 日，出版社党委组织 80 余名党员集中收看党的十九大开幕会直播

2017 年 3 月 1 日，出版社表彰安全环保先进个人

2017 年 5 月 2 日，出版社举办“宣讲石油故事、弘扬铁人精神”座谈会

2017 年 9 月 25 日，党委书记、总经理张卫国（左二）应邀出席集团公司直属团代会开幕式，与出版社参会代表合影

2017 年 10 月 11 日，出版社组织参观“砥砺奋进的五年”大型成就展

2017 年 1 月 13 日，出版社召开离退休职工新春茶话会

2017 年 10 月 16 日，出版社举办喜迎党的十九大歌咏比赛

2017 年 9 月 23 日，出版社参加“中国石油在京单位第一届职工运动会”，集团公司党组书记、董事长王宜林（右二）为取得实心球冠军的出版社运动员（中）颁奖并合影留念

2017 年 9 月 23 日，总编辑张镇（前排右四）代表出版社领取优秀组织奖

◎队伍建设

2017 年 5 月，出版社与中国石油物资公司联合在广州培训中心举办处级干部培训班

2017 年 4 月 14 日，出版社邀请中国版协编校委员会副主任、中国编辑学会副会长、科学出版社原总编辑吴瑰琦做编辑出版业务培训

2017 年 10 月 24 日，出版社邀请机械工业出版社副社长陈海娟（左一）做图书出版营销业务培训

◎讲坛论坛

2017 年 4 月 26 日，出版社与中国石油经济技术研究院联合举办能源大讲坛，邀请国家发改委原副主任、国家能源局原局长张国宝作“重塑中的世界和中国能源格局”主题报告

2017 年 7 月 19 日，出版社与中国石油勘探开发研究院共同主办能源大讲坛走进科研院所活动，邀请国际能源署首席经济学家拉斯洛·瓦罗作“石油的未来：科技、政策与投资”主题演讲

2017 年 11 月 10 日，出版社、西南石油大学、四川省社会科学界联合会、西南油气田公司和中国能源网共同主办的西部油气论坛·能源转型与油气体制改革学术研讨会（2017）在西南石油大学隆重举行

◎数字出版

2017年7月11日至13日，第七届中国数字出版博览会在北京隆重举行，出版社被评为“2016—2017年度数字出版·创新企业”，“石油职业培训模拟仿真（VR）系统”被评为“2016—2017年度数字出版·创新作品”，被中国新闻出版研究院授予“数字版权保护技术应用产业联盟会员单位”

2017年9月11日，在2017年北京国际文化创意产业博览会“中国数字出版创新论坛”上，出版社“党建系列微课程”“石油百科智能知识互动服务平台”两种产品获“数字出版创新奖”

◎安全生产

2017 年 1 月 11 日，党委书记、总经理张卫国（前排左一）、副总经理韩青华（右三）一行到彩印公司顺义厂区安全检查并慰问一线员工

2017 年 1 月 11 日，总编辑张镇（右二）一行到固安书库安全检查并慰问一线员工

2017 年 6 月 15 日，出版社在彩印公司顺义厂区组织开展消防联合演练

◎感谢信

中国石油天然气股份有限公司吉林石化分公司

感 谢 信

石油工业出版社：

7 月 27 日—29 日，中国石油集团公司 2017 年领导干部会议在吉林石化公司成功召开，并得到了中国石油集团公司领导、与会代表的高度评价和表扬，收到了非常好的反响，展示了吉林石化公司的良好形象。

在会议筹备及承办过程中，出版社将《大国工匠》《吉化记忆》和《吉化经验研究》三本书的印刷出版作为特殊重点任务，克服了时间紧、任务重等诸多困难，特事特办，加班加点，付出了极大的辛苦，保证了书籍的按时印刷出版，确保了会议圆满成功。

在此，对参与保障会议书籍出版印刷的全体同志，表示衷心的感谢，对出版社的帮助和支持表示衷心的感谢！

愿我们携手前进，同舟共济，共同创造幸福美好的明天！

中国石油吉林石化公司

2017 年 8 月 4 日

中国吉林省吉林市龙潭大街 9 号　邮编：132021　电话：0432-63903911　传真：0432-63068982

2017 年 8 月 4 日，中国石油吉林石化公司给出版社发来感谢信

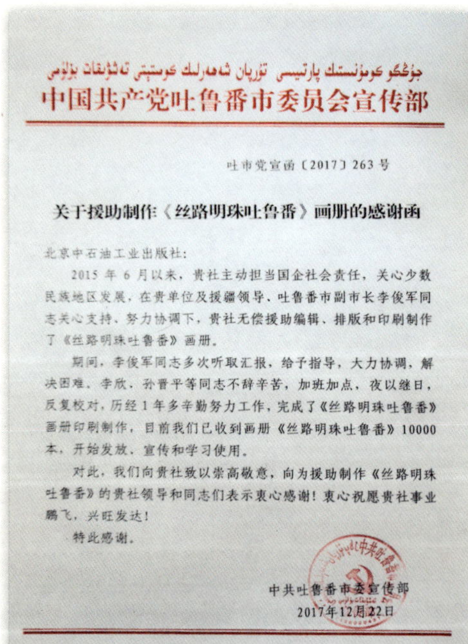

جۇڭگو كومۇنىستىك پارتىيىسى تۇرپان شەھەرلىك كومىتېتى تەشۋىقات بۆلۈمى

中国共产党吐鲁番市委员会宣传部

吐市党宣函〔2017〕263 号

关于援助制作《丝路明珠吐鲁番》画册的感谢函

北京中石油工业出版社：

2015 年 6 月以来，贵社主动担当国企社会责任，关心少数民族地区发展，在贵单位及援疆领导、吐鲁番市副市长李俊军同志关心支持、努力协调下，贵社无偿援助编辑、排版和印刷制作了《丝路明珠吐鲁番》画册。

期间，李俊军同志多次听取汇报，给予指导，大力协调，解决困难，李欣，孙晋平等同志不辞辛苦，加班加点，夜以继日，反复校对，历经 1 年多辛勤努力工作，完成了《丝路明珠吐鲁番》画册印刷制作，目前我们已收到画册《丝路明珠吐鲁番》10000 本，开始发放、宣传和学习使用。

对此，我们向贵社致以崇高敬意，向为援助制作《丝路明珠吐鲁番》的贵社领导和同志们表示衷心感谢！衷心祝愿贵社事业腾飞，兴旺发达！

特此感谢。

中共吐鲁番市委宣传部

2017年12月22日

2017 年 12 月 22 日，中共吐鲁番市委宣传部给出版社发来感谢信

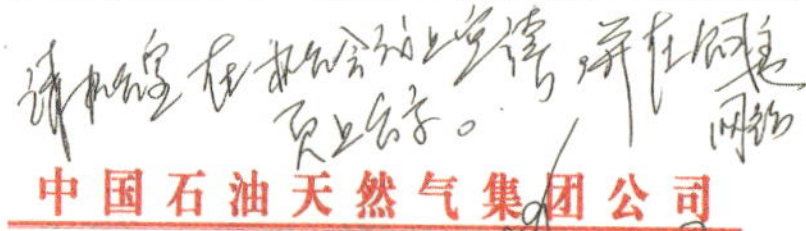

中国石油天然气集团公司

关于建议给予鲜于德清等同志表扬的函

石油工业出版社有限公司党委：

按照集团公司党组部署，党组宣传部组织编撰了《中国石油喜迎党的十九大丛书》，集中反映了新一届党组团结带领百万石油员工贯彻落实习近平新时代中国特色社会主义思想的新实践、新业绩和新形象。在集团公司党组召开的喜迎党的十九大先进典型座谈会上，受党组书记、董事长王宜林委托，党组副书记、副总经理徐文荣向与会代表赠送丛书，认为丛书是集团公司党组向党的十九大献礼的重要成果之一。党组下发的学习宣传贯彻党的十九大精神通知，将丛书列为学习宣传贯彻党的十九大精神的重要资料用书。

这套丛书的编撰工作时间紧、任务重，政治性、政策性都很强，工作标准和要求比较高。石油工业出版社有限公司党委讲政治、顾大局，党委书记、总经理张卫国同志，要求把配合丛书编撰和出版发行作为一项重要政治任务，全过程协调、全过程配合，确保了集团公司党组向党的十九大献礼重点工作的圆满完成。

按照石油工业出版社有限公司党委统一安排，**鲜于德清、陈朋、李玲**等同志和有关业务部门，严谨细致、优质高效地完成了各项工作任务，体现了高度的政治素养和专业水准，展现了石油出版社队伍的良好风貌，为丛书的如期出版发行做出了突出贡献，受到了党组宣传部领导和丛书编写组同志们的一致认可。

特向石油工业出版社有限公司党委表示感谢。建议对**鲜于德清、陈朋、李玲**等同志予以表扬。

党组宣传部

2017 年 11 月 2 日

— 2 —

2017 年 11 月 2 日，集团公司党组宣传部致函出版社党委

目　录

大事记

1 月

11 日　党委书记、执行董事、总经理张卫国，总编辑张镇，副总经理韩青华等带领相关部门负责人分别到彩印公司顺义厂区、固安书库看望慰问一线员工。

12 日　石油工业出版社与小站教育在北京国际展览中心签订战略合作协议并举行新书发布会。总经理张卫国、副总经理周家尧出席签字仪式。

12—14 日　第 30 届北京图书订货会在北京国际展览中心举行。订货会期间，石油工业出版社组织开展会前会、高层会谈、现场展示、战略合作协议签署及新书发布等活动，9 个经营部门展示业务特色及新书、重点产品。总经理张卫国、总编辑张镇、副总经理周家尧等出席相关活动。

13 日　石油工业出版社召开 2017 年离退休职工新春茶话会，党委书记、总经理张卫国，总编辑张镇，副总经理韩青华、周家尧等与 90 余名离退休老同志参加。

14 日　石油工业出版社与未来教育签订战略合作协议。

16 日　国际能源署（IEA）信息传媒负责人雅德·穆阿瓦德来石油工业出版社访问，总编辑张镇、副总经理周家尧会见来宾。

18—19 日　石油工业出版社召开科学发展研讨会。党委书记、总经理张卫国，总编辑张镇，副总经理韩青华、周家尧，各部门各单位负责人、首席编辑参加会议。会议传达集团公司 2017 年工作会议、集团公司 2017 年党风廉政建设和反腐败工作会议主要精神，围绕“坚持创新驱动，推进稳健发展”主题展开研讨。张卫国做总结讲话。

19 日　根据工作需要，经研究决定“后勤服务中心”更名为“行政事务中心”，其干部职务名称自然更替。

24 日　根据《石油工业出版社有限公司绩效考核管理办法》（油版公司〔2016〕43 号），对所属 18 个处级单位 2016 年度工作进行绩效考核，考核结果通报如下：优秀单位（A 级）是石油科技图书出版分社、高等教育出版分社、大众图书出版公司、职业培训出版分社、人事处、办公室；良好单位（B 级）是标准与安全图书出版分社、年鉴与史志出版分社、数字出版中心、能源经济项目部、期刊出版分社、总编室（业务处）、后勤服务中心、财务管理处；称职单位（C 级）是国际出版交流中心、北京中油展览有限公司、图书营销中心、北京中石油彩色印刷有限责任公司。

同日　石油工业出版社工会、团委举办迎新春文化活动。

本月　由武汉大学图书馆和武汉大学中国科学评价研究中心等单位共同组织评选的第五届《中国学术期刊评价研究报告（武大版）（2017—2018）》正式发布，《石油科技论坛》被评为“RCCSE 中国核心学术期刊（A）”。

本月 《中国石油天然气集团公司年鉴2016》正式出版发行，集团公司董事长、党组书记王宜林作序。

本月 石油工业出版社广泛开展送温暖活动，党委书记、总经理张卫国，总编辑张镇，副总经理韩青华、周家尧，带领工会、人事处有关同志看望困难、患病员工，走访慰问离休干部、退休局级干部、患病和家庭困难离退休老同志，以及离退休老同志遗属等 59 人。

2 月

8 日 根据石油工业出版社《关于设立人力资源出版中心有关问题的通知》（油版公司〔2016〕79 号）、《关于后勤服务中心更名的通知》（油版公司〔2017〕6 号）和现有公章磨损情况，决定自即日起正式启用“人力资源出版中心”“行政事务中心”及“图书营销中心”3 枚印章。同时，废止原“后勤服务中心”印章和原“图书营销中心”印章。

13 日 印发《关于表彰石油工业出版社有限公司 2016 年度数字出版、图书营销、创意经济先进个人和优秀管理奖获得者的决定》，决定授予 10 名同志“石油工业出版社有限公司 2016 年度数字出版先进个人”称号；授予 3 名同志“石油工业出版社有限公司 2016 年度图书营销先进个人”称号；授予 2 名同志“石油工业出版社有限公司 2016 年度创意经济先进个人”称号；授予 7 名同志“石油工业出版社有限公司 2016 年度优秀管理奖”称号。

14 日 石油工业出版社有限公司 2017 年工作会议暨三届二次职代会在办公楼七层多功能厅举行。党委书记、总经理张卫国，总编辑张镇，副总经理韩青华、周家尧，职工代表、列席代表、特邀代表以及科以上干部、高级职称人员共 120 余人参加会议。会议听取并审议工作报告、财务预决算情况报告、三届一次职代会提案处理落实情况报告。总经理与其他班子成员、班子成员与经营和管理部门负责人签订 2017 年度绩效合同。会议表彰 2016 年度优秀出版物和效益单项奖，以及 2016 年度数字出版、图书营销、创意服务先进个人和优秀管理奖。

16 日 印发《关于表彰石油工业出版社有限公司 2016 年度优秀出版物和效益单项奖的决定》，60 种出版物被评为“石油工业出版社有限公司 2016 年度优秀出版物”一等奖和二等奖；《保密工作培训教材》获“石油工业出版社有限公司 2016 年度出版物效益单项奖”。

22 日 集团公司党组副书记、副总经理徐文荣来石油工业出版社调研，看望慰问干部员工，观看石油工业出版社宣传片，听取工作汇报，要求石油工业出版社按照集团公司党组部署要求，进一步加强党建工作，推进转型升级，不断提升发展能力，取得更大成绩，为集团公司建设世界一流综合性国际能源公司做出积极贡献。集团公司副总经济师兼直属党委常务副书记李正光、改革与企业管理部总经理姜力孚、人事部副总经理李慬章等总部机关相关部门负责人随同调研，并对石油工业出版社工作给予充分肯定，对下一步工作提出要求。党委书记、总经理张卫国主持汇报会，介绍出版社工作情况和下一步打算。总编辑张镇，副总经理韩青华、周家尧，副总，管理部门负责人参加汇报会。

23 日　陕西延长石油集团公司副总经理王香增、西安石油大学副校长李天太一行来石油工业出版社座谈交流，总经理张卫国、总编辑张镇出席交流会。

27 日　印发《关于表彰 2016 年度安全先进集体、安全先进个人的决定》，经部门推荐，石油工业出版社安全委员会审核研究，决定授予 5 个单位 2016 年度安全先进集体称号，授予 33 名同志 2016 年度安全先进个人称号。

同日　印发《关于北京中油知源图书有限责任公司更名的通知》，根据工作需要，经北京市工商行政管理局行政许可，北京中油知源图书有限责任公司更名为北京中油书店有限公司，简称中油书店。

同日　印发《关于启用和废止印章的通知》，决定自即日起正式启用“北京中油书店有限公司”“北京中油书店有限公司合同专用章”“北京中油书店有限公司财务专用章”和“北京中油书店有限公司发票专用章”4 枚印章。同时，废止原“北京中油知源图书有限责任公司”“北京中油知源图书有限责任公司合同专用章”“北京中油知源图书有限责任公司财务专用章”“北京中油知源图书有限责任公司发票专用章”4 枚印章。

28 日　石油工业出版社召开党委中心组学习会，党委书记、总经理张卫国主持会议，总编辑张镇，副总经理韩青华，纪委书记、副总经理周家尧，副总、党支部书记、管理部门负责人参加。会上传达集团公司党组副书记、副总经理徐文荣来出版社调研讲话精神，与会人员结合实际交流研讨。

同日　印发《关于〈中国油气〉业务划转的通知》，根据工作需要，经研究决定自即日起将《中国油气》业务从期刊出版分社划转至能源经济项目部，其人员随业务归并划转。

3 月

1 日　石油工业出版社召开 2017 年安全环保工作会议，回顾 2016 年工作，安排 2017 年重点工作。总经理张卫国强调抓好五个方面工作。会上签订《2017 年安全生产和环境保护责任书》，表彰 2016 年安全环保先进集体和先进个人，宣布石油工业出版社安全委员会委员和安全委员会办公室成员名单。

2 日　期刊出版分社召开 2017 年工作会议，总编辑张镇及分社全体人员参加。

3 日　《中国石油天然气集团公司年鉴》编

纂创新研讨会在石油工业出版社举行。集团公司办公厅副主任范宁出席会议并讲话，总编辑张镇主持会议。

7 日　石油工业出版社工会女工委在办公楼七层多功能厅举办“靓丽石油出版梦——巾帼风采展”文艺演出，庆祝“三八”国际劳动妇女节到来。总经理张卫国致辞。

14 日　展览公司党支部召开组织生活会，开展党员民主评议，党委委员、副总经理韩青华以普通党员身份参加。

15 日　石油工业出版社召开全面深化改革领导小组会议，党委书记、总经理张卫国，总编辑张镇，副总经理韩青华、周家尧，出版社全面深化改革领导小组成员参加。会议通报出版社全面深化改革领导小组专项工作组调整情况，就学习贯彻集团公司党组副书记、副总经理徐文荣在出版社调研时讲话精神，以及专项工作组人员组成、主要职责及下一步工作思路进行研讨。

16 日　石油工业出版社在办公楼七层多功能厅召开数字出版工作会，回顾 2016 年数字出版工作，部署安排 2017 年重点工作。总经理张卫国讲话。

同日　国家新闻出版广电总局图书出版管理司副司长李一昕、古籍出版管理处处长章隆江来石油工业出版社调研，总经理张卫国，总编辑张镇，副总经理韩青华、周家尧参加座谈并陪同调研。

同日　印发《关于表彰石油工业出版社有限公司 2016 年度优秀发行站的决定》，决定授予 4 个发行站“石油工业出版社有限公司 2016 年度优秀发行站”称号。

17 日　国企党建图书著译者座谈会暨新书编撰启动会在石油工业出版社举行，中国石油和化工联合会党委常务副书记曾坚，国务院国资委党建局、国资委研究中心有关领导、专家参加会议。会上介绍石油工业出版社 2017 年国企党建图书出版规划、工作思路和目标，以及建立国企党建论坛等情况，就《党的领导与国企治理体制》和《国企党建样本》写作提纲进行讨论。

同日　石油工业出版社 2017 年发行工作会议在办公楼七层多功能厅举行。总经理张卫国，总编辑张镇，副总经理韩青华、周家尧出席会议，18 个发行站 20 名代表应邀到会。总经理张卫国对下一步工作提出四点要求，总编辑张镇致欢迎辞。会议听取了 2016 年度发行工作报告，长庆发行站等分享 2016 年度发行站工作成果；表彰 2016 年度优秀发行站，签订 2017 年度编发联动协议书。

20 日　在第 17 届中国国际石油石化技术装备展览会举办之际，石油工业出版社领导邀请西安石油大学校长屈展、副校长陈军斌，石油管工程技术研究院院长、党委书记张冠军来出版社交流，总经理张卫国、总编辑张镇与来宾座谈交流。

28 日　印发《关于健全党务部门机构设置的通知》，为进一步加强和改进党的工作，健全党务部门机构设置，经研究决定办公室加挂石油工业出版社党委办公室、纪委办公室牌子；人事处加挂石油工业出版社党委组织部牌子。加挂牌子后其各自对应承担的职能暂不做调整。

29 日　大庆油田有限责任公司党委副书记王昆带领大众油田文化集团一行到石油工业出版社座谈交流，党委书记、总经理张卫国，副总经理韩青华、周家尧参加座谈。

29—31 日　集团公司办公厅牵头组织，石油工业出版社协助承办的集团公司年鉴编撰培训班在中国石油广州培训中心举行，来自总部机关、专业分公司、企事业单位 129 个部门和单位的 190 余名学员参加。集团公司办公厅副主任范宁、石油工业出版社总编辑张镇分别做开班动员和结业总结。

30 日　石油工业出版社召开党建及反腐倡廉工作会，社领导、副总、全体党员、科级以上干部和高级职称人员近 100 人参加会议。党委书记、总经理张卫国简要回顾一季度党建工作，就做好 2017 年党建工作提出三点意见。会议通报石油工业出版社 2017 年重点工作任务，宣读 2017 年出版社党委、纪委工作要点，传达集团公司党组书记、董事长王宜林在集团公司领导干部学习贯彻党的十八届六中全会精神专题研讨班开班仪式上讲话精神，以及集团公司审计工作视频会议、宣传思想文化工作会议精神，签订《2017 年度党风廉政建设责任书》。

4　月

2—8 日　第 54 届国际童书展在意大利博洛尼亚举行，石油工业出版社派鲜德清、李丰、艾嘉参展。

10 日　彩印公司召开一季度生产经营分析会，副总经理韩青华出席会议并讲话，彩印公司各部门负责人及骨干员工参加会议。

同日　石油工业出版社副总经理周家尧带队到大庆油田文化集团及报捷公司调研，就公司化治理、新媒体运营、数字培训、党建出版、展馆建设与服务等方面进行交流研讨，并到大庆油田图书馆等单位走访调研。

11 日　石油工业出版社在钻井工程技术研究院召开著译者座谈会，总编辑张镇、钻井工程技术研究院院长石林等参加。

13 日　石油工业出版社召开党委中心组学习会，专题学习集团公司直属第十一次党代会精神。党委书记、总经理张卫国主持会议，总编辑张镇、副总经理韩青华，副总、党支部书记、管理部门负责人参加会议。会上学习集团公司党组书记、董事长王宜林讲话精神，党组副书记、副总经理徐文荣讲话精神，就党建工作如何围绕中心服务大局、强化工作创新等方面进行交流研讨。张卫国提出工作要求。

13—14 日　石油工业出版社召开 2017 年出版物质量工作会议，举办编辑出版业务培训讲座，社领导、副总、各出版单位负责人、全体编辑及有关人员参加会议和讲座。会议宣读了国家新闻出版广电总局《关于开展出版物“质量管理 2017”专项工作的通知》，通报 2016 年质检工作情况，宣读 2017 年质检工作计划，邀请中国出版协会编校委员会副主任、中国编辑学会副会长、科学出版社原总编辑吴瑰琦围绕编辑工作中的疑难问题举办专题讲座。总经理张卫国在讲话中提出五点要求。

18 日　石油工业出版社赴大庆油田召开深化战略合作协议座谈会。总编辑张镇，石油科技图书出版分社、图书营销中心及大庆出版中心相关人员，大庆油田副总工程师卢怀宝等 20 余位专家参加座谈交流。

19 日　石油工业出版社召开青少年教育图书作者座谈会，中国教育学会原常务副会长郭永福等 20 余位专家作者应邀到会，副总经理周家尧致欢迎辞。

21—22 日　2017 年中国石油天然气集团公司年鉴工作会议在成都召开，集团公司董事会秘书、办公厅（总裁办）主任王志刚，办公厅（总裁办）副主任范宁，石油工业出版社总经理、党委书记张卫国，总编辑张镇出席会议。来自总部机关、专业分公司、企事业单位的 178 名代表参加会议。

21 日—5 月 4 日　石油工业出版社作为唯一受邀专业出版社，参加中央党校举办的“跟着总书记读好书”世界读书日阅读推广周系列活动，圆满完成图书展示展销任务。中央党校常务副校长何毅亭等领导参观展示图书。

25 日　集团公司召开铁人奖章表彰暨“五新五小”群众性经济技术创新成果展示大会，展览公司高质量完成布展任务。大会隆重表彰铁人奖章、铁人奖状、铁人先锋号荣誉获得者和“十大杰出青年”，并在北京石油大厦举办中国石油“五新五小”群众性经济技术创新成果展，集团公司党组书记、董事长王宜林，党组副书记、副总经理徐文荣等领导参观展览。

26 日　石油工业出版社与北京市安和社区公益基金会在朝阳区安贞西里社区公园舞台二层会议室签订合作框架协议。安贞街道工委书记陈伟航、办事处主任董健等出席仪式，石油工业出版社副总经理韩青华出席仪式并讲话。

同日　由石油工业出版社和中国石油经济技术研究院联合举办的能源大讲坛在集团公司（六铺炕）八层会议室举办。国家发改委原副主任、国家能源局原局长张国宝担任主讲嘉宾，就“重塑中的世界和中国能源格局”主题做报告。总编辑张镇，石油经济技术研究院院长李建青、党委书记钱兴坤、副院长刘朝全、纪委书记张宏等出席活动。石油工业出版社、石油经济技术研究院及社会各界 140 余人现场聆听报告。

26 日—5 月 1 日　总经理张卫国带领副总编辑章卫兵、副总会计师马小彦、编辑于柏慧参加第 27 届阿联酋阿布扎比国际书展。书展期间，石油工业出版社参加书展开幕式和主宾国总结会，与兄弟出版单位互动交流，应邀参加相关展会活动，取得积极成果。

28 日　石油工业出版社离退休党支部和团委组织部分离退休老同志和青年员工召开“宣讲石油故事，弘扬铁人精神”座谈会，回顾集团公司和石油工业出版社发展历程，宣讲石油故事，传承铁人精神。总编辑张镇、副总经理韩青华出席会议。

5 月

5 日　安贞地区“‘贞’锋相对·辩扬尚德”辩论赛决赛在办事处六层会议室举行，石油工业出版社代表队获亚军，总经理张卫国出席活动。

6—7 日　石油工业出版社总经理张卫国、副总经理周家尧等赴睿泰集团江苏镇江数字科技园区考察调研。睿泰集团董事长艾顺刚、党工委书记孙君怡，睿泰数字科技有限公司总经理王宫石等参加座谈。

11 日　石油工业出版社与国务院国资委研究中心签订战略合作协议。国务院国资委研究中心主任楚序平，石油工业出版社总经理张卫国、副总经理韩青华出席仪式。

15 日　集团公司科技管理部总经理隋军来石油工业出版社听取科技出版工作汇报，总经理张卫国、总编辑张镇等参加汇报会。

同日　西安石油大学党委副书记张木来石油工业出版社调研，副总经理韩青华出席业务交流会。

18 日　集团公司科技管理部副总工程师刁顺与石油经济技术研究院、中油测井公司相关专家来石油工业出版社听取中国石油技术利器数字传播平台制作工作汇报，副总经理周家尧及相关部门负责人参加汇报会。

19 日　纽约科学院全球 STEM 联盟首席执行官 Reuben Advani、纽约科学院教育事务部副部长 Meghan Groome、上海凡智教育总经理贾龙等一行 4 人来石油工业出版社访问，总经理张卫国、副总经理周家尧出席会谈。

同日　爱思唯尔图书事业部高级经理韩文阳一行 3 人来石油工业出版社访问，总编辑张镇会见来宾。

26 日　集团公司总经理、党组副书记章建华来石油工业出版社调研，看望慰问干部员工，听取工作汇报，要求石油工业出版社坚持正确政治方向，精细管理、精细经营，继续深化改革，加强党的建设，促进石油工业出版社健康可持续发展。集团公司科技管理部副总经理张建军、思想政治工作部副总经理孙明旭等随同调研。总经理、党委书记张卫国主持汇报会，介绍石油工业出版社近年来工作情况和下一步打算，总编辑张镇，副总经理韩青华，副总经理、纪委书记周家尧等参加汇报会。

31 日　由国家新闻出版广电总局、河北省人民政府共同主办，以“承燕赵文脉，启盛世书香”为主题的第 27 届全国图书交易博览会在廊坊市开幕。石油工业出版社总经理张卫国，总编室、大众图书出版公司、图书营销中心相关人员参加书博会。

本月　石油工业出版社与中国石油物资有限公司联合在广州培训中心举办两期处级干部和党支部书记培训班。石油工业出版社党委书记、总经理张卫国，物资公司党委书记、副总经理刘文成分别出席开班典礼并讲话，石油工业出版社总编辑张镇、物资公司总会计师卢祥福分别主持开班典礼，两家单位总计 119 人参加培训。

6 月

1 日　集团公司人事部副总经理李懂章带领党建工作处负责人一行，来石油工业出版社听取党建数字出版、党建图书出版工作汇报，党委书记、总经理张卫国及相关部门负责人参加汇报会。

1—6 日　石油工业出版社一行 3 人在总编辑张镇带领下，前往纽约贾维茨会展中心参加 2017 年美国书展（BEA），参加中国图书出版代表团相关活动，取得丰硕成果。

8 日　美国国家地理亚太地区业务发展总监 Erik Gundersen、圣智学习（北京）教育科技有限公司业务经理都娟来石油工业出版社，就出版发行美国国家地理科学系列图书条件进行调研考察，总编辑张镇出席座谈会。

10 日—9 月 10 日　2017 世博会在哈萨克斯坦首都阿斯塔纳举行，石油工业出版社展览公司设计制作的中国华信绿色环保技术模型亮相世博会中国国家馆，受到广泛好评。

15 日　石油工业出版社在彩印公司组织消防联合演练，副总经理韩青华现场观看演练并讲话。

15—28 日　大众图书出版公司、彩印公司圆满完成中国石油科技交流中心照片墙设计装饰、中国石油“一带一路”图片展示设计制作，以及《集团公司企业文化手册》修订印刷、会议有关材料设计打印等任务，保证国务院国资委党代会顺利召开，得到集团公司思想政治工作部和中国华油集团公司表扬和认可。

19 日　石油工业出版社举办迎“七一”党章知识竞赛，庆祝中国共产党成立 96 周年。党委书记、总经理张卫国出席活动并讲话，总编辑张镇、副总经理韩青华，全体党员、入党积极分子、科级以上干部共 100 余人参加活动。

20—23 日　第 18 届中国·青海绿色发展投资贸易洽谈会在青海国际会展中心举行，集团公司总经理助理王铁军出席开幕式，参观石油工业出版社展览公司承办的中国石油展台，给予好评。

22 日　第 20 届中国（重庆）国际投资暨全球采购会在重庆国际博览中心举行。开幕式后，重庆市市长张国清在集团公司副总经理喻宝才陪同下参观石油工业出版社展览公司承办的中国石油展台。集团公司副总经理喻宝才，销售公司党委书记、副总经理廖国勤，川渝地区石油企业协调组组长马新华在石油工业出版社副总经理韩青华陪同下参观展台。

27 日　集团公司党组书记、董事长王宜林以视频会议形式为中国石油全体党员干部讲授专题党课。石油工业出版社总编辑张镇、副总经理韩青华、副总、党支部书记、管理部门负责人等党委中心组成员在办公楼六层分会场集中收听收看。

30日　2017年石油科技图书出版专项选题评审会在石油工业出版社举行。中国工程院院士戴金星、中国石油科技评估中心专家组成员、石油工业出版社有关领导和相关部门人员参加会议。

7　月

3日　党委书记、总经理张卫国为石油工业出版社全体党员干部讲授专题党课，全体党员、科级以上干部、高级职称人员共110人参加。

10日　石油工业出版社召开党委中心组学习会，党委书记、总经理张卫国主持会议并提出要求，总编辑张镇、副总经理韩青华、副总、党支部书记、管理部门及相关负责人参加会议。会上传达党的十八大以来集团公司部分单位和党员干部违纪违法问题处理情况通报的主要内容，与会人员交流研讨。

11—13日　第7届中国数字出版博览会在北京国际会议中心举行，石油工业出版社获“2016—2017年度数字出版·创新企业”和“2016—2017年度数字出版·创新作品”，被授予“数字版权保护技术应用产业联盟会员单位”。

12日　集团公司党组第三巡视组专项巡视石油工业出版社有限公司动员会在办公楼七层多功能厅举行，自即日起，集团公司党组第三巡视组对石油工业出版社开展为期60天左右的专项巡视工作。集团公司党组第三巡视组组长宋文杰、副组长苗金旭，集团公司党组巡视工作领导小组办公室田丰处长，石油工业出版社领导班子成员、近3年退出领导班子老领导，助理、副总师、处级干部和职工代表参加会议。

15日　《中国气田开发丛书·总论》审稿会在四川省成都市举行，石油工业出版社总经理张卫国、西南油气田公司总经理马新华，本书部分审稿专家和作者参加审稿会。

19日　能源大讲坛走进科研院所活动在石油勘探开发研究院科技会议中心二层报告厅举行。活动由石油工业出版社与石油勘探开发研究院共同主办，特邀国际能源署首席经济学家拉斯洛·瓦罗作主题演讲，并与石油勘探开发研究院副院长邹才能、中国人民大学教授许勤华、清华大学苏世民书院首席教授高旭东等专家开展对话，针对石油未来发展进行研讨交流。

21日　中共石油工业出版社有限公司第二次党员大会举行。石油工业出版社党政领导张卫国、张镇、韩青华、周家尧，110余名在职和离退休党员参加大会。会议宣读了集团公司党组、集团公司直属党委贺信。张卫国作党委工作报告，回顾石油工业出版社有限公司第一次党员大会召开以来党的建设取得的成绩，总结5年来党的建设工作经验和启示，提出今后一个时期党的建设工作指导思想，重点抓好四个方面工作。周家尧作纪委工作报告，总结过去五年工作，提出今后一个时期纪委工作总体思路。会议表彰5个先进基层党组织、1个“五好”党支部、22名优秀共产党员、10名优秀党务工作者、10名共产党员先锋岗，审议通过关于党委、纪委工作报告的决议，选举产生中共石油工业出版社有限公司第二届委员会和纪律检查委员会，张卫国代表新当选的党委和纪委领导班子讲话。在新一届党委、纪委会议上，张卫国当选为党委书记，周家尧当选为纪委书记。

本月　石油工业出版社领导张卫国、张镇、韩青华代表社党委对困难党员和职工群众进行走访慰问。

本月　集团公司思想政治工作部向石油工业出版社转赠由《经济观察报》授予的“领读中国·2016年度书香企业”荣誉奖牌，对石油工业出版社承办、参与、实施集团公司送书项目所取得成果表示充分肯定。

8 月

4日　石油工业出版社召开学习贯彻集团公司领导干部会议精神暨半年生产经营分析会，党委书记、总经理张卫国，总编辑张镇，副总经理韩青华、周家尧出席会议，科以上干部和全体编辑共100余人参加会议。会议传达集团公司2017年领导干部会议精神，通报石油工业出版社上半年重点工作完成情况，听取经营管理、生产运行、图书营销及数字出版工作报告，12个生产经营单位发言。总经理张卫国提出工作要求。

同日　吉林石化公司给石油工业出版社发来感谢信，对出版社在集团公司领导干部会议筹备及承办过程中，克服困难，完成三本书印刷出版任务表示感谢。

6—12日　石油工业出版社总经理张卫国、副总经理周家尧带队赴新疆地区石油企业调研洽谈业务，相关业务部门负责人和编辑12人参加。

14日　印发《石油工业出版社有限公司电气火灾综合治理工作实施方案》，决定在石油工业出版社范围内自2017年8月9日至2020年3月31日开展电气火灾综合治理工作。

17日　石油工业出版社在北京组织召开《中国石油员工基本知识读本（精要本）》审稿会，集团公司原副总经济师关晓红、股份公司原监事会办公室主任王一端、集团公司原老干部局局长樊胜利、中国石油中心医院原党委书记兰谊平、石油工业出版社原总经理郑玉宝，以及相关代表等14人参加会议。会议由石油工业出版社副总经理周家尧主持，副总经理韩青华参加会议。

20日　石油工业出版社携手未来教育·大语文上海分校在上海书展东一馆活动区举办大语文系列图书签售会。石油工业出版社副总经理周家尧，大语文上海分校校长朱雅特、大语文北京分校校长赵伯奇等出席活动。

21日　印发《关于表彰先进基层党组织、“五好”党支部、优秀共产党员、优秀党务工作者和共产党员先锋岗的决定》，经各党支部推荐，石油工业出版社党委研究决定，授予5个党支部“先进基层党组织”称号，授予离退休党支部“‘五好’党支部”称号，授予22名同志“优秀共产党员”称号，授予10名同志“优秀党务工作者”称号，授予10名同志“共产党员先锋岗”称号。

22日　石油工业出版社召开党委中心组学习会，专题学习研讨集团公司2017年领导干部会议精神。党委书记、总经理张卫国主持会议并提出要求，总编辑张镇，副总经理韩青华，纪委书记、副总经理周家尧，副总，党支部书记，管理部门负责人参加会议。

23—27日　第24届北京国际图书博览会暨第15届北京国际图书节在中国国际展览中心（新馆）举行。书展期间，石油工业出版社总经理张卫国，总编辑张镇，副总经理韩青华、周家尧等看望值班人员，出席相关活动。石油工业出版社展出重点图书200余种，宣传数字出版、彩印公司、展览公司等有关情况，与15家国外出版公司及代理商交流，商谈10余种图书版权引进意向，以及12种图书的版权输出意向，参与相关论坛、讲座、签约等重要文化活动。石油工业出版社获“国家新闻出版广电总局2017年阿布扎比国际书展中国主宾国优秀展示奖”和“北京国际图书博览会2017年优秀展商奖”。

24日　石油工业出版社在办公楼七层多功能厅召开参加集团公司在京单位第一届运动会运动员动员大会，党委书记、总经理张卫国，总编辑张镇，副总经理韩青华、周家尧出席会议。

25日　石油工业出版社召开全面深化改革领导小组第十次会议。总经理、党委书记、全面深化改革领导小组组长张卫国，全面深化改革领导小组副组长韩青华、周家尧及成员参加会议。会议听取政策研究工作组、教育培训工作组、子公司深化改革对标组、数字出版工作组工作情况汇报，对相关问题进行研讨。

28日　印发《关于马海峰、杨静芬职务任免的通知》，根据工作需要，经研究决定：马海峰主持人力资源出版中心全面工作。免去杨静芬总经理助理、副总编辑、人力资源出版中心主任职务，退休。

28—29日　《采油工程方案设计（第二版）》审稿会在北京举行。股份公司勘探与生产分公司党委书记、副总经理吴奇，勘探开发研究院副院长雷群，石油工业出版社总编辑张镇等出席会议。

31日　《石油工程常用公式手册》丛书编写启动及编委会交流会在青岛举行。中国石油大学（华东）石油工程学院院长孙宝江、东北石油大学石油工程学院院长刘义坤、石油工业出版社总编辑张镇等出席会议，中国石油大学（华东）、中国石油大学（北京）等单位30余名教授、专家参加会议。

9 月

7 日　印发《关于设立创意发展部的通知》。创意发展部不作为实体机构，无专职领导班子，其所属部门不明确机构规格，实行事业部式项目制管理，分别独立核算和量化考核，按照业务领域分属不同分管领导管理。

11 日　在 2017 年北京国际文化创意产业博览会“中国数字出版创新论坛”上，石油工业出版社“党建系列微课程”“石油百科智能知识互动服务平台”两种产品获“数字出版创新奖”。

14 日　中央企业贯彻落实新发展理念、深入实施创新驱动发展战略、大力推动“双创”工作成就展在中国电子科学研究院开幕，国务委员王勇及国务院国资委领导亲临现场，在集团公司党组成员、总会计师刘跃珍陪同下参观由石油工业出版社展览公司承办的中国石油展台。

22 日　集团公司 2017 年职业技能竞赛闭幕式暨一线创新成果发布会在华北油田举行，石油工业出版社《一线创新成果案例集》在会上正式出版发布，集团公司党组成员、副总经理刘宏斌，石油工业出版社总编辑张镇等出席会议。

22—23 日　集团公司在京单位首届职工运动会在地坛体育中心举行，来自集团公司 42 个在京单位 2700 余名运动员参加了 37 个项目激烈角逐。石油工业出版社派出 75 名运动员参加田径、趣味团体等项目比赛，并由 63 人组成方队，走过主席台，接受集团公司党组书记、董事长王宜林，党组副书记、总经理章建华，党组副书记、副总经理徐文荣等领导检阅。石油工业出版社参赛选手获得 1 项冠军、1 项亚军、2 项第四名、1 项第五名、3 项第六名、1 项第七名成绩，石油工业出版社获“优秀组织奖”，入场方阵获“最佳风采奖”。

25 日　党委书记、总经理张卫国等到彩印公司顺义厂区调研，看望慰问一线员工。

30 日　党委书记、总经理张卫国看望慰问患病党员和群众。

10 月

11 日　石油工业出版社组织党员、入党积极分子、科级以上干部、高级职称人员等近百人参观“砥砺奋进的五年”大型成就展。

11—15 日　第 69 届法兰克福书展在法兰克福展览中心举行，副总经理周家尧带队，张国印、金平阳、李崴一行 4 人参加书展。会展期间，石油工业出版社与多家国外出版机构达成合作意向，商务洽谈活动取得新进展。

12—15 日　第 17 届中国塑料交易会在浙江台州国际会展中心举行，石油工业出版社总经理张卫国、集团公司办公厅副主任刘晖现场参观，中国石油展台面积 240 平方米，由中国石油品牌办组织，股份公司炼油与化工分公司、石油工业出版社展览公司共同承办。

13—14 日　《中国石油天然气集团公司年鉴 2017》审稿工作会议在兰州召开。集团公司董事会秘书、办公厅主任、集团公司年鉴主编王志刚，办公厅副主任、中国石油档案馆馆长范宁，石油工业出版社总经理、集团公司年鉴副主编张卫国，石油工业出版社总编辑、集团公司年鉴编辑部主任张镇出席会议。集团公司总部机关、专业分公司等 26 个部门和单位负责年鉴工作人员近 40 人参加会议。

16 日　石油工业出版社党委办公室和团委联合举办喜迎党的十九大歌咏比赛，来自 9 个党支部代表队的 200 余人参加比赛。总经理、党委书记张卫国，副总经理韩青华，副总经理、纪委书记周家尧出席，并为获奖单位颁发荣誉证书。

17 日　集团公司在北京召开喜迎党的十九大先进典型座谈会暨《中国石油喜迎党的十九大丛书》首发式。集团公司党组副书记、副总经理徐文荣出席会议并讲话，直属机关党委副书记段世民，集团公司人事部副总经理李懂章、思想政治工作部副总经理雷平、石油工业出版社总经理张卫国出席会议。

同日　印发《关于成立广告项目部的通知》，经总经理办公会议研究，决定对石油工业出版社广告业务实施扩大经营自主权试点，以北京中油展览有限公司广告部为基础，组建广告项目部，隶属创意发展部管理。广告项目部实行事业部式项目制管理，实行单独核算，量化考核。

18 日　中国共产党第十九次全国代表大会在北京人民大会堂隆重开幕，石油工业出版社党委中心组在办公楼五层会议室召开学习会，集中收看党的十九大开幕会直播，石油工业出版社在家党政领导韩青华、周家尧，党支部书记参加学习会。

同日　由石油工业出版社和西南油气田公司联合主办的《海相页岩气勘探开发技术丛书》编写启动会在杭州举行，石油工业出版社总经理张卫国主持会议并讲话，中国科学院院士贾承造、中国工程院院士胡文瑞、世界石油大会执委会委员刘振武等专家学者，以及相关单位领导、专家和参与编写专家团队共50余人参加会议。

19日　四川油气田成果展厅升级改造工作会在成都召开，西南油气田公司常务副总经理钱治家、党委副书记赵厚川，石油工业出版社副总经理韩青华出席会议。

24日　石油工业出版社邀请机械工业出版社副社长陈海娟，在办公楼七层多功能厅举办以“读者主权时代下图书策划运营的进化与革新”为主题的图书出版营销业务培训，总经理张卫国，副总经理韩青华、周家尧，各部门各单位负责人以及编辑、营销人员共120余人参加培训。

27日　石油工业出版社与中国石油华油集团公司举行战略合作协议签字仪式，石油工业出版社总经理张卫国、华油集团公司总经理宋泓明分别在协议书上签字。石油工业出版社副总经理韩青华、周家尧，有关部门负责人参加签字仪式。

本月　根据中国科学技术信息研究所发布的《中国科技期刊引证报告（2017版）》，《中国石油勘探》再次入选“中国科技核心期刊（中国科技论文统计源期刊）”，在石油天然气工程类期刊（2016年39种）中“核心影响因子”指标排名第2，“综合评价总分”指标排名第8。

11　月

2日　集团公司党组宣传部致函石油工业出版社党委，对出版社讲政治、顾大局，优质高效完成《中国石油喜迎党的十九大丛书》编辑出版任务表示感谢，建议对相关同志给予表扬。

3日　学习党的十九大精神、发扬行业优良传统暨《大国工匠》出版发行座谈会在北京举行。座谈会由中国石油和化学工业联合会、中国化工职工思想政治工作研究会、中国化工作家协会、中国石油吉林石化公司和石油工业出版社共同主办，石油工业出版社副总经理、纪委书记周家尧出席会议并讲话。

6日　国务院副总理刘延东在国务院国资委党委书记郝鹏，国务院国资委主任、党委副书记肖亚庆陪同下，参观石油工业出版社展览公司承办的央企创新成就展中国石油展台，集团公司总经理、党组副书记章建华介绍近年来中国石油在深层天然气及页岩气勘探开发等方面的科技创新成果，石油工业出版社党委书记、总经理张卫国与集团公司科技管理部副总经理钟太贤陪同参观。

7日　国务院国资委召开学习贯彻党的十九大精神视频报告会，国务院国资委党委书记郝鹏主持会议并就各企业学习宣传贯彻党的十九大精神提出要求，中央宣讲团成员、国务院国资委党委副书记、主任肖亚庆做党的十九大精神宣讲报告，石油工业出版社领导张卫国、韩青华、周家尧，以及副总在出版社分会场参会。

8 日　印发《关于启用石油工业出版社有限公司发票专用章（2）等 3 枚印章的通知》，根据工作需要，决定自即日起启用“石油工业出版社有限公司发票专用章（2）”“石油工业出版社有限公司创意发展部爱丽丝童书项目部”“石油工业出版社有限公司创意发展部广告项目部”3 枚印章。

9 日　石油工业出版社与中国石油山东销售公司战略合作协议签字仪式在山东销售公司济南总部举行。石油工业出版社党委书记、总经理张卫国，副总经理周家尧，山东销售公司总经理、党委书记刘德祥，副总经理孙鹏，集团公司咨询中心副主任张冠军，以及双方单位相关部门负责人参加仪式。

10 日　由石油工业出版社、西南石油大学、四川省社会科学界联合会、中国石油西南油气田公司和中国能源网共同举办的“西部油气论坛・能源转型与油气体制改革学术研讨会（2017）”在西南石油大学召开，石油工业出版社总经理张卫国参加论坛。

11 日　中国石油组织史资料编纂工作表彰会在成都召开，集团公司人事部副总经济师张昌寰、石油工业出版社副总经理周家尧、西南石油大学党委副书记赵正文，中国石油所属企事业单位编纂人员和中国石油组织史编辑部编辑等 320 余人参加大会。石油工业出版社编纂的《石油工业出版社组织史资料》获优秀著作二等奖，17 名同志获先进个人称号。

14 日　中共中央党校出版社总编辑崔宪涛、副社长严宏伟一行来石油工业出版社调研交流。石油工业出版社副总经理韩青华主持交流会，副总经理周家尧及有关部门负责人参加会议。

22 日　石油工业出版社召开党支部书记联席会议，研究部署党建重点工作，党支部负责人及党委办公室有关人员参加会议，党委书记、总经理张卫国出席会议并讲话。

24 日　印发《关于孙兆辉、胡海同志任职的通知》，经研究决定：孙兆辉同志任党委办公室主任、纪委办公室主任；胡海同志任党委组织部部长。

24—30 日　第一届东南亚中国图书巡回展在泰国曼谷诗丽吉王后国家会展中心举行，石油工业出版社由总编室主任郭建强带队，王金凤、高超、潘玉全等一行 4 人参加。巡回交流图书 200 余个品种，与泰国、柬埔寨、老挝、缅甸等国外出版机构开展图书宣传展示和版权交流活动。

27 日　石油工业出版社召开学习贯彻党的十九大精神专题辅导会，邀请石油管理干部学院教授王坚强作题为“不忘初心牢记使命，用十九大精神推进企业变革与发展”辅导报告，党委书记、总经理张卫国，副总经理韩青华，副总经理、纪委书记周家尧，全体党员、科以上干部、高级职称人员共 110 余人参加报告会。

28 日　总经理张卫国、副总经理周家尧等前往大庆油田有限责任公司调研座谈，与大庆油田有限责任公司领导一起为中油书店大庆油田分店授牌，这标志着中油书店第一家地区公司分店成立。

29 日　彩印公司携手海德堡公司在顺义厂区举办环保印刷演示会，石油工业出版社副总经理韩青华出席并致辞。

30 日　集团公司党组第三巡视组专项巡视石油工业出版社情况反馈会在办公楼七层多功能厅举行。集团公司党组第三巡视组组长宋文杰代表党组巡视组向出版社反馈专项巡视情况，第三巡视组副组长苗金旭、宁宁及巡视组成员参加会议。出版社党委书记、总经理张卫国主持会议并做表态发言。出版社领导班子成员、助理、副总师、处级干部和职工代表50余人参加会议。

12 月

8日　由国际能源署、中国石油天然气集团公司、电力规划总院共同举办的《世界能源展望中国特别报告》发布会在北京举行。国际能源署署长法蒂·毕罗尔、中国国家能源局副局长刘宝华、集团公司副总经理覃伟中等领导致辞。石油工业出版社总经理张卫国及相关部门负责人出席，200余名国内外能源专家参加发布会。

同日　印发《关于章卫兵等4人职务任免的通知》，根据工作需要，经研究决定：聘任章卫兵为石油工业出版社有限公司总经理助理（正处级）；聘任马小彦为石油工业出版社有限公司总经理助理（正处级），免去其副总会计师职务；聘任鲜德清为石油工业出版社有限公司副总编辑（正处级）；聘任李中为石油科技图书出版分社副社长（副处级）。

同日　印发《关于王伟同志任职的通知》，经党委会研究决定：王伟同志任纪委办公室副处级专职纪检员。

14日　党委书记、总经理张卫国在石油工业出版社办公楼七层多功能厅做学习贯彻党的十九大精神专题辅导，宣讲党的十九大主要精神，结合个人学习党的十九大报告有关文化建设方面的体会，就“深入学习习近平新时代文化思想，推动石油出版事业不断前进”与大家进行学习交流。副总经理韩青华、周家尧，副总，全体党员，入党积极分子，科级以上干部，高级职称人员共100余人参加会议。

同日　印发《关于部分子公司试行财务委派制的通知》，按照石油工业出版社全面深化改革有关要求，为进一步完善子公司财务管理体制，探索有效发挥财务管理与财务监督职能作用新模式，经研究决定在北京中石油彩色印刷有限责任公司和北京中油展览有限公司试行财务委派制。

15日　集团公司副总经济师、直属党委常务副书记李正光等一行到石油工业出版社，听取出版社党建信息化平台资源建设工作汇报，出版社总经理张卫国，副总经理韩青华、周家尧及相关部门人员参加会议。

20日　高教职培数字标准党支部召开全体党员会议，集中学习党的十九大新党章，党支部书记徐秀澎讲党课，支部党员参加学习，各党支部书记观摩党课。

同日　石油工业出版社总编辑张镇率队赴大港油田，与大港油田公司总经理赵贤正等交流年轻干部挂职锻炼事宜，对签订战略合作协议之后合作给予肯定，对挂职年轻干部提出工作要求。

21 日　国务院国资委印发《关于通报表扬央企创新成就展表现突出的集体和个人的通知》（国资综合〔2017〕1210 号），表彰央企创新成就展表现突出的集体和个人，展览公司被授予“表现突出集体奖”称号。

22 日　中共吐鲁番市委宣传部致信石油工业出版社，对出版社援助制作《丝路明珠吐鲁番》画册表示感谢，向参与画册制作的同志提出表扬。

（李　兵）

总　述

- 综　述
- 专　文
- 专　稿

综　　述

2017年石油工业出版社有限公司工作综述

石油工业出版社有限公司是中国石油天然气集团公司直属出版机构、中央级行业出版社，前身是1951年3月成立的燃料工业出版社，1956年1月石油工业出版社正式成立，2011年3月转制为石油工业出版社有限公司。出版社主要从事石油科技图书、石油教材、石油标准、大众类图书等出版物的编辑出版发行业务，同时承担《中国石油天然气集团有限公司年鉴》及《中国油气》《中国石油勘探》《石油科技论坛》等期刊的编辑出版任务，还开展彩色图文设计制作、展览广告等业务。

2017年是出版社的“创新发展年”，全年实现总收入2.61亿元，同比增长12.99%；营业收入1.93亿元，同比增长12.87%；完成利润778万元，与年度任务目标相比超额62.1%。出版社总体呈现稳中有进、稳中向好的发展态势。

党建工作全面加强。深入学习贯彻习近平新时代中国特色社会主义思想和党的十九大精神。召开出版社重组改制后第二次党员大会，总结五年来经验，部署安排今后一个时期党建工作。认真做好巡视问题整改工作，党建和反腐倡廉工作进一步加强，“两学一做”学习教育常态化制度化建设、践行“四合格四诠释”岗位实践活动稳步推进。组织策划党建系列图书，开发运营“铁人先锋”公众号，出版社成为集团公司党建信息化平台试点单位和知识模块提供单位。

图书出版成果喜人。出版总码洋2.44亿元，同比增长10.4%；新书出版品种707种，同比增长17.2%；出版总品种1613种，同比增长10.3%。出版质量保持稳定，重点图书策划精彩纷呈。《中国天然气形成与分布》获2017年国家出版基金，《地质之美》入选“2017国土资源优秀科普图书”，34种图书和教材获中国石油和化学工业优秀出版物奖，《潜山之歌》获第三届中央企业精神文明建设“五个一工程”优秀作品奖，《石油上的人》等6种图书获第四届“中华铁人文学奖”。在2017年度全国石油石化企业管理现代化创新优秀论文和优秀著作评选中，选送图书获优秀著作一等奖1个、二等奖5个、三等奖5个。

重点改革探索前进。探索建立以市场为导向的自主经营模式，出台扩大经营自主权指导意见，成立创意发展部，实施童书业务、广告业务扩大经营自主权试点；适应出版业改革发展新趋势，组建西南图书编辑加工中心；完善子公司财务管理体制，探索有效发挥财务管理与财务监督职能作用新模式，彩印公司、展览公司试行财务委派制。

人才队伍建设迈出新步伐。坚持党管干部党管人才，加强优秀年轻干部培养和选拔，选拔调整处科级干部 24 人次，竞争选拔年轻干部 1 人，选派到油气田挂职年轻干部 3 人；启动“石油出版名匠”评选计划，落实人才发展双通道，评选出版总监 4 人、出版专家 5 人、销售专家 1 人、首席策划编辑 6 人，初步形成出版社级技术专家队伍；组织各类培训 500 人次，队伍素质进一步提升。

数字出版工作取得新成效。出版社数字出版工作得到国家新闻出版广电总局和集团公司领导高度认可。“石油安全事故应急解决方案知识服务平台”入选国家新闻出版广电总局改革发展项目库并获得文化产业专项资金 300 万元。2017 年获“数字出版创新企业”“十佳出版新技术应用”“2017 年度全国书业最受欢迎公众号”“2017 年度专业知识服务品牌”等 8 项荣誉和奖项。

中油书店品牌影响力提升。在北京地区开办石油大厦店、石油科技园区店等 3 家门店，大庆油田门店挂牌成立。作为唯一受邀专业出版社参加中央党校举办的“跟着总书记读好书”世界读书日阅读推广周系列书展活动，在石油大厦店开展“悦读人生、品味书香”活动，取得良好反响。

图书营销止跌回升。加强内部管理，强化编发互动，为图书出版提供渠道与信息支持；坚持市场导向，完善渠道布局，加强销售渠道建设，坐稳线下传统渠道，大力拓展线上渠道，图书销售同比增长 26%。

创意服务进展良好。彩印公司、展览公司分别超额完成年度任务目标 12.9% 和 13.9%。彩印公司入选“北京市印刷十佳企业”，POD 印刷产品首次获得“中华印制大奖优秀奖”，社外服务收入同比增长 29.7%。展览公司取得国家建筑装饰工程专业承包二级资质及安全生产许可证，获国务院国资委“央企创新成就展表现突出集体奖”等称号。

管理服务工作全面推进。围绕推进枢纽建设，制定完善规章制度，有效管控风险，提升合规管理水平，为主营业务发展提供保障。安全生产工作常抓不懈，完成彩印公司挥发性有机物污染环保治理。完成书库搬迁，成功入驻科技园区。

关爱员工温暖人心。企业发展成果惠及广大员工，员工年平均收入同比增长 5.39%。推进和谐企业建设，用好扶贫帮困基金，帮扶慰问困难党员和员工 51 人，发放慰问金 18.6 万元。完成胜古供暖系统改造和综合楼防水层施工。组织开展健康向上文化体育活动，出版社获中国石油在京单位首届运动会“优秀组织奖”和“最佳风采奖”。

（李 兵）

专　文

坚定不移地把牢国有文化企业改革发展的正确方向

石油工业出版社有限公司党委书记、执行董事、总经理　张卫国

把社会效益放在首位、实现社会效益和经济效益相统一，是繁荣发展社会主义文化的基本原则，是确保文化企业沿着正确方向发展的必然要求。党的十八大以来，习近平总书记多次就文化改革发展两个效益相统一问题提出明确要求，强调要把握好意识形态属性和产业属性、社会效益和经济效益的关系，坚持社会主义先进文化前进方向，把社会效益放在首位，无论改什么、怎么改，导向不能改，阵地不能丢；强调一部好作品，应该是把社会效益放在首位，同时也应该是社会效益和经济效益相统一的作品；当两种效益、两种价值发生矛盾时，经济效益要服从社会效益，市场价值要服从社会价值，文化和文艺不能当市场的奴隶。习近平总书记的这些重要指示，深刻阐明文化的独特属性，体现对社会主义文化建设规律的准确把握，为深化国有文化企业改革指明了方向，提供了遵循。2015 年，中共中央办公厅、国务院办公厅印发《关于推动国有文化企业把社会效益放在首位、实现社会效益和经济效益相统一的意见》，首次以文件形式对国有文化企业改革发展提出全面要求和部署。

石油工业出版社有限公司（以下简称石油工业出版社）是集团公司主管的中央级专业出版社，是全国专业科技出版领域的重要成员。近年来，出版社党委坚决贯彻落实习近平总书记指示精神和党中央关于国有文化企业改革方向性要求，进行积极探索，深刻认识到，在集团公司全面深化改革大框架下，出版社深化改革要充分体现文化例外要求，必须把握社会主义文化建设的内在规律，努力实现“两个效益相统一”的正确方向；必须统筹设计实施、强化综合配套，遵循社会主义市场经济规律、文化产品生产传播规律，着眼全局、多措并举，多方发力，形成系统工程，才能切实把“两个效益相统一”导向的要求落到实处、见到实效。

高举伟大旗帜，不断强化使命责任意识，把牢“两个效益相统一”出版方向。20 世纪 70 年

代，出版社贯彻党的“为人民服务、为社会主义服务”出版方针，提出“为石油工业发展服务、为广大石油职工服务”的办社宗旨；90 年代末，为适应社会主义市场经济的建立，将办社宗旨调整为“为石油工业发展服务，为广大石油职工服务，为改革开放和经济建设服务”。党的十八大以来，贯彻落实习近平总书记关于文化文艺工作“以人民为中心”的导向，把办社宗旨进一步完善为“为石油工业发展服务、为广大石油员工服务、为社会大众服务”。“三为”宗旨是石油专业出版工作的出发点、落脚点和生命线，突出体现了其政治功能、社会功能、服务功能和科技文化传播功能。多年来，出版社始终坚持宗旨意识思想教育，培育干部员工坚定社会主义先进文化前进方向、服务人民、服务中国特色社会主义的信仰和信念，以及以推动石油工业发展和石油科技进步为己任，与石油工业同命运共发展、服务石油、奉献石油的强烈使命和责任担当理念，使之成为广大干部员工自觉追求和行为准则，为图书出版工作把社会效益放在首位奠定了坚实的共同思想基础。以“三为”宗旨为统领，把牢文化产品意识形态阵地，将大局原则、政治原则、社会效益原则贯穿于体制机制改革、专业业务发展、生产经营、管理创新、人才队伍建设、党建思想政治工作等各方面，努力实现“两个效益相统一”，履行好石油出版事业的使命和担当。

推进深化改革，建立有文化特色的现代企业制度，为“两个效益相统一”提供体制机制保障。国有文化企业实现“两个效益相统一”，要有与之相适应的体制机制支撑和保障。2014 年以来，出版社贯彻党的十八届三中全会精神和习近平总书记要求，按照集团公司党组部署，全面推进深化改革。深化改革坚持以社会主义核心价值观、中国石油文化理念和出版社“三为”宗旨为引领，把握正确导向，突出文化企业特色，加强顶层设计、创新体制机制，提出发展目标和工作思路，主攻突出发展主营业务、完善公司化管控模式、健全市场化机制和改革分配机制监督机制四个方面改革，形成体现文化企业特点、符合现代企业制度的经营管理模式，把“两个效益相统一”要求制度化规范化，见到实效。在经营理念方面，强化出版社文化企业意识形态属性，把社会效益第一、社会价值优先的经营理念体现在公司章程、公司企业文化建设内容和各项制度中，贯穿到生产经营管理各环节和全过程。在治理结构方面，完善党委领导和法人治理结构相结合的管理体制，建立健全以政治风险、法律风险、经营风险、腐败风险为主要内容的内控风险管理机制，以及图书选题策划管理委员会等机构和重大事项决策程序机制。在业务政策方面，资金投向向重大科技、环保、送书工程、重要大众图书等社会价值较高、社会影响较大的图书出版工程倾斜。在绩效考核方面，建立所属单位年度双效益考核制度；实施岗位薪酬绩效考核优化项目，推行差异化考核；健全优秀出版物评选制度和出版物单项效益奖评选制度，重奖“双效益”突出的图书产品。

实施“四大战略”，推进“十一项出版工程”，落实“两个效益相统一”绩效责任。国有文化企业的产业属性，决定其改革发展应该是把社会效益、社会责任放在首位，同时也应该是社会效益和经济效益相统一的发展。2014 年以来，出版社在全面深化改革、推动出版业务转型升级中，提出创新发展理念，实施资源战略、创新战略、精品战略和数字化战略“四大战略”，推动石油出版产业战略发展。在实施资源战略中，坚持“走出去、走上去、走下去、走进去、走到位”，跟踪服务下移，在各油气区建立5个出版中心，与几十家企事业单位建立战略合作关系，把石油出版工作延伸到石油工业一线，产生较强社会影响和服务效益。2016年，突出强调实施精品战略，作为“四大战略”之首和落脚点，积极配合石油工业和集团公司各方面重点工作，完成“千万图书送基层，百万员工品书香”送书工程等一系列重大图书工程，产生重大社会影响力和效益，打造一批高水平石油科技和石油经济力作、高质量期刊等，大众图书出版全面进入企业文化、优秀传统文化、大众民生、党建思想政治工作领域，强化出版正能量，推动图书产品社会效益大幅提升。同时，配套部署、全面实施石油科技、高等教育、职业培训、大众图书、标准安全、鉴志辞书、能源经济、石油期刊、人力资源、版权贸易、送书长效机制等11项出版工程；新建立数字出版中心，高等教育、职业培训、标准与安全、年鉴与史志、期刊等出版分社和能源经济编辑部，拓展出版专业领域，探索传统出版与数字出版融合发展，突出发展图书出版主业，巩固发展石油展览广告、石油彩印业务，确保出版社经济效益稳步增长，发展实力不断增强。2014年以来，在国内经济新常态、油价持续低迷、图书市场萎缩下行的新形势下，出版社每年出版规模保持在总码洋2亿元以上，经营总收入每年保持在2亿元以上，资产总额逐年上升，2016年达到9.29亿元，实现了稳健发展、持续发展。

强化人才兴社，创新人力资源管理，加大人才培养力度，为“两个效益相统一”发挥人才支撑作用。人才是文化企业发展中最具创造力的资源，是把牢方向、赢得竞争的核心要素。推动“两个效益相统一”，关键是打造一支讲政治、守纪律、会经营、善管理、有文化的人才队伍。近几年来，出版社从严管理干部队伍，以德为先、严格选人用人标准，突出社会效益、严格双效益业绩考核，反腐倡廉、严格干部述职述德述廉述法测评，优胜劣汰、落实干部晋升和退出办法，建设优秀处科级干部队伍。深化人力资源，管理改革，围绕管理人员“能上能下”，推行管理人员任期制和契约化管理，开展职业经理人试点；围绕员工“能进能出”，建立畅通灵活的市场化用工机制，推行公开招聘制度；围绕“能增能减”，建立绩效（双效益）挂钩的薪酬分配激励机制，推进薪酬水平与市场价值接轨；探索采用事业部制管理模式，搞活内部分配，释放创效活力。加大人才培养力度，落实岗位任职资格和培训管理体系，以培养坚持正确导向的专家型人才为目标，开展局处级干部轮训，选拔首席策划编辑、首席销售经理、管理专家等一批出版社级专家；启动“石油出版名匠”培训计划，组织近三年新员工专题培训，提高各类专业技术人员政治素养、文化素养和岗位胜任能力、专业技术创新能力；注重人才实践锻炼，选拔优秀人才，采取下派上挂、岗位轮换等方式，进行压担子重点培养，开创人才队伍建设新局面。

注重强基固本，不断加强企业文化体系建设，夯实“两个效益相统一”改革发展软实力基础。国有文化企业的企业文化建设是实现“两个效益相统一”的软实力基础，必须把握好意识形态属性和产业属性，坚持以社会主义核心价值观为引领，不断创新，形成体系，厚重底蕴，夯实基础，体现正确导向和竞争力。2014年以来，出版社以中国石油文化理念为指导，总结和创新出版社企业文化建设体系，增强出版社核心竞争力，大力倡导和建设“四种文化”。一是建设石油特色出版文化，把以“三为”宗旨为统领的出版社文化建设企业精神、价值观、经营管理理念、利益排序和团体形态“五项内容”落到实处，把体现石油出版、展览、彩印双效益的“品牌意识”和“精品意识”融入各项工作全过程，树立石油工业出版社的良好品牌形象。二是建设执行力文化，大力宣传贯彻习近平总书记“三严三实”要求，增强实干意识、树立严细实干作风，提高工作效率，务求工作实效，营造雷厉风行、令行禁止的良好氛围。三是建设学习文化，树立出版社“读书学习”和增强“出版文化底蕴”理念，推进学习型组织建设，落实读书学习计划，大兴学习之风，大兴学术研究之风，强化各类专业技术人员培训教育，不断提高专业、管理、技能“三支队伍”政治和业务素质，使每个岗位涌现更多行家里手，打造学习型文化企业。四是建设“家”文化，坚持以人为本，树立出版社和谐发展系列理念，营造“家庭团队”氛围、关心员工成长进步、身心健康，畅通员工诉求通道，为员工办好事实事，稳步提高员工福利待遇，形成拴心留人环境。“四种文化”建设，推动出版社企业文化建设迈上新台阶。

坚持不忘初心，发挥党建统领作用，强化实现“两个效益相统一”政治组织保证。国有文化企业姓“党”，坚持党对国有文化企业的领导，发挥党的领导核心作用，是必须坚持的重大政治原则，是国家文化企业改革“把社会效益放在首位、实现社会效益和经济效益相统一”的根本保证。石油工业出版社是 20 世纪 50 年初新中国成立的首批工业类专业出版社。60 多年来，出版社秉承“我为祖国献石油”红色基因，始终坚持党对出版工作的领导，贯彻执行党的出版方针，忠诚党的出版事业，为石油科技出版事业的创建发展做出了历史性贡献。党的十八大以来，出版社党委不忘初心，继续前进，贯彻习近平总书记系列讲话精神，落实党中央和集团公司党组全面从严治党部署，增强党的核心领导能力，确保出版社改革发展在“两个效益相统一”的正确方向上前进。把加强党的领导和完善公司治理统一起来，石油工业出版社党委纪委成员任执行公司董事、监事，出版社党委委员进入公司经营管理层，牢牢把握出版社改革发展导向和经营方向，做到石油出版阵地守土有责、守土负责、守土尽责。坚持党对石油出版工作的领导，确保了出版社党委对公司重大事项的决策权、资产配置的控制权、出版文化内容的终审批准权、领导干部的任免权。全面从严管党治党，强化党的建设。先后召开公司第一、第二次党员大会，调整完善组织机构，加强党的组织建设；提出增强“五种意识”、强化“五种能力”，加强各级领导班子和干部队伍建设；先后开展“党的群众路线教育实践活动”“三严三实专题教育活动”“两学一做教育活动”，加强党的思想政治教育；学习贯彻新修订的《廉洁自律准则》《党纪处分条例》《党内生活若干准则》《问责条例》等，开展反腐倡廉专项治理，加强党风廉政、反腐倡廉工作；制定和落实党建工作责任制，树立“抓好党建是大政绩”的领导理念，形成层层抓落实的格局，加强党的制度建设；开展党支部“六个一”创建、服务性党组织建设、创先争优、党员责任区先锋岗等活动，加强党的基层组织建设，全面提高党组织的战斗力、凝聚力和科学化规范化管理水平，形成坚强政治领导核心，为把牢出版工作正确方向、实现“两个效益相统一”提供坚强的政治和组织保证。

在当前集团公司持续深化改革、实现稳健发展、建设世界一流综合性国际能源公司的新形势下，石油工业出版社党委要增强政治意识、大局意识、核心意识和看齐意识，坚定中国特色社会主义道路自信、理论自信、制度自信和文化自信，时刻保持共产党人坚定正确的政治方向，时刻保持国有文化企业改革发展正确方向，在新的机遇、新的挑战和新的改革中，持续强化“两个效益相统一”系统工程建设，努力把石油出版文化事业做强做优，实现新发展、新跨越，为集团公司稳健发展和繁荣发展社会主义文化事业做出新贡献。

（本文发表于中国石油天然气集团公司党组宣传部出版的《中国石油喜迎党的十九大丛书　学习明方向》）

老朋友如何探索合作新模式

石油工业出版社有限公司党委书记、执行董事、总经理　张卫国

从 1937 年 4 月 24 日革命圣地延安清凉山正式创立，到如今发行网点遍及神州大地全国城镇，“新华书店”这一有着光荣历史的“老字号”已经走过 80 年的辉煌历程。

作为国有图书发行企业，几十年来新华书店始终牢记全心全意为读者服务的光荣使命，筚路蓝缕，砥砺前行，不断发展壮大，在传播知识、传承文化等方面做出了突出贡献。近年来，面对互联网时代的猛烈冲击，新华书店锐意改革创新，加快向现代企业制度转移，与出版单位密切合作，在推进全民阅读方面发挥了重要作用。

随着互联网时代来临，电商平台崛起，出版社与书店这对老朋友，都成为市场主体，社店关系从原来简单的发行合作到现在的战略合作，从让利互惠向共生共荣，双方正向新的合作模式转型。互联网时代的社店双方，在产品链上相互依存、相互促进，只有深化合作、相互融合，才能实现互利共赢、持续发展。新形势要求双方进行全方位、多形态、大纵深的合作，不仅在渠道、营销上，更要在内容生产、品牌经营、资本运营上加大合作力度，社店合作的范围可以更广、形式可以更活、层次可以更深、效果可以更实。

随着移动互联网时代到来，社店营销合作逐步向体验营销发展，双方可共同开展知名专家学者签售、讲座、文化沙龙等体验活动。一方面，以互动性好、现场感强的活动带动销售，培养读者的忠诚度，形成成熟稳定的读者群；另一方面，通过定期举办活动、培训等沟通方式，

使双方交流成为常态。社店营销发挥各自优势，为对方提供更优质更优惠的服务，带来的是共谋发展、合作共赢的良好局面。

石油工业出版社有限公司作为中国石油直属专业出版机构，在 66 年发展历程中，与新华书店结下了不解之缘。近年来，出版社积极推进融合转型，实施资源、创新、精品、数字化“四大战略”，坚持走高端化、特色化、差异化发展新路，加快建设专业特色鲜明、具有较强市场竞争力和品牌影响力的出版公司步伐，探索新形势下的社店合作新模式。出版社着力推进“资源共享”共同发展，加强与浙江省新华书店集团战略合作，以石油企业文化需求为牵引，共同开发选题出版好书，联合开展线上线下销售活动，让更多的好书走进中国石油。出版社依托浙江省新华书店集团博库网的品种和物流优势，作为出版社旗下“中油书店”的产品供货商，打破传统意义上的上下游关系，携手前行，共同推进全民阅读工程，取得积极进展。

新华书店 80 载，社店合作新篇章。随着社店这对老朋友合作持续深入，一定会谱写出更加精彩的新篇章。

（本文发表于《中国出版传媒商报》2017 年 5 月 19 日第 23 版）

专　稿

徐文荣到中国石油报社和石油工业出版社调研强调：加强党建改革创新　推动业务转型发展

2017 年 2 月 22 日，集团公司党组副书记、副总经理徐文荣到中国石油报社、石油工业出版社调研时强调，认真贯彻集团公司党组工作部署，围绕加强企业党建，持续推进改革创新，推动新闻宣传和出版业务转型发展，以更加优异的成绩为集团公司建设世界一流综合性国际能源公司做出新贡献。

在中国石油报社，徐文荣一行来到新闻中心、编辑中心等部门亲切看望采编一线人员，对广大石油新闻工作者履职尽责，以新闻报道助力集团公司改革发展表示感谢，勉励大家围绕中心，服务大局，为集团公司稳健发展再立新功。

在听取了中国石油报社工作汇报后，徐文荣对报社在中国石油发展不同历史时期发挥的重要作用，在坚持正确舆论导向、服务集团深化改革，以及重塑石油形象、推进稳健发展等方面做出的贡献给予充分肯定。对于下一步重点工作，徐文荣强调，一是认真学习贯彻习近平总书记系列重要讲话精神，全面落实党组工作部署，打造“主流、全媒体、国际化”思想舆论主阵地。二是唱响主旋律，传播正能量，总结优秀经验和做法，注重战略引领和主题策划，提高宣传实效。三是围绕融入中心，推进改革创新，优化组织架构，搞活内部机制，坚持市场化原则推进发展。四是切实加强党的建设，不断提升党员领导干部政治能力，积极配合集团公司开展党建相关工作。五是强化人才队伍建设，加快培养全媒体专家型人才。

在石油工业出版社，徐文荣一行参观了石油科技图书出版分社、数码印刷部、中油书店旗舰店和荣誉室，详细了解重点图书、版权贸易、数字印刷、数字出版等方面情况，向出版社领导班子及广大干部员工表示衷心感谢。

在听取出版社工作汇报后，徐文荣对出版社紧扣石油工业发展脉搏，突出图书出版和创意服务主营业务，为推进石油科技进步和文化传播做出的积极贡献给予充分肯定。就今后工作，徐文荣强调，一是发挥集团公司整体资源优势，围绕市场需求，巩固传统出版业务，分层级分领域开展精细化服务，坚持市场化原则，加强市场开拓。二是抢抓机遇，创新体制机制，创新发展模式和商务模式，突出专业化、服务大众化，加大数字化产品开发推广力度。三是增强紧迫感，深化内部改革，创新激励机制，充分调动广大干部员工积极性，增强发展动力。四是提质增效，强化内部管理，优化业务流程。五是切实加强党的建设，加强廉洁从业教育，着力提高干部员工素质。

集团公司副总经济师、直属党委常务副书记李正光，总部有关部门负责人随同调研。

（本文引自 2017 年 2 月 24 日《中国石油报》
记者：崔　茉　李妍楠）

中国共产党石油工业出版社有限公司第二次党员大会隆重举行

中国共产党石油工业出版社有限公司第二次党员大会 2017 年 7 月 21 日隆重举行。石油工业出版社党政领导张卫国、张镇、韩青华、周家尧，以及 110 余名在职和离退休党员参加大会。

上午 8 时 30 分，伴随着庄严的国歌，大会正式开始。张镇主持上午的大会，宣读集团公司党组、集团公司直属党委贺信。集团公司党组在贺信中说，近年来石油工业出版社党委坚持以中国特色社会主义理论为指导，深入学习贯彻党的十八大、十八届历次全会精神和习近平总书记系列重要讲话精神，认真落实集团公司党组决策部署，突出党要管党、从严治党，围绕中心、服务大局，充分发挥党委的政治核心作用、党支部的战斗堡垒作用和党员的先锋模范作用，团结带领全体干部员工继承大庆精神铁人精神，弘扬石油精神，围绕图书出版，转变发展方式，注重质量效益，主营业务规模和效益不断提升，为推进石油科技进步和石油文化传播做出了重要贡献。

张卫国同志作题为《坚持全面从严治党，发挥政治核心作用，为出版社发展提供坚强保证和精神动力》的党委工作报告，全面回顾石油工业出版社有限公司第一次党员大会召开以来党的建设取得成果，系统总结五年来党的建设工作的经验和启示，指出存在问题，提出今后一个时期党的建设工作指导思想是：以党的十八大及历次全会精神、全国国有企业党建工作会议精神和即将召开的党的十九大精神为指导，深入学习贯彻习近平总书记系列重要讲话精神，认真贯彻落实国家新闻出版广电总局和集团公司党组部署要求，坚持党要管党从严治党，充分发挥国有企业党组织“把方向、管大局、保落实”作用，围绕中心、服务大局，着力健全党建工作制度体系、责任体系和保障体系，大力加强基层基础工作、规范党内政治生活、强化党内监督，用石油精神凝聚改革发展强大动力，为石油工业出版社持续健康稳健发展提供坚强保证。重点抓好以下工作：（1）强化思想政治建设，提高管党治党能力；（2）强化党的组织建设，提升党建科学化水平；（3）强化党风廉政建设，营造风清气正环境；（4）强化和谐企业建设，凝聚干事创业合力。

周家尧作题为《紧贴中心工作，强化监督执纪，为出版社发展营造风清气正的良好环境》的纪委工作报告，总结过去五年工作，提出今后一个时期纪委工作总体思路是：深入学习贯彻习近平总书记系列重要讲话精神，认真落实党的十八大和十八届中央、中央纪委历次全会精神，以及党的十九大精神，按照集团公司党组纪检组和石油工业出版社党委工作部署，坚持把纪律和规矩挺在前面，以落实监督执纪问责为重点，以践行“四种形态”、深化“三转”为抓手，持续加强作风建设，持续推进风清气正、守法合规、凝心聚力、干事创业的廉洁从业文化建设，为建设专业特色鲜明、具有较强市场竞争力和品牌影响力的出版公司提供坚强纪律保障，并对重点工作做了部署。

韩青华宣读石油工业出版社党委表彰决定，5个先进基层党组织、1个五好党支部、22名优秀共产党员、10名优秀党务工作者、10名共产党员先锋岗获得者受到表彰奖励。各党支部召开团组会议，对党委工作报告和纪委工作报告、大会选举办法、“两委”候选人预备人选建议名单进行审议。

下午的大会由韩青华主持。会议审议通过关于党委、纪委工作报告的决议，选举产生中国共产党石油工业出版社有限公司第二届委员会和纪律检查委员会。

张卫国代表新当选的党委和纪委领导班子讲话，指出这次党员大会是在坚持从严治党、深入贯彻落实党的十八届六中全会精神、全面规范和加强党内政治生活的新形势下召开的一次十分重要的会议。这是一次鼓舞人心、令人振奋的大会，是一次明确目标、谋划未来的大会，是一次形成共识、团结鼓劲的大会，在石油工业出版社改革发展进程中具有十分重要的意义。张卫国强调：（1）坚持党的领导，着力发挥核心作用；（2）突出思想建设，着力强化思想引领；（3）落实“两个责任”，着力坚守政治担当；（4）加强制度建设，着力夯实组织基础；（5）弘扬石油精神，着力深化形象建设；（6）坚持问题导向，着力推进工作落实。大会在激昂的《国际歌》中闭幕。

大会闭幕后，在新一届党委、纪委会议上，张卫国当选为党委书记，周家尧当选为纪委书记，并分别作了表态发言。

石油工业出版社召开2017年工作会议暨三届二次职代会

石油工业出版社 2017 年工作会议暨三届二次职代会 2 月 14 日在办公楼七层多功能厅隆重举行。总经理、党委书记张卫国，总编辑张镇，副总经理韩青华、周家尧，总经理助理杨静芬、副总编辑章卫兵、副总会计师马小彦、监事孙兆辉、大众图书出版总监鲜德清、图书营销总监郎东晓，职工代表、列席代表、特邀代表以及科以上干部、高级职称人员共 120 余人参加会议。张镇、韩青华、周家尧分别主持会议。

张镇主持上午大会。会上，周家尧传达集团公司 2017 年工作会议、集团公司 2017 年党风廉政建设和反腐败工作会议主要精神，张卫国作《坚持创新驱动，加快转型融合，持续提升石油出版稳健发展水平》工作报告，马小彦作《石油工业出版社有限公司 2016 年度财务决算及 2017 年财务预算情况报告》，工会副主席李银涛作《石油工业出版社有限公司三届一次职代会提案处理落实情况报告》。

张卫国在报告中简要回顾石油工业出版社 2016 年工作。石油工业出版社以习近平总书记系列重要讲话精神为指导，认真落实国家新闻出版广电总局和集团公司部署要求，坚持稳健发展工作方针，突出发展主营业务，着力推进深化改革、管理提升、融合发展，大力加强党的建设、员工队伍建设和企业文化建设，确保图书出版和生产经营任务完成，实现“十三五”良好开局。2016 年实现总收入 2.31 亿元，其中主营业务收入 1.71 亿元，实现利润 997 万元。出版品种 1462 种，同比增长 14.8%；出版码洋 2.21 亿元，同比增长 10.7%。2016 年来石油工业出版社领导班子重点抓了六件大事：（1）岗位薪酬绩效考核体系优化项目落地实施；（2）“十三五”发展规划发布实施；（3）数字出版工作取得成效；（4）深入开展“两学一做”学习教育；（5）持续坚持“五走”拓展市场资源；（6）送书工程稳步推进。

报告中分析石油工业出版社面临形势，指出 2017 年是石油工业出版社的“创新发展年”，全年总的工作思路是：深入贯彻落实国家新闻出版广电总局和集团公司部署要求，坚持稳健发展，坚持深化改革，坚持规划引领，坚持市场导向，以创新发展为动力，以转型融合为方向，以专业出版为龙头，以教育大众出版为两翼，以创意服务为助力，大力实施“四大战略”，突出主营业务发展和提质增效，大力加强党建和思想政治工作，不断推进建设专业特色鲜明、具有较强市场竞争力和品牌影响力的出版公司目标实现，为集团公司建设世界一流综合性国际能源公司提供强有力的科技文化支撑。2017年主要工作目标：出版码洋2.26亿元（可销售码洋1.16亿元），销售码洋8300万元（销售回款5000万元），出版收入6800万元，展览公司收入2300万元，彩印公司收入3800万元，总收入2.35亿元，实现利润480万元，经费自给率保持在87%以上，图书质量合格率100%，安全生产无较大事故，员工收入在效益提高基础上有所增长。围绕实现上述目标，重点做好8个方面工作：（1）创新选题引领，做强图书主业；（2）创新数字出版，积蓄发展后劲；（3）创新营销模式，加强渠道建设；（4）创新创意服务，提高竞争能力；（5）创新体制机制，激发企业活力；（6）创新人力资源管理，推进三项制度改革；（7）创新管理工作，提高工作效率；（8）创新党建工作，坚持全面从严。

在会议分组讨论中，与会代表紧扣会议主题，就工作报告、财务预决算情况报告和提案处理落实情况报告畅所欲言、建言献策。在周家尧主持的三届二次职代会主席团第二次会议上，听取了各团组讨论情况汇报。

下午大会由韩青华主持。张镇宣读大会决议。经过举手表决，会议一致通过工作报告、财务预决算情况报告、三届一次职代会提案处理落实情况报告的决议。总经理与其他班子成员、班子成员分别与经营和管理部门负责人签订2017年度绩效合同。周家尧宣读《关于表彰2016年度优秀出版物和效益单项奖的决定》《关于表彰2016年度数字出版、图书营销、创意服务先进个人和优秀管理奖获得者的决定》《关于〈超低渗透油藏勘探开发技术新进展〉丛书等出版物获奖的情况通报》。在欢快的乐曲声中，社领导向获奖代表颁奖。

张卫国在会议结束前讲话中指出，这次会议是在石油工业出版社实现“十三五”良好开局之际召开的一次十分重要的会议，会议全面总结出版社2016年工作，在科学分析当前形势基础上，确定石油工业出版社2017年的工作目标、思路及要求，符合出版社实际，符合干部员工根本利益，目标催人奋进、思路清晰明了、措施得当有力，对于进一步认清形势、凝心聚力，完成好2017年各项工作任务，必将产生积极的推动作用。为贯彻落实好会议精神，张卫国强调三点：（1）从严讲政治，引领创新发展，坚持从严管党治党不动摇、正确出版导向不动摇、创新引领发展不动摇；（2）从严强作风，推动创新发展，立足领导班子建设强作风、立足干部队伍建设强作风、立足问题整改强作风；（3）从严抓落实，确保创新发展，加强形象建设凝心聚力，加强枢纽建设引导示范，加强监管考核责任到位，为推进石油出版事业健康和谐稳健发展做出新贡献。大会在全场齐唱《我为祖国献石油》歌声中结束。

石油工业出版社召开科学发展研讨会

2017 年 1 月 18 日至 19 日，石油工业出版社在办公楼七层多功能厅召开科学发展研讨会。总经理、党委书记张卫国，总编辑张镇，副总经理韩青华、周家尧，总经理助理杨静芬、副总编辑章卫兵、副总会计师马小彦、监事孙兆辉、大众图书出版总监鲜德清、图书营销总监郎东晓，各部门单位负责人、首席编辑参加会议。

会议传达集团公司 2017 年工作会议、集团公司 2017 年党风廉政建设和反腐败工作会议主要精神，重点传达学习集团公司党组书记、董事长王宜林所作《深化改革创新，推进稳健发展，以优异成绩迎接党的十九大胜利召开》主题报告，党组副书记、总经理章建华所作《狠抓优化运行，着力提质增效，全面完成生产经营任务目标》生产经营报告，党组成员、党组纪检组组长徐吉明所作《集团公司 2016 年党风廉政建设和反腐败工作情况通报》精神。会议认为，集团公司工作会议实事求是总结 2016 年工作，2017 年工作部署目标明确、思路清晰、要求具体、措施得当，为石油工业出版社谋划好下一步工作指明了方向。

与会人员围绕“坚持创新驱动，推进稳健发展”主题，紧密联系实际，坚持问题导向，在深入调研和理性思考基础上，集思广益，谋划发展，撰写发言提纲，积极建言献策，发言内容涉及图书出版、经营管理、党建等方面内容，涵盖石油工业出版社各个业务板块。

总经理张卫国在总结讲话中指出，石油工业出版社各级领导干部要认真学习贯彻集团公司工作会议、党风廉政建设和反腐败工作会议精神，尤其要重点研读董事长王宜林、总经理章建华、组长徐吉明报告，领会精神实质，努力把学习成果转化为加强和改进工作的务实举措，细化工作安排，加快工作节奏，推动石油工业出版社稳健发展。张卫国充分肯定石油工业出版社 2016 年工作，提出 2017 年要以创新发展为主题，坚持市场导向，坚持规划引领，坚持深化改革，坚持稳健发展，大力实施“资源、创新、精品、数字化”战略，突出主营业务发展和质量效益提高，不断推进“建设专业特色鲜明、具有较强市场竞争力和品牌影响力的出版公司”目标实现。要做到创新为王，资源为本，机制为源，党建为根，廉政为镜，市场为路，积极推动创新，努力拓展资源，完善体制机制，加强党建思想政治工作，努力完成各项任务目标，逐步由产品提供商向知识服务商转变，用担当诠释忠诚，用实干诠释尽责，用有为诠释激情，用友善诠释正气，推动出版社持续健康稳健发展。

（李　兵）

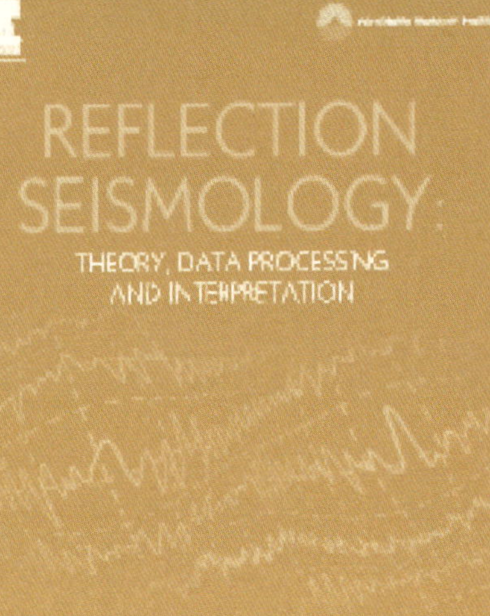

Volcanic
Gas Reservoir
Characterization

编辑出版

- 综　述
- 重点出版工程
- 版权贸易

综　　述

【概述】2017 年，石油工业出版社坚持“五走”（走出去、走上去、走下去、走进去、走到位）策略，落实战略合作协议，挖掘出版资源，策划优质选题，加强质量管控，出版成果显著。科技图书出版，以重大项目、重点丛书作为主攻方向，加强选题策划，打造精品图书，推出《“一带一路”油气系列丛书》《油库技术与管理丛书》等一批重点图书。高校教材出版，积极开发选题资源，拓展图书市场空间，推进转型融合，出版《地震勘探概论（富媒体）》等 8 种富媒体教材。职业培训出版，认真做好鉴定教材、统编培训教材及重点教材编辑出版工作，推进融合出版，多部图书实现富媒体。大众图书出版，把握出版趋势，推进市场开拓，优化选题结构，出版《国学大师任继愈》系列等一批重点图书，《中国石油喜迎党的十九大丛书》和《中国石油党建系列图书》受到集团公司好评。标准与安全图书出版，深入基层调研，加强选题策划，积极开拓市场，全面完成主要生产指标，《恪守红线：新形势下企业安全环保工作的探索与实践》获 2017 年全国石油石化企业管理现代化创新优秀著作一等奖。年鉴史志类图书出版，举办首次集团公司年鉴编纂创新研讨会、集团公司年鉴编写培训班，深入企事业单位开拓年鉴志书选题；《中国石油天然气集团公司年鉴 2015》获版协年鉴编校质量评比特等奖，《中国石油天然气集团公司年鉴 2016》获中国石油和化学工业优秀出版物奖图书奖一等奖。编辑出版《中国石油组织史资料》受到集团公司上下好评。能源经济出版，举办 8 期能源大讲坛，成功举办能源热点问题高层论坛，引进图书《世界能源展望中国特别报告》，出版原创图书《中国能源政策解读》等取得良好反响。期刊出版方面，《中国石油勘探》再次入选“中国科技核心期刊”，在石油天然气工程类期刊中“核心影响因子”指标排名第二。《中国油气》杂志配合集团公司主办“一带一路”油气合作圆桌会议，推出“一带一路”专刊。《石油人力资源》整合创刊，起步良好。

《中国天然气形成与分布》获 2017 年国家出版基金，《地质之美——经典地貌》入选“2017 国土资源优秀科普图书”，34 种图书和教材获中国石油和化学工业优秀出版物奖，《潜山之歌》获第三届中央企业精神文明建设“五个一工程”优秀作品奖，《石油上的人》等 6 种图书获第四届“中华铁人文学奖”。在 2017 年度全国石油石化企业管理现代化创新优秀论文和优秀著作评选中，获优秀著作一等奖 1 个、二等奖 5 个、三等奖 5 个。

【出版规划】2017年，按照国家"十三五"重点出版物出版规划发展要求，结合图书出版行业深入贯彻落实党的十九大精神、深化文化体制改革、加快推动社会主义文化大发展大繁荣的有关要求，石油工业出版社围绕重点出版品种，组织申报国家"十三五"重点出版物出版规划增补项目，其中《美国国家地理学习科学系列》成功入选。

按照国家新闻出版广电总局《关于报送2018年图书、音像电子出版物出版计划的通知》（新广出办发〔2017〕78号）的精神和要求，根据集团公司生产经营和"十三五"科技发展战略及石油工业出版社图书出版选题规划，结合实际情况，制订石油工业出版社2018年图书出版计划，其中新版图书选题862个、再版图书选题15个、引进版图书选题68个，共877个。

【图书出版】2017年，石油工业出版社图书出版品种952种，电子出版物出版品种17种，标准出版品种623种，期刊出版品种21种，合计1613种。出版码洋24411.3万元（其中数字出版物码洋为646.8万元），同比增加2271.1万元。立选959种（含17种数字出版物），同比增加143种；图书发稿942种，同比增加25种；标准发稿628种，同比增加62种（表1）。

表1　2017年石油工业出版社出书统计

项　目	2016年	2017年	增　减	浮　动
立　选（种）	816	959	143	17.52%
图书发稿（种）	917	942	25	2.73%
图书出版（含期刊）（种）	890	973	83	9.33%
数字出版物（种）	20	17	−3	−15.00%
标准发稿（种）	566	628	62	10.95%
标准出版（种）	552	623	71	12.86%
图书＋标准出版码洋（万元）	22140.2	24411.3	2271.1	10.26%

2017年终审完成图书审稿674种（大众图书302种、石油图书372种），字数236972千字，2016年同期为276924千字（表2）。2017年完成入库图书印装质量抽检42种，合计检查4000余册，全品种批量合格，提交质检报告。在2017年8月由国家新闻出版广电总局出版产品质量监督检测中心对石油工业出版社入库图书进行的印装质量随机抽查中，石油工业出版社5种图书印装质量批量合格。2017年石油工业出版社编务、印务数据见表3、表4。

表2　2017年石油工业出版社终审图书

稿件终审	2016年	2017年	增　减	浮　动
大众图书（种）	310	302	−8	−2.60%
石油图书（种）	347	372	25	7.20%
合　计	657	674	17	2.59%

表 3　2017 年石油工业出版社编务数据

项　目	2016 年	2017 年
申领书号（个）	626	715
图书发稿（种）	773	944（含音像制品 19）
图书付型（种）	534	689
样书登记（种）	476	616
上传样书信息（种）	476	616
标准发稿（种）	518	628
标准付型（种）	499	593
标准样书登记（种）	499	593
增补书号（个）	250	200

表 4　2017 年石油工业出版社印务数据

项　目	图　书	标　准	音　像
发　排（种）	942	628	
付　型（种）	691	586	
付　印（种）	937	621	
签订排印装合同（份）	2060		2
样书检查（种）	952	623	
入库图书印装质量抽检	42 种 4000 余册		
成本结算	900 余单，核算金额 3679 万元		
出版运行档案录入、归档	400 余份		

加强生产运行协调，发挥“生产运行枢纽”作用。坚持“疏”和“控”两手抓：在“疏”的方面，加强工作生产运行的计划性，每月向编辑部门提供发稿建议；与彩印公司进行业务对接，随时掌握他们对排版、印刷的生产加工能力，在合理安排印量的基础上，控制好周期，保证好质量。在“控”的方面，运用“ERP 对图书生产运行周期进行监控”的查询系统，定期分析图书运行周期，对超周期运行的图书进行预警，不断提高生产运行效率，从而达到主动监管、主动作为。对超周期运行的图书严格合同的执行，追究印制和装订单位的经济责任，从而增强合同的约束力和严肃性。

【技术有形化】 2017 年，有 22 项重大标志性技术与利器有形化项目，包括 6 项油气勘探领域技术、2 项油气田开发领域技术、11 项石油工程领域技术和 3 项炼油化工领域技术。技术有形化工作持续探索创新方法流程与表征手段，已经引入最新媒体传播技术，通过 VR/AR/MR 等手段更加形象地展现技术亮点和特色并使之达到最佳展示效果；通过微信公众号、APP 等方式更加便捷地阅读，达到更广传播范围；通过集团公司技术有形化成果数据库 V1.0 平台建设，实现有形化工作自身的有形与传承。在技术有形化的同时，逐步开展技术价值化与商业化的创新性研究工作，最终使技术成果实现应用转化，为行业带来最大的效益。

【国家基金奖励申报】 2017 年，按照国家“十三五”规划发展要求，着力打造代表国家水平的优秀出版项目，推进社会主义文化强国建设、推动科学技术进步。石油工业出版社精耕细作，打造精品，围绕重点出版品种积极申报各类国家级出版基金资助项目，《美国国家地理学习科学系列》入选国家“十三五”重点出版物规划增补项目，“石油安全事故应急解决方案知识服务平台”项目入选 2017 年文化产业发展专项资金重大项目（表 5）。

表 5　2017 年石油工业出版社国家基金奖励项目申报情况

项　目	申报情况
“十三五”国家重点出版物规划增补项目	《美国国家地理学习科学系列》成功入选；中期检查图书 9 种，其中完成 1 种，进行中 8 种，电子出版平台完成 1 种
中国文艺原创精品出版工程	3 个
2017 年主题出版	4 个
百种优秀出版物推荐	3 个
改革发展项目库	1 个
文化产业发展专项资金	1 个
石油石化管理现代化优秀论文	20 个
海洋优秀科技图书	3 个
全国优秀科普作品	1 个
“当代精品力作编辑出版研讨会”论文	1 个
2018 年度国家出版基金项目	1 个

【著译者座谈会】 2017 年，石油工业出版社紧密联系著译者队伍，组织召开包括大庆油田著译者座谈会、西南油气田著译者座谈会、国企党建图书著译者座谈会暨新书编撰启动会等各级各类著译者座谈会 19 次（出版社层面召开 5 次、部门层面召开 14 次），其中：石油科技图书出版分社组织召开 2 次，高等教育出版分社组织召开 5 次，职业培训出版分社组织召开 2 次，大众图书出版公司组织召开 1 次，人力资源出版中心组织召开 1 次，标准与安全出版分社组织召开 1 次，年鉴与史志出版分社组织召开 4 次，期刊出版分社组织召开 3 次。

（李　斌　张庆旺）

重点出版工程

【送书工程】2017年，全面完成集团公司思想政治工作部和财务部下达的2017年送书工作任务和经费预算指标，组织生产本版图书11种，采购外版图书1种，出版和采购码洋3482.8万元（表1）；为集团公司43133个基层队和111个机关部门配送图书43474套；完成数字阅读平台升级开发以及外版数字阅读资源引入项目选商招标工作，新版数字阅读平台可实现直播互动、阅读分享、阅读大数据分析等功能，为“送书”活动向“读书”活动转变打好基础。

表1　2017年送书工程书目

序号	分　类	书　名	作　者	印色
1	石油党建历史文化	中国石油喜迎党的十九大丛书（3本）	集团公司党组宣传部	双色
2		奋进的坐标——中国石油基层党建创新案例集	集团公司人事部	双色
3		石油老照片五·死亡之海的复活之路	《石油老照片》编委会	单色
4	基层建设	高效革新——TRIZ理论在石油石化行业技术革新中的应用	汤凯、杨海波	单色
5		中国石油天然气集团公司保密管理规定条文导读	集团公司保密委员会办公室	单色
6	石油知识	生活中的化学系列丛书·远离雾霾的危害	梁咏梅、陈振涛、韩晔华	单色
7	安全健康	石油员工安全意识养成手册	孙忠莲、王晓燕、冯宝华	单色
8	社科读物	隐藏的教练	那子纯	单色
9		页岩战略	邓正红	单色
10		习近平讲故事	《人民日报》评论部	单色

【石油科技图书出版专项】2017年，按照集团公司“主营业务战略驱动、发展目标导向、顶层设计”的科技发展理念，石油工业出版社继续完善总结出版“十二五”期间集团公司重大科技成果，根据集团公司“十三五”期间科技发展规划和油气田、炼化企业发展主营业务所需技术，出版前沿技术类图书，为勘探开发、炼油化工、管道建设、工程技术等主营业务提供技术服务；遴选集团公司标志性成果翻译输出国外出版，加强宣传，扩大影响。石油科技图书出版专项（2016—2017年度）顺利执行，“2016年石油科技图书出版专项”的验收工作顺利通过。总编室与石油科技图书出版分社密切配合，全面总结项目执行情况，严格按照项

目要求组织图书选题筛选和论证，确保“2017—2018 年度石油科技图书出版专项”项目开题立项顺利开展。

2017 年出版科技著作 101 种，涵盖勘探、开发、工程、炼化、石油经济、安全环保等专业板块，推出《含盐前陆盆地油气地质与勘探》《准噶尔盆地复杂深井钻井关键技术与实践》《井下作业工程师手册（第二版）》《深水钻井井控技术》《油库技术与管理系列丛书》《中国气田开发丛书·总论》《文风·学风·辩证思维——石油地质科研的三个问题》等具有行业影响力的图书（表 2）。

（李 斌 曹豫琳）

表 2 2017 年石油科技图书出版专项统计表

序号	书号	书名	部门	责编	印数
1	1591	采油站生产设备故障诊断与处理	科技分社	李中	3000
2	1598	油罐及管路技术与管理	科技分社	方代煊	3000
3	1435	石油钻机维护保养手册	科技分社	方代煊	5000
4	1780	文风·学风·辩证思维——石油地质科研的三个问题	科技分社	庞奇伟	1600
5	1550	井下作业工程师手册（第二版）	科技分社	李中	5000
6	1645	天然气脱硫与处理手册	科技分社	潘玉全	2000
7	1709	土壤和沉积物石油类污染防治方法与技术	高教分社	葛智军	1000
8	1028	精细化工原材料手册	科技分社	马海峰	5000
9	1491	含盐前陆盆地油气地质与勘探	科技分社	庞奇伟	1500
10	1605	准噶尔盆地复杂深井钻井关键技术与实践	科技分社	李中	2000
11	1786	油库供配电技术与管理	科技分社	方代煊	3000
12	1767	油田开发常用指标计算手册	科技分社	王宝刚	2000
13	1575	钻井液脉冲信号传输理论与应用	科技分社	方代煊	2000
14	1804	科学方法论及典型应用案例	科技分社	方代煊	5000
15	1790	油田常用井下工具与修井技术	科技分社	王宝刚	3000
16	1271	海洋岩土工程	科技分社	王金凤	2000
17	1791	油库设备维护与抢修	科技分社	王长会	3000
18	1792	油库自动化与信息化管理	科技分社	方代煊	3000
19	1693	钻井作业 HSE 核心提示	标准安全分社	孟坤	2012
20	1874	石油工程师指南——油田化学品与流体	科技分社	潘玉全	2000
21	1517	油气田含油污泥处理技术	高教分社	魏杰	1000
22	1883	油品装卸技术与管理	科技分社	方代煊	3000

续表

序号	书号	书名	部门	责编	印数
23	1861	油库安全技术与安全管理	科技分社	方代煊	3000
24	1960	2016 年世界炼油技术新进展——AFPM 年会译文集	科技分社	潘玉全	1500
25	1905	燃气行业有限空间安全管理实务	标准安全分社	曲爱平	3000
26	1915	地层倾角测井原理与应用	高教分社	何桐	1000
27	1875	石油工程手册——可持续开发	科技分社	王瑞	2010
28	1475	陆相盆地页岩油气地质研究与实践	科技分社	孙宇	1500
29	1830	气体钻井中的若干力学问题	科技分社	张贺	1200
30	1932	油库规章制度与业务管理	科技分社	方代煊	3000
31	1945	油水井计量间操作实用手册	职培分社	马晓光	2000
32	1657	油田开发后期调剖堵水和深部调驱提高采收率技术	高教分社	魏杰	1000
33	2058	采油安全经验分享 100 例	科技分社	李中	5000
34	1901	煤层气钻井完井工程技术	科技分社	李中	1000
35	2019	技术秘密及专利知识问答（第五版）	科技分社	马新福	3000
36	1943	油库工程建设管理	科技分社	方代煊	3000
37	1570	含水致密砂岩气藏开发技术——以四川盆地中部须家河组为例	科技分社	张倩	2000
38	1841	地质填图基础（第五版）	科技分社	马新福	3000
39	1844	沉积岩野外工作手册（第四版）	科技分社	马新福	3000
40	1839	新疆东南部中—下侏罗统沉积演化与聚煤规律	科技分社	王宝刚	1500
41	1968	石油地质综合研究方法	高教分社	何桐	2000
42	1855	水力压裂解释——评估、实施和挑战	科技分社	李中	2000
43	1952	地热能（第二版）	科技分社	马新福	2000
44	1978	油库设计简明速查手册	科技分社	方代煊	3000
45	1699	高温高压及高含硫井完整性指南	科技分社	张倩	6000
46	2087	高温高压及高含硫井完整性设计准则	科技分社	张倩	6000
47	2088	高温高压及高含硫井完整性管理规范	科技分社	张倩	6000
48	2166	录井方法与技术	高教分社	柴毓	2000
49	2136	石油行业计算机新技术应用论文集（2016）	科技分社	王瑞	1000
50	2129	深水钻井井控技术	高教分社	方子奇	1000
51	2137	储罐底板腐蚀声发射在线检测探索与实践	科技分社	王宝刚	1500

续表

序号	书号	书名	部门	责编	印数
52	2177	油气田污水污泥处理关键技术	科技分社	张贺	2000
53	2182	采油工人日常操作规程记忆歌诀	科技分社	王宝刚	3000
54	2227	采油测试实用技巧	科技分社	王宝刚	3000
55	1814	工艺工程师	科技分社	方代煊	2000
56	1970	通信工程师	科技分社	方代煊	2000
57	2073	可再生能源基础	科技分社	马新福	2000
58	2230	石油老照片五	年鉴史志分社	邵冰华	20000
59	2245	远离雾霾的危害	科技分社	张贺	20000
60	2170	地应力、裂缝测试技术在石油勘探开发中的应用（第二版）	科技分社	王宝刚	3000
61	2099	能源工程师	科技分社	方代煊	2000
62	1823	计量工程师	科技分社	方代煊	2000
63	2111	安全工程师	科技分社	方代煊	2000
64	2134	电气工程师	科技分社	方代煊	2000
65	1984	维抢修工程师	科技分社	方代煊	2000
66	1993	仪表自动化工程师	科技分社	方代煊	2000
67	1956	管道工程师	科技分社	方代煊	2000
68	2241	测井井控技术手册	科技分社	金平阳	5000
69	2063	从企业架构到智慧油田的理论与实践	科技分社	庞奇伟	2000
70	2122	原核微生物资源和分类学词典	科技分社	林庆咸	1500
71	2250	X80 管线钢管质量控制技术	科技分社	王长会	1000
72	2167	油藏动态构模预测论	科技分社	王瑞	1500
73	2217	工业生产过程危害和危险的消除与控制	职培分社	曲荟锦	2000
74	1509	沉积体系与沉积序列：挪威大陆架边缘	科技分社	孙宇	1000
75	2231	钻井 HSE 培训教材（第二版）	科技分社	何丽萍	1500
76	2222	天然气产业链风险研究	高教分社	谭玉杰	1000
77	2295	中国气田开发丛书·总论	科技分社	何莉	3100
78	2276	全球主要沉积盆地常规油气资源分布	科技分社	马新福	1000
79	2168	创新思维与管理创新	科技分社	金平阳	5000
80	2067	流化催化裂化手册（第三版）	科技分社	张贺	2000

续表

序号	书号	书名	部门	责编	印数
81	2304	设备（机械）工程师	科技分社	方代煊	2000
82	2299	海外钻井施工英语情景对话	科技分社	何丽萍	2000
83	2184	分子筛材料的合成及应用	科技分社	张贺	1500
84	2282	深层海相碳酸盐岩油气藏主体开采工艺新技术	科技分社	马新福	2000
85	2112	注二氧化碳提高石油采收率技术	科技分社	李中	2000
86	2419	盐构造与沉积和含油气远景	科技分社	林庆咸	1000
87	2303	聚合物——表面活性剂复合驱油技术	科技分社	张倩	2000
88	2274	天然气 21 世纪主要能源	科技分社	张倩	2000
89	2277	国际石油公司的本质	科技分社	张贺	2000
90	2197	页岩气开采技术	高教分社	方子奇	1000
91	0878	柴达木盆地西部富油凹陷油气勘探理论与实践	科技分社	庞奇伟	1000
92	2325	炼厂环境管理体系手册	科技分社	潘玉全	2010
93	2366	油气开发技术进展	科技分社	王瑞	2000
94	2448	空气及空气泡沫驱油机理	科技分社	王金凤	2500
95	2297	油气田开发地质学	科技分社	林庆咸	3000
96	2342	澳大利亚西北大陆架石油地质特征	科技分社	马新福	1000
97	2361	全球非常规油气资源评价	科技分社	马新福	1000
98	1597	视频会议系统实用指南	科技分社	崔淑红	3000
99	2105	致密油气成藏理论与评价技术	科技分社	马新福	1500
100	9102	乙烯装置能量系统优化技术	科技分社	潘玉全	2000
101	2421	中国石油重大科技成果（2011—2015）	科技分社	庞奇伟	1500

【中国石油组织史资料】《中国石油组织史资料》（以下简称组织史）编纂工作于 2011 年 3 月开始调研、筹备，2012 年 3 月正式启动，集团公司成立了编审委员会和编纂工作领导小组，并在人事部综合处设立编纂办公室。石油工业出版社按照人事部的统一部署和要求，全程参与和配合总部卷的编纂组织和出版，同时参与及承担企业卷和基层卷的规范性审查和出版组织工作。截至 2017 年底，出版组织史总部卷 5 卷 9 册，130 余家企事业单位的企业卷、10 家基层单位的基层卷共 244 卷，近 3 亿字。

【中国石油企业文化辞典】《中国石油企业文化辞典》（以下简称辞典）编纂工作从 2012 年开始，除编纂总卷外，还结合实际组织部分企业编纂企业分卷。首批挑选38家成立时间长、文化积淀厚的企业开展企业文化辞典分册的编纂工作。辞典的编撰出版，是贯彻落实中央关于文化大发展大繁荣的战略部署，是总结集团公司企业文化建设成果、为全面建成世界一流综合性国际能源公司提供文化支持的重要举措，同时也是对中国石油积淀60余年深厚文化的大盘点、大提炼，是对中国石油工业发展历程、企业风采、企业文化的全面展示，是进一步挖掘和传承以“苦干实干”“三老四严”为核心的石油精神，加强企业文化建设，铸石油魂、塑石油形象的重要尝试和重要举措。

【中国石油天然气集团公司年鉴】 2017年12月，《中国石油天然气集团公司年鉴2017》（以下简称《集团公司年鉴》）正式出版发行，是《中国石油天然气工业年鉴》自1996年正式出版以来连续出版的第22卷，是更名为《中国石油天然气集团公司年鉴》后的第19卷。重点记载集团公司2016年所发生的重大事件，体现年度历史进展特色；坚持规范与创新相结合，充分反映集团公司年度工作特点。在保持整体内容基本不变的情况下，为增强《集团公司年鉴》资料性及便于横纵向对比，在“企事业单位概览”部分“概况”条目下继续增加“主要生产经营指标”等表格。收录世界主要国家和地区及各大石油公司有关石油石化相关数据图表，摘选国家发改委《石油发展“十三五”规划》和《天然气发展“十三五”规划》，扩充《集团公司年鉴》内容的信息含量。注重《集团公司年鉴》的工具性和实用性，版式设计力求规范严整，文字叙述力求简洁流畅。根据工作安排，4月在成都召开工作会议，10月在兰州召开审稿工作会议。3月，在出版社召开首次《集团公司年鉴》编纂创新研讨会，在广州石油培训中心组织第一次“集团公司年鉴编纂培训班”。

（郭建强）

版权贸易

【版权引进】 2017年，国际出版交流中心引进国外版权图书125种，其中科技类图书30种（还有67种待签），儿童读物69种（主要合作单位来自德国、法国、意大利等），能源经济类6种，经管类14种，英语学习类6种；超额完成版权贸易业绩指标。

【版权输出】 签订输出版权科技类图书3种：《断陷盆地富油凹陷二次勘探工程》《碎屑岩系油气储层沉积学》《火山岩气田开发》。所有科技图书输出项目处于良好的运行状态。对即将出版的已签输出图书进行定向跟踪，与外国出版社交流出版过程中的问题并及时解决。2017

年，与外方积极协作，完成 3 本版权输出图书在国外的正式出版工作。待完成 1 本图书。联系意向输出图书 7 本，及时与作者和出版机构沟通并反馈意见。签订输出版权学习类图书 1 种：《雅思口语全薇机经》。

【国际书展】 2017 年，完成 9 个团组的出国办理工作：（1）展览公司 2017 年乌兹别克斯坦模型制作项目；（2）鲜德清、李丰、艾嘉参加第 54 届博洛尼亚国际童书展；（3）总经理张卫国带领副总编辑章卫兵、副总会计师马小彦、编辑于柏慧参加第 27 届阿联酋阿布扎比国际书展；（4）总编辑张镇带领副总杨静芬、孙兆辉参加 2017 年美国书展；（5）展览公司承接中国华信能源有限公司阿斯塔纳世博会模型制作项目；（6）副总经理周家尧带领张国印、李崴、金平阳参加德国法兰克福书展；（7）郭建强带领高超、王金凤、潘玉全参加东南亚中国图书巡回展；（8）展览公司承接哈萨克斯坦执行模型制作任务；（9）中亚管道有限公司乌兹别克斯坦塔什干模型的制作及现场安装调试项目。

【北京国际图书博览会】 展出重点版权图书及书目，与外方出版社友好交流，开展版权贸易合作，获取最新图书版权信息，洽谈版权业务，加深相互了解，稳固双方合作关系，为将来更多层面合作打下基础。与大众图书出版公司合作，分别在展台现场举办引进版童书《波兰传说故事》新书发布会、2017 留学及出国考试趋势分析暨小站教育新书发布会，以及两种美术类图书作者和读者的现场互动活动，很好地彰显了石油工业出版社的国际化品牌形象。在《中国新闻出版广电报》发表署名文章《从建品牌到扩大影响力》，从“版权引进图书形成品牌，发挥引领作用”和“推动版权输出，扩大国际影响力”两个方面总结石油工业出版社版权贸易新进展。同时在《中国出版传媒商报》和《中国新闻出版广电报》宣传石油工业出版社版权贸易成果。

【版权交流】 加强交流互访，提高版权引进工作效率。与爱思唯尔出版集团探讨翻译图书出版进度和中文版定价等问题，就进一步提高引进版图书出版效率和质量交换意见。双方确认 13 种版权图书引进合同，并就签署第二批 9 种图书的双语智读项目（SeR）合作协议达成一致意见。

【获奖情况】 2017 年，石油工业出版社输出到爱思唯尔出版集团的《岩性地层油气藏地球物理勘探技术与应用》《火山岩气藏储层表征技术》《反射地震学理论纲要》《油气井现代产量递减分析方法及应用》4 种版权输出图书入选国家新闻出版广电总局 2017 年“图书版权输出奖励计划”，这是石油工业出版社首次入选该奖励计划。《页岩革命：重塑美国能源，改变世界》获第 16 届引进版优秀图书奖；石油工业出版社获国家新闻出版广电总局“2017 年阿布扎比国际书展中国主宾国优秀展示奖”和“北京国际图书博览会 2017 年优秀展商奖”。在国家新闻出版广电总局举办“中国出版‘走出去’成果展”上，石油工业出版社输出到爱思唯尔出版集团的《岩性地层油气藏地球物理勘探技术与应用》英文版作为展出的 20 余种科学技术精品图书之一，在展会现场展示。

（王　兴）

数字转型

- 综　述
- 数字出版重点项目
- 数字出版重要工作

综　　述

【概述】2017年，数字出版工作按照石油工业出版社总体部署，加强体制机制创新，狠抓“五走”工作，从队伍建设、产品研发、资源建设、产品运营、市场营销多个方面全速推进出版社数字出版转型及融合发展。2017年数字出版总收入478万元，同比增长66%；总用户数93147人，同比增长41%，点击量113万次，同比增长180%；开发新产品10个，迭代升级产品10项，同比增长25%；通用资源数字加工4373种，产品资源数字加工5565种，同比增长31%。数字出版工作得到业界认可，2017年获数字出版各类奖项9个，数字出版整体工作呈现较好的发展趋势（表1、表2）。

表1　2015—2017年数字出版主要经营指标

项　目	2017年	2016年	2015年
新产品（个）	10	9	12
数字资源总量（万条）	214	99	10
数字出版收入（万元）	478	289	121
用户数（人）	93147	66027	—
点击量（万次）	113	40	—

表2　2016—2017年数字资源数量加工明细表

种　类	2017年数字资源加工数量	截至2017年底数字资源总量	截至2016年底数字资源总量
图书加工（本）	3482	12266	8784
标准加工（个）	609	4009	3400
合同加工（个）	282	7458	7176
产品数据加工（种）	5565	6048	483
图片（幅）	672764	1234196	561432

续表

种　类	2017年数字资源加工数量	截至2017年底数字资源总量	截至2016年底数字资源总量
表格（个）	251610	454217	202607
公式（个）	208013	418180	210167
课件（件）	296	323	27
合　计	1142621	2136697	994076

【数字产品开发】 2017年，完成油气田开发知识服务平台、石油安全知识服务平台、石油期刊集群平台、中国石油年鉴网、富媒体图书阅读平台、石油技术利器、油搜论坛系统、大数据分析平台、党建微课、《油气渗流力学》网络课程等10个新产品开发。完成石油工业出版社官网、石油大搜网、石油百科、钻井知识服务平台、勘探知识服务平台、中油书店、资源管理平台、石油标准服务平台、石油iReader、能源大讲坛等10个老产品的维护升级工作。

【数字产品运营推广】 2017年，数字出版加速核心产品市场渗透，通过线上与线下相结合的方式，快速为产品寻找合适的用户群，快速大量聚集用户。

线上活动运营。通过建设石油百科微信公众号，建立线上传播渠道，加强石油工业出版社在第三方资讯平台公众号的建立，分别为今日头条、一点资讯、界面新闻等主流资讯平台。通过运营，达到很好的传播效果。发起线上“世界读书日，倾听石油人的朗读声”活动，并与大庆油田新媒体中心合作推广，取得很好的效果，石油百科公众号粉丝数从200余人增长到17000余人，2017年石油百科微信公众号阅读量高达21万人次。

线下活动运营。组织石油百科、中油书店平台及公众号，参加北京石油石化技术装备展览会、上海石油石化技术装备展览会、克拉玛依石油石化技术装备展览会，通过扫码关注活动，既宣传推广石油百科和中油书店品牌，又宣传石油工业出版社品牌，赢得良好的声誉。参加中国石油大学（北京）举办的全国石油博士生论坛活动，并冠名“石油百科杯”石油知识竞赛。活动参赛队伍来自全国20余所高校的石油工程专业学生，各石油院校代表队亲密接触了石油百科和中油书店产品，进一步认识了石油工业出版社。

【微信公众号日常运营】 2017年，完成公众号推文的编辑筛选和创作558篇（原创文章130余篇），其中石油百科公众号358篇、石油工业出版社公众号200篇。2017年数字产品总用户数93000余户，各类产品及公众号浏览量总计110余万人次（表3）。

【获奖情况】 2017年，数字出版获得相关荣誉和奖项9个（表4）。

表 3　2017 年数字产品及公众号数据总计

产品及公众号名称	用户数（户）	点击量（人次）
网页端	35953	702697
APP 端	8039	28968
微信公众号	49155	398389
总计	93147	1130054

表 4　2017 年度石油工业出版社数字出版获奖情况

序　号	授予产品 / 单位	奖　项	颁发单位
1	石油工业出版社	2016—2017 数字出版创新企业奖	第七届数字出版博览会
2	石油工业出版社	十佳出版新技术应用企业	2017 年北京图书订货会
3	石油工业出版社官微	2017 年度全国书业最受欢迎公众号	中国出版传媒商报
4	石油职业培训模拟仿真（VR）系统	2016—2017 数字出版创新作品奖	第七届数字出版博览会
5	钻井事故与复杂问题决策支撑及应用平台	数字媒体设计创意大赛优秀奖	中国音像与数字出版协会
6	石油百科智能知识互动服务平台	数字媒体设计创意大赛提名奖	中国音像与数字出版协会
7	钻井工程知识服务平台	2017 年度专业知识服务品牌	百道网
8	石油百科智能知识互动服务平台	数字出版创新企业奖	北京文博会：2017 中国数字出版创新论坛
9	党建系列微课	数字出版创新奖	北京文博会：2017 中国数字出版创新论坛

【国家财政资金申报】 2017 年，在争取国家文化产业专项资金支持方面，石油工业出版社克服各种困难，坚持不懈地开展财政部、新闻出版广电总局的项目及资金申报工作，2017 年“石油安全事故应急解决方案知识服务平台”获得 2017 年文化产业发展专项资金 300 万元。这是出版社首次获得国家财政文化产业发展专项支持，这次申报成功为数字出版转型提供了重要的资金保障，体现出新闻出版广电总局对石油工业出版社数字出版转型工作的认可，对出版社具有十分重要的意义。

数字出版重点项目

【数字出版平台项目】 2017年，随着电子信息技术、网络通信技术、智能硬件技术、大数据和云计算新兴技术的迅速发展，对出版行业产生深远影响，石油工业出版社顺应时代进步的要求，积极推进数字出版转型工作。数字出版工作得到集团公司大力支持，于2014年第四批建设项目投资计划（中油计〔2014〕359号）批复“数字出版平台配套项目”。

2014年以来，石油工业出版社按照“数字出版平台配套项目”建设方案，结合数字出版形势发展的需要，规划建设数字出版“一网二系统三平台”的知识信息服务应用体系（图1）。

图1 “一网二系统三平台”数字出版架构

一网指石油大搜网，是石油工业出版社面向石油行业提供知识信息综合服务的门户平台，打造石油行业垂直搜索引擎，为广大石油员工提供知识、信息、学习、培训等多功能、全方位、专业丰富的综合服务。

二系统指两个基础系统，包括资源管理系统和知识体系管理系统，为石油大搜网提供服务，是数字出版的基础设施。截至2017年底，已经数字化加工建设图书、标准、期刊、图、表等数据条目约214万条，建立石油专业主题词表 35 万项。

三大类应用平台包括知识服务平台、教育培训平台、数字阅读平台。截至 2017 年底，知识服务平台建成上线的有石油勘探知识服务平台、钻井工程知识服务平台、石油安全环保知识服务平台、石油百科平台、石油期刊集群平台等；教育培训平台建成上线的有数字石油学院、石油云课堂、油题库系统等；数字阅读平台建成上线的有中油书店线上服务平台、石油数字图书馆、石油 iReader（移动数字图书馆）等。

【钻井工程知识服务平台】 钻井工程知识服务平台以石油钻井为抓手，聚合钻井知识，创新技术，提高石油采收率，降低钻井事故率，减少成本，提升中国石油核心竞争力。逐步服务其他能源与建设领域，最终保障我国能源安全和社会和谐发展，并实现石油工业出版社转型升级。钻井工程知识服务平台成功入选国家“十三五”重点选题（图 2）。

图 2 钻井工程知识服务平台首页

石油工业出版社积累了各种钻井相关内容，包括钻井方面图书 949 种，现行有效行业标准 1038 种、企业标准 1037 种，钻井工程学术期刊文章 3000 余篇、图片 3500 余张，视频资料 2000 余分钟，课件 600 个，事故与复杂问题案例 5000 个，各种计算公式 33 个，中、英、俄、法和西 5 种互译钻井词汇 6448 条，可根据加工标准进行知识加工与专家审核。

数字出版重要工作

【2017年数字出版工作会议】 石油工业出版社年度数字出版工作会始于2016年。2017年数字出版工作会于2017年3月召开，石油工业出版社领导、总经理助理、副总师、编辑部门、数字出版中心、图书营销中心骨干人员、彩印公司、展览公司、总编室及机关部门主要负责人80余人参加了会议。副总经理、纪委书记周家尧主持会议。数字出版中心做工作成果现场展示汇报，高等教育出版分社汇报教育出版数字化情况，营销中心介绍数字化营销经验。

会议回顾2016年数字出版工作中人才队伍建设培训、产品建设规模、资源建设进度、对外技术服务、数字出版项目申报等工作亮点，对2017年数字出版重点工作进行了部署安排。总编辑张镇宣读《石油工业出版社有限公司2017年数字出版重点工作》的说明及要求，副总经理韩青华宣读《关于调整全面深化改革领导小组下设专项工作组的通知》。

总经理张卫国在讲话中强调指出，要按照集团公司领导关于加快数字化转型的指示精神，结合国家数字出版“十三五”规划和石油工业出版社“十三五”规划，着力推进数字出版产品模式创新和运营推广创新，实现弯道超车。加大奖励力度，调动积极性；提高版权意识，加强内容资源建设；加强人才队伍建设，引导全员自主转型；突出重点产品建设，加大数字出版变现能力；加强产品推广运营，实现用户聚集；争取国家和集团公司项目支持，提升产品影响力。

【石油科技期刊集群平台】 石油科技期刊集群平台是在集团公司科技管理部的支持和指导下，按照国家新闻出版管理部门和集团公司有关期刊出版的方针、政策及规定，攻克多功能平台开发、统一数据库维护、全文献检索、多渠道推送和期刊资源统一管理等多项技术难关，实现石油科技知识的智能化服务。解决集团公司科技期刊“单刊运作”模式集约化程度低、网站信息量有限、难以被搜索、无法应对新媒体挑战等难题，促进集团公司科技期刊规范、健康发展，能更好地为集团公司科技工作服务。石油期刊集群平台实现了集团公司科技期刊集群平台从无到有的目标，为今后平台运营和升级打下了坚实的基础。石油科技期刊集群平台完成33家期刊近5年的期刊出版数据加工入库，总计1230期、28891篇文章（图1）。

图 1　石油科技期刊集群平台首页

【油气田开发知识服务平台】 油气田开发知识服务平台是为油气田开发环节技术用户打造的一站式知识服务平台。油气田开发知识服务平台建设从解决用户实际问题出发，通过对各大油田科研人员、采油厂和工程公司技术人员的需求调研，为目标用户提供有针对性的知识服务，做到服务内容准确、系统架构精细和资源建设健全。油气田开发知识服务平台项目建设完成油气田开发方向专业化分类梳理，数据内容结构化、碎片化、数值化和知识化处理，搭建用户直观易用的展示平台，助力石油知识服务体系建设，引领石油行业智能化发展（图 2）。

【大数据分析系统】 大数据分析系统是一套兼数据采集、数据存储、数据清洗、数据分析及数据可视化等功能于一体的软件系统。该系统既支持结构化、非结构化数据处理，也支持即时、实时和批量数据处理。为石油百科、石油勘探知识服务平台、油气田开发知识服务平台和石油标准等数字产品系统提供新老访客分析、实时访客分析、漏斗分析、用户存留分析、转换路径分析等分析功能服务，为数字产品的功能升级改造提供更精细化指导，对数字产品的运营意义重大。

【集团公司党建信息化平台建设工作】 2017 年，石油工业出版社高度重视集团公司党建信息化工作部署，成立专项小组，安排部署党建信息化平台建设相关工作，依托石油工业出版社内容资源和数字出版转型优势，从党建内容资源和自建系统改造入手，为党建信息化平台提供党建微课、党建图书、党建百科和党建题库四类资源保障。2017 年 6 月 15 日正式开设“铁人先锋”微信公众号。将“石油云课堂”“石油百科”和“微送书”3 个自建平台进行微信端升级改造，并于 10 月 9 日前接入“石油党建”平台，为集团公司党建信息化平台建设提供内容和平台支撑。

图 2　油气田开发知识服务平台首页

【数字化内容资源建设】 2017 年，数字出版中心资源管理部严格按照石油工业出版社规划，遵守《石油工业出版社有限公司内容资源数字化建设标准》，按照持续高效、有序、规范的原则，保障石油工业出版社通用资源高质量的收检和加工，并做好产品数据的加工质检工作。2017 年完成新书电子文档 547 种、标准文档 577 种收缴质检，完成在石油工业出版社内网以及中油书店的图书新书信息及时更新。完成通用资源图书数字化加工质检 3482 种，标准数字化加工质检 609 种，合同加工质检 282 种；完成通用数学资源加工入库 4373 种，数字产品深度加工入库 5565 种，课件加工 296 种（图 3）。

图 3　资源管理平台首页

（刘　玮）

营销工作

- 综　述
- 营销渠道建设
- 市场宣传推广
- 重点营销工作
- 中油书店

综　　述

【概述】 2017 年，图书营销中心紧紧围绕石油工业出版社“创新发展年”主题，提出以服务出版社的战略发展为出发点和落脚点，以《矛盾论》的方法找出营销工作存在的主要问题是回款不足和回款不到位，并以《实践论》为指导分析问题、创新发展、真抓实干解决问题。2017 年工作思路：对外坚持市场导向，创新营销模式，完善渠道布局，加强渠道建设，做稳线下传统渠道，大力拓展线上渠道。图书营销中心负责人带队贯彻落实“五走”方针，开拓团购直销渠道，探索数字产品销售渠道，推动各渠道相互补充，不断向石油企业全覆盖的目标迈进。对内分析查找短板，加强内部管理，强化编发互动，提升发展合力，为图书出版提供渠道与信息支持。

【主要经营指标】 2017 年，图书营销中心实现图书销售回款 5002 万元，同比增长 31%，完成石油工业出版社下达的各项经营指标，近三年主要经营指标见表。

表　2015—2017 年图书营销中心主要经营指标

指　标	2017 年	2016 年	2015 年
销售回款（万元）	5002	3811	4324
发货码洋（万元）	13448	13462	12728
退货码洋（万元）	1537	1866	839

营销渠道建设

【线下渠道】 线下营销渠道是石油工业出版社当前最重要的渠道，坚持不断地巩固和拓展线下传统渠道是渠道建设的重要工作。石油工业出版社紧紧抓住第 30 届北京图书订货会、第

27 届全国图书交易博览会等全国书展的契机，组织各地新华书店业务骨干培训交流，邀请高层管理人员座谈磋商，在加强信息沟通、资源共享、深入合作的同时进一步密切双方的联系。2017 年发行工作会召集全国 25 个石油图书发行站点负责人集中培训并研讨发行站渠道管理和建设问题；石油工业出版社领导带队走访和调研华北油田、山东销售公司等中国石油单位，为发行站覆盖不到的单位建立图书直销渠道打下基础。以走访调研为契机，石油工业出版社在各大油田和科研院所及其二级单位广泛介绍、推广数字出版物，探索出版社数字产品营销渠道和模式。

【线上渠道】 线上营销渠道近年来快速发展，已经成为石油工业出版社图书特别是大众图书销售的重要渠道，石油工业出版社将着力打造自营电商平台，加强同各大电商的合作。2017 年，通过石油工业出版社官网宣传和推广图书并实现网上销售；7 月底在京东开设中油书店专营店，10 月底在天猫开设石油工业出版社旗舰店，两个店实现 1439 种图书的上架销售，其中石油专业图书 1250 种、大众图书 189 种。中油书店公众号每周一期发文推荐重点新书，吸引粉丝的同时，也成为自营电商平台的重要引流入口。加强与传统的卓越网、当当网、京东网等主流图书电商平台的合作，抓住机遇与快速崛起的浙江省店博库网、四川省店文轩网等展开深入合作，同时积极发掘各类图书销售知名网店和各大自媒体渠道。

市场宣传推广

【中油书店公众号】 中油书店公众号紧跟石油行业和出版行业大事、要事、前沿成果以及社会热点，结合石油工业出版社重点图书的出版，联合编辑和作者制作并发布评论文章、采访视频、图书导读等内容。2017 年，推送文章 122 期 205 篇，内容涉及 90 余种新书、重点书，总阅读量 11.87 万人次，回复读者留言 900 余次，向编辑反馈投稿、意见、建议等信息 30 余次。

【合作媒体】 2017 年，石油工业出版社非常重视图书产品以及出版社形象和知名度的宣传，与石油行业、出版行业和社会大众主流媒体都有广泛的合作，合作媒体包括《中国石油报》《中国石化报》《能源》《中国新闻出版广电报》《中国出版传媒商报》、看天下、南方周末、搜狐读书、财经、北京电视台等 20 余家媒体，涵盖报纸、期刊、网站、自媒体、电视台等。

重点营销工作

【第 30 届北京图书订货会】 2017 年 1 月 12 日至 14 日，石油工业出版社参加在北京国际展览中心举行的第 30 届北京图书订货会，组织开展了会前会、书店高层会谈、现场展示、战略合作协议签署及新书发布等多种形式的活动，9 个经营部门在会上全方位展示业务特色及新书、重点产品，受到各大书店、业界同行、媒体、参展客户及读者普遍关注和好评。总经理张卫国、总编辑张镇、副总经理周家尧、副总编辑章卫兵、监事孙兆辉、大众图书出版总监鲜德清、图书营销总监郎东晓出席相关活动。

【2017 年发行工作会】 2017 年 3 月 17 日，石油工业出版社召开 2017 年发行工作会议。总经理张卫国，总编辑张镇，副总经理韩青华、周家尧，总经理助理杨静芬，副总编辑章卫兵，副总会计师马小彦，监事孙兆辉，大众图书出版总监鲜德清，图书营销总监郎东晓出席会议。石油工业出版社机关职能部门、出版部门负责人及相关编辑、营销人员参加会议。大庆油田、长庆油田等 18 个发行站的 20 名代表应邀到会。会上，总经理张卫国对石油工业出版社 2016 年营销工作取得成绩给予充分肯定，并对 2017 年营销工作提出要求：（1）抢抓机遇、推动创新，不断创新营销手段，提升营销策划能力，提升市场洞察力与资源掌控力；（2）发挥优势、改革共享，发挥社站各自资源优势，优势互补；（3）加强社站互动、站站互动、编发互动，相互支持、相互交流、相互促进；（4）提高品质、注重增量，积极开发市场，拓展业务范围，提升整体销量，实现共同发展。各出版部门介绍 2017 年出版计划和重点图书；在社站互动环节，各出版部门、图书营销中心、发行站展开深入交流，取得广泛共识。

【第 27 届全国图书交易博览会】 2017 年 5 月 31 日至 6 月 3 日，石油工业出版社参加在河北省廊坊市举办的第 27 届全国图书交易博览会（以下简称博览会），总经理张卫国，图书营销总监郎东晓，总编室、大众图书出版公司、图书营销中心相关人员参加了博览会。博览会期间，总经理张卫国与浙江省新华书店集团副总经理吕存周一行会谈，张卫国介绍石油工业出版社深化改革、战略调整等方面情况，吕存周介绍浙江省新华书店集团目前发展形势，双方就今后携手深入合作、签订战略合作协议进行磋商，达成广泛共识。图书营销总监郎东晓出席深圳出版发行集团举办的“深圳读书月走进廊坊书博会”活动座谈会，介绍石油工业出版社图书出版情况；在博览会上，石油工业出版社举办 2017 年新书推介会。

（李红彬）

中油书店

【概述】 中油书店（全称北京中油书店有限公司）为石油工业出版社的全资子公司，通过线上网店和线下实体店为读者提供以石油工业出版社图书为主的图书销售服务。中油书店自20世纪80年代初期的石油工业出版社读者服务部开始，到2017年历经了近40年的发展历程。

中油书店2016年正式命名，秉承石油工业出版社“为石油工业发展服务，为广大石油员工服务，为社会大众服务”企业宗旨，拓展服务空间，创新经营模式。截至2017年底，中油书店已有中油书店旗舰店、中油书店管理干部学院店（见图）、石油大厦店三家自营书店和中油书店大庆油田授权店的连锁书店。

中油书店为了满足所在区域读者多样化的阅读需求，除了坚持石油专业特色外，还利用石油工业出版社身处出版行业的优势，经营全国581家出版社的政治、经济、教育、医疗、保健、养生、少儿等46大类图书，上架品种超2万。

中油书店为了提升读者体验，对实体店空间进行升级改造，各家店面除了主营图书以外，增加饮品和文创产品经营；书店为读者提供休闲和小型交流的功能，成为读者“学习的场所、休闲的空间、交流的平台”。

图　中油书店管理干部学院店外景

中油书店作为石油工业出版社的一员，力争为国家全民阅读战略实施发挥作用，服务于社区文化建设，更好地诠释中国石油和石油工业出版社的社会责任。

【中油书店石油大厦店成立】 2017 年 1 月 12 日，位于北京石油大厦内中油书店正式开门营业。

【中油书店大庆油田分店授牌成立】 2017 年 11 月 28 日，总经理张卫国、副总经理周家尧前往大庆油田公司调研座谈，与大庆油田公司领导一起为中油书店大庆油田分店授牌，标志着中油书店第一家地区公司分店成立。

（徐　霖）

印刷业务

- 综　述
- 重点项目

综　　述

【概述】石油工业出版社设立北京中石油彩色印刷有限责任公司（以下简称彩印公司），专业从事文件、图书、期刊、画册等产品的设计排版及印刷服务，是中国石油系统内部综合实力最强的专业印刷服务公司，生产配套能力及品质在北京地区名列前茅。主要业务：保障出版社图书排版印制；为中国石油总部机关及在京单位提供文件及宣传品设计印刷服务；为社会客户提供印制服务。彩印公司是北京印刷协会会员单位，并已通过 ISO 9001 和 ISO 14001 体系认证、"绿色印刷"认证及"清洁生产"认证（图 1、图 2）。

图 1　会员单位

图 2　认证证书

【经营管理】 彩印公司是石油工业出版社 2009 年投资，在北京临空产业区建立的专业化印刷企业。作为国有企业，秉承中国石油的企业理念，将社会责任放在企业经营的首位，努力为机关、企事业单位及出版社提供良好的印刷服务。彩印公司承担多项重点图书及集团公司年报等重点项目排版印制任务。彩印公司拥有数字印装（图 3）、设计排版、胶印印装等综合配套生产能力。按需数字印刷服务于北京地区近 40 家出版社，产品质量和印装综合能力在北京地区名列前茅。

【环保治理】 彩印公司响应环保要求，积极进行工艺改进。印刷生产过程中采用计算机直接制版技术、免冲洗印版技术、无酒精印刷技术，选用环保大豆油墨，将 VOC（易挥发的有机物）排放值控制在最低标准；同时采用废气集中收集后等离子处理工艺实现达标排放。生产过程中产生的危险废物全部由专业公司回收。

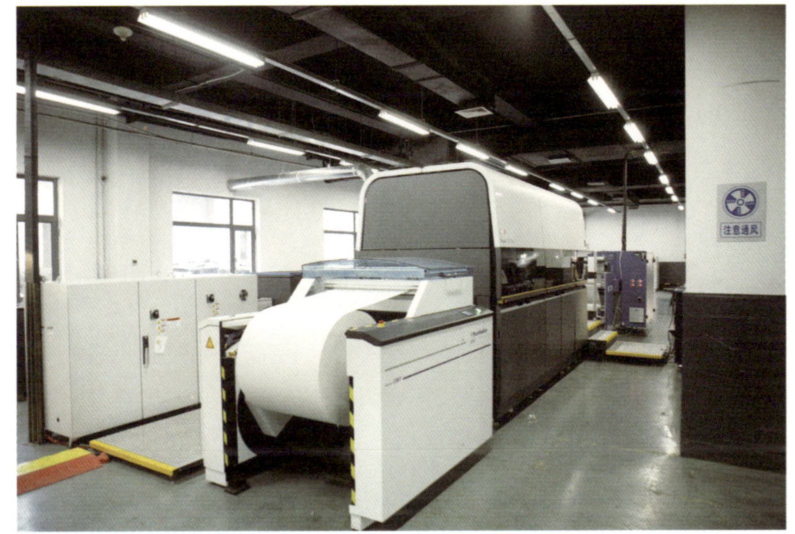

中華印制大獎
CHINA PRINT AWARDS
獲獎作品：《Photoshop/CorelDRAW 基礎培訓教程》
獲獎企業：北京中石油彩色印刷有限責任公司
優秀獎
中國印刷及設備器材工業協會
Printing and printing Equipment Industries Association of China
香港印刷業商會
The Hong Kong Printers Association
臺灣區印刷暨機器材料工業同業公會
Taiwan Printing & Machinery Material Industry Association
澳門印刷業商會
Macao Printers Association
第六屆
中華印制大獎組委會
2017.09

图 3 柯达 Prosper1000 数码印刷机

（张红军）

重 点 项 目

【集团公司环境公报设计印制】 集团公司环境公报是集团公司每年向社会发布的中国石油在环境保护、绿色可持续发展方面所做工作的报告，是对外展示中国石油企业良好形象的重要宣传材料。彩印公司根据集团公司安全与环保部领导要求，积极组织设计、排版、印刷，高质量完成，确保公报的顺利发布。

【油气论坛“一带一路”专刊设计印制】 2017年5月集团公司首次举办能源“一带一路”专题论坛，是规格较高的论坛，需要出版印制论坛专刊。彩印公司与编辑协作，顺利完成专刊的设计印制任务，有力保障论坛顺利召开。

【印制《习近平的七年知青岁月》】 彩印公司以优质的服务与中共中央党校出版社建立起印制业务合作关系。2017年5月开始参与中共中央党校出版社重点图书《习近平的七年知青岁月》样书、宣传海报等系列资料的设计印制，从7月到10月分5个批次完成25万册图书印制，取得良好的经济效益和社会效益。

（张红军）

展览广告

- 综　述
- 展览重点项目

综　　述

【概述】 展览广告业务是石油工业出版社创意服务主营业务板块之一，也是石油工业出版社服务中国石油企业文化建设的组成部分。2017年，展览广告业务按照石油工业出版社的总体部署和要求，坚持创新发展，着力强化营销创新、管理创新、机制创新，突出发展主营业务，持续推进公司化治理，大力加强基层党组织建设和员工队伍建设，生产经营总体平稳运行，市场拓展业务呈现良好态势，主要经营指标好于预期，圆满完成全年各项生产经营任务，实现经营总收入 2620 万元。

为适应业务发展需要，北京中油展览有限公司已成为中国展览馆协会会员（图 1），通过 ISO 9001 质量管理体系认证、ISO 14001 环境管理体系认证以及 ISO 18001 职业健康安全管理体系认证（图 2），完成国家建筑装饰工程专业承包二级资质（图 3）及安全生产许可证（图 4）的办理，为公司今后可持续发展奠定基础。

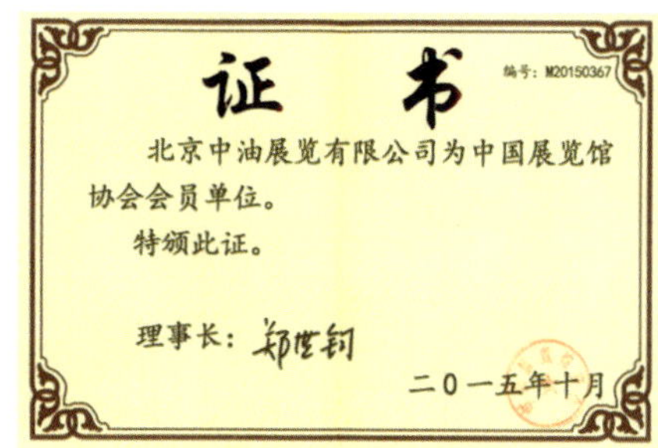
证　书

编号：M20150367

北京中油展览有限公司为中国展览馆协会会员单位。

特颁此证。

理事长：

二〇一五年十月

图 1　中国展览馆协会会员标牌及证书

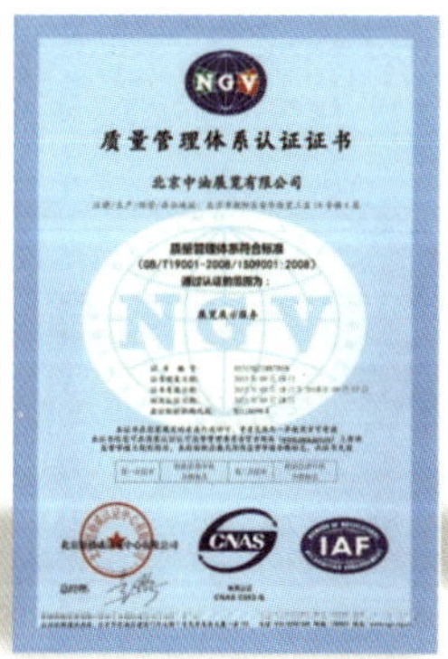

图 2　ISO 管理体系认证证书

建筑业企业资质证书

（副本）

企业名称：北京中油展览有限公司

详细地址：北京市顺义区临空经济核心区天柱西路甲10号1幢

营业执照注册号：　法定代表人：韩青华

注册资本：600万元　经济性质：有限责任公司(法人独资)

证书编号：D211138011　有效期：2017-06-20至2022-06-19

资质类别及等级：建筑装修装饰工程专业承包贰级 2017/06/20;

发证机关：

中华人民共和国住房和城乡建设部制

NO.DF 20434863

图3　国家建筑装饰工程专业承包二级资质证书

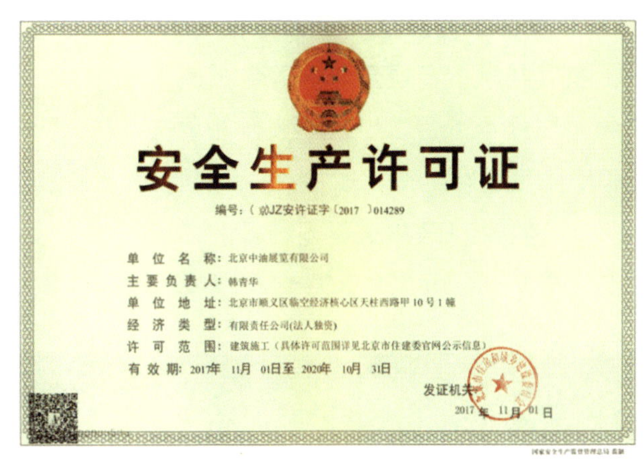

安全生产许可证

编号：（京JZ安许证字〔2017〕014289

单位名称：北京中油展览有限公司

主要负责人：韩青华

单位地址：北京市顺义区临空经济核心区天柱西路甲10号1幢

经济类型：有限责任公司(法人独资)

许可范围：建筑施工（具体许可范围详见北京市住建委官网公示信息）

有效期：2017年 11月 01日至 2020年 10月 31日

发证机关：

2017年 11月 01日

图4　安全生产许可证

【展览业务】 2017年，展览业务坚持“专业、创新、精良、共赢”的发展理念，以客户需求为导向，大力拓展石油石化各类展览、展馆（厅）建设、模型创意、科技动画以及宣传片制作业务。高质量完成中国石油展览厅当代厅升级改造、河北销售公司展厅、中国华信世博会模型、中亚管道模型以及渝洽会、央企创新成就展中国石油展台等重点项目，全年累计完成项目35项。

【广告业务】 2017年，广告业务依托《中国石油天然气集团公司年鉴》平台，大力拓展集团公司所属企事业单位以及国内外世界500强企业的形象、技术、设备、产品宣传广告，并提供广告征集、设计、发布一体化服务，实现广告经营收入210万元。

展览重点项目

【央企创新成就展】 为贯彻落实创新发展理念、深入实施创新驱动发展战略、大力推动“双创”工作，国务院国资委于2017年9月14日举办央企创新成就展，展期2个月。中国石油展台通过展板、模型、实物、VR全景视频等多种展示手段，集中展示党的十八大以来中国石油在勘探开发理论技术、炼化特色技术、重大工程技术与装备、油气储运工程技术以及战略性新兴产业领域取得的创新成果和“双创”成效，系统反映了中国石油在建设创新型国家和世界科技强国进程中发挥的重要作用。国务院副总理刘延东、国务委员王勇、国务院国资委党委书记郝鹏及国务院国资委主任肖亚庆、集团公司总经理章建华及总会计师刘跃珍先后参观展览（图1）。

【中国（重庆）国际投资暨全球采购会】 第20届中国（重庆）国际投资暨全球采购会（以下简称渝洽会）2017年6月22日至25日在重庆国际博览中心隆重举行（图2）。中国石油展台采用VR蛋椅一体机与MR眼镜等多种多媒体展示手段，通过采气厂、储气库、净化厂等场站的实地拍摄，全新制作天然气从生成到终端进入千家万户的VR全景科普影片，全面展示中国石油在能源供应、生产经营、低碳环保、节能减排、社会责任和员工发展等方面取得的新成就。集团公司副总经理喻宝才参观展览。

图1 2017年央企创新成就展

图2 2017年中国（重庆）国际投资暨全球采购会中国石油展台

【中国石油展览厅当代厅升级改造】 2017年，集团公司对位于总部大楼的中国石油展览厅当代厅进行升级改造，集中对内容进行更新，并对部分陈旧设备进行升级。2017年11月全面完成升级改造任务。

【河北销售公司展厅】 河北销售公司展厅是北京中油展览有限公司在中国石油销售系统打造的首个展厅。展厅通过展板、模型、多媒体电视屏集中展示河北销售公司蓬勃发展、创新引领、绿色环保、党建风采、企业文化、社会责任、勇创佳绩、迈向未来等内容。2017年10月全面完成展厅建设。

【中国华信世博会模型】 2017世博会6月10日至9月10日在哈萨克斯坦首都阿斯塔纳举行，北京中油展览有限公司设计制作中国华信绿色环保技术模型亮相世博会中国国家馆，模型通过“AR互动＋科普影片＋技术动画＋信息化扫描”四位一体方式，全新再现中国华信绿色环保技术。

（王思冉）

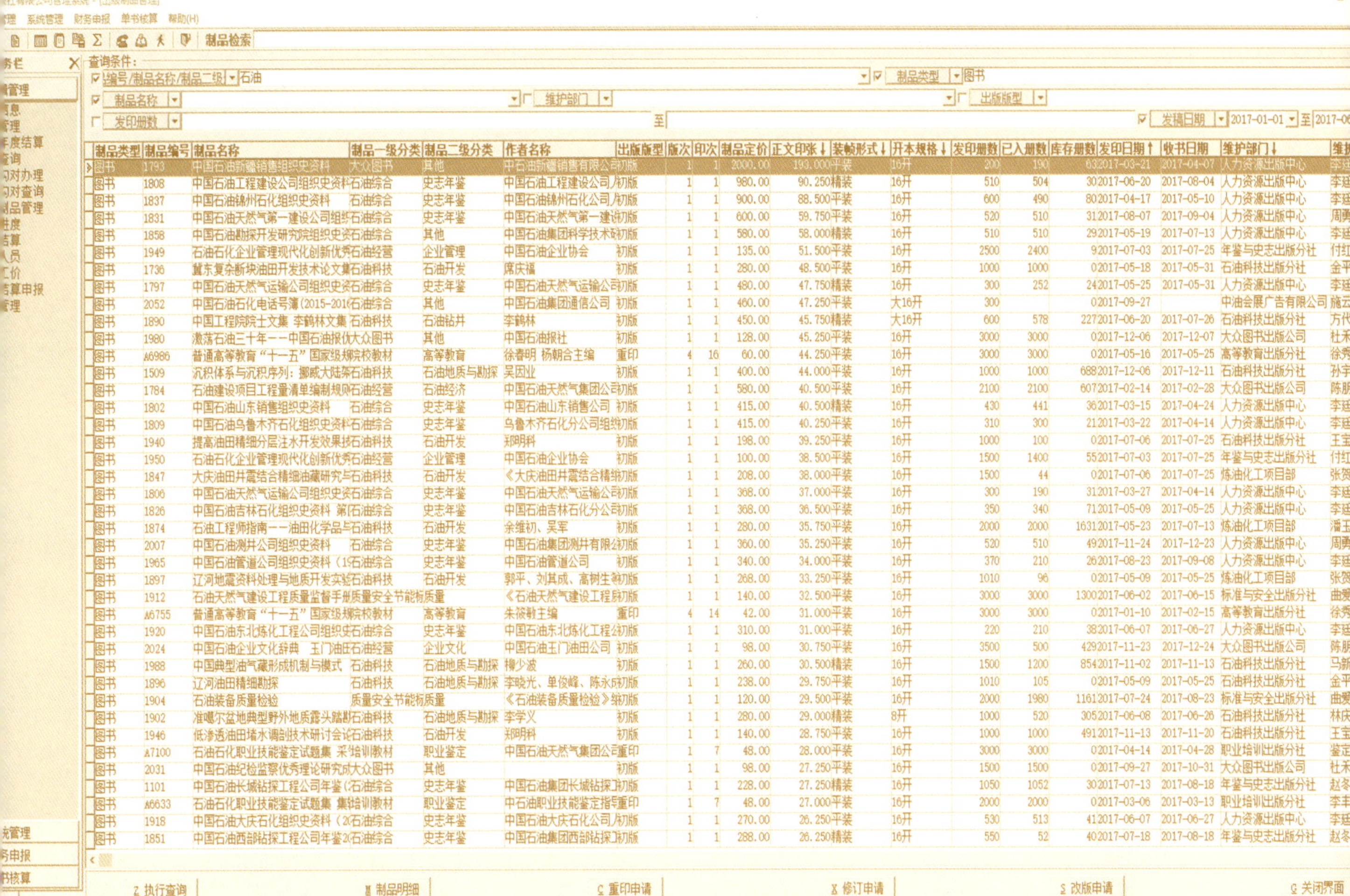

企业管理

- 综　述
- 企业经营管理
- 财务资产管理
- 人力资源管理
- 行政事务管理

综　　述

【概述】2017年是党的十九大召开的政治大年，是石油工业出版社的“创新发展年”。石油工业出版社深入学习贯彻党的十九大精神，认真落实国家新闻出版广电总局和集团公司部署要求，按照集团公司领导来出版社调研时提出的要求，坚持稳健发展，坚持深化改革，坚持规划引领，坚持市场导向，围绕“八个方面创新”（创新选题引领，做强图书主业；创新数字出版，积蓄发展后劲；创新营销模式，加强渠道建设；创新创意服务，提高竞争能力；创新体制机制，激发企业活力；创新人力资源管理，推进三项制度改革；创新管理工作，提高工作效率；创新党建工作，坚持全面从严），大力实施“四大战略”（资源战略、创新战略、精品战略和数字化战略），突出主营业务发展和提质增效，大力加强党建和思想政治工作，石油工业出版社总体呈现稳中有进、稳中向好的发展态势。

【重要成果】2017年，石油工业出版社在十个方面取得重要成果：党建工作全面加强；图书出版成果喜人；重点改革探索前进；人才队伍建设迈出新步伐；数字出版工作取得新成效；中油书店品牌影响力提升；图书营销止跌回升；创意服务进展良好；管理服务工作全面推进；关爱员工温暖人心。

企业经营管理

【概述】2017年，石油工业出版社经营管理成果显著，实现总收入2.61亿元，同比增长12.99%；营业收入1.93亿元，同比增长12.87%；完成利润778万元，与年度任务目标相比超额62.1%；出版总码洋2.44亿元，同比增长10.4%；新书出版品种707种，同比增长17.2%；出版总品种1613种，同比增长10.3%。围绕推进枢纽建设，制定完善规章制度，有效管控风险，提升合规管理水平，为主营业务发展提供保障。出版质量保持稳定，重点图书策划精彩纷呈。探索建立以市场为导向的自主经营模式，出台扩大经营自主权指导意见，成立创意发展部，实施童书业务、广告业务扩大经营自主权试点；适应出版业改革发展新趋势，组建西南图书编辑加工中心；完善子公司财务管理体制，探索有效发挥财务管理与财务监督职能作用新模式，彩印公司、展览公司试行财务委派制。在北京地区开办石油大厦店、石油科技园区店等3家门店，大庆油田门店挂牌成立。加强内部管理，强化编发互动，为图书出版提供渠道与信息支持；坚持市场导向，完善渠道布局，加强销售渠道建设，坐稳线下传统渠道，大力拓展线上渠道，图书销售同比增长26%。彩印公司、展览公司分别超额完成年度任务目标12.9%和13.9%。

【战略合作协议签署】 2017年，石油工业出版社坚持“五走”策略。1月12日和14日，分别与小站教育、未来教育在北京国际展览中心签订战略合作协议，并举行新书发布会。5月11日，与国务院国资委研究中心签订战略合作协议，这是出版社首次与集团公司外的国有资产单位签订战略合作协议。10月27日，与中国华油集团公司签订战略合作协议。11月27日，与中国石油山东销售公司签订战略合作协议。

【对外合作交流】 2017年，石油工业出版社积极开展对外合作交流工作，与国外多家科技类出版社、油气协会、大众类出版公司等联系版权贸易业务，内容涉及版权询价、合同洽谈、合同起草和修改、合同签署、样书管理、出版流程、版税报告等。认真筹备参加国外书展，积极约见国外知名出版社；完成宣传册和书目更新以及精选参展图书等工作，加强交流互访，提高版权引进工作效率。

【西南图书编辑加工中心建立】 2017年12月6—7日，西南图书编辑加工中心开业仪式和培训在四川省成都市举办，副总编辑章卫兵、人事处负责人等一行参加活动。石油工业出版社首次在京外组建分支机构，是全面落实“五走”方针，深入油气田、贴近现场、贴近作者的重要举措。

【编辑出版业务培训】 2017年4月13日邀请中国编辑学会副会长、中国版协副主席、科学出版社原总编吴瑰琦做编辑业务培训。9月14日邀请CSIP软件与集成电路公共服务平台、移动互联网创新服务平台副主任，兼任融智库互联网实务专家张棣做“出版业互联网+创新与实战策略”培训。10月24日邀请机械工业出版社副社长兼大众图书分社社长、国家新闻出版广电总局研修学院特聘专家陈海娟做“读者主权时代下的图书策划运营进化与革新”培训。完成78人次9个培训班的培训工作，包括15个实习生参加的新编辑培训班；完成23人责任编辑首次注册；完成2人责任编辑续展登记工作。

【优秀图书评选】 石油工业出版社2017年度优秀图书评选工作经编辑部门推荐申报、总编室质检，通过投票产生各类优秀出版物，其中科技类评出一等奖10种、二等奖21种；教材类评出一等奖2种、二等奖4种；大众图书评出一等奖2种、二等奖5种；组织史评出一等奖1种、二等奖3种；石油标准评出一等奖1种、二等奖3种。

【信息管理】 2017年，石油工业出版社发挥信息化支撑作用，强化ERP和OA功能使用，优化审批流程，提高工作效率。保障石油工业出版社网络连通、数据安全；保障电话、电脑终端软硬件使用；保障石油工业出版社生产业务及办公自动化业务顺利进行；支撑各类数据分析、汇总上报；确保门户网站更新及各类信息发布；支撑会议系统、邮件系统、档案系统等集团公司信息化管理系统的日常运维。

【安全管理】 按照“党政同责、一岗双责、失职追责”要求，强化安全环保责任追究和考核，实现 2017 年无重大责任事故。加强安全管理，确保平稳受控，车队行驶 21 万多千米，出车 5000 余次，未发生重特大交通事故，连续 3 年被评为北京市朝阳区交通安全先进单位。加强施工现场安全监督，做到有现场必须到岗、有施工必有督察，确保安全生产可控、能控、在控。

【合同管理】 2017 年，完成出版合同审核、签订 493 个。其中经营类合同 164 份，涉及金额共 5927.419885 万元，在合同管理审核方面：逐步理顺合同管理权限，将审核流程、权限固化到信息系统中，提高工作效率；减少事后合同，规范合同审批、签订、执行、档案管理；持续廉洁从业警示，签订廉洁从业承诺书，营造石油工业出版社风清气正的商业环境。完成资源管理平台合同库的维护升级工作。

【招投标管理】 2017 年，按照集团公司和石油工业出版社《招标管理办法》的有关规定，按照开源节流、降本增效的指导原则，依法、合规开展“中国石油展览厅升级改造项目”“第十二届渝洽会展览搭建及模型制作项目”“四川油气田成果展厅升级改造项目”“2017 普光气田项目”“党建系列微课项目”“中国石油年鉴网”“2017 年保安项目”“油气田开发知识服务平台项目”“油阅 APP2.0 系统开发建设项目”“送书平台数字资源内容引入项目”等 10 个项目的招标选商工作。

【法律事务】 2017 年，依法处置阿果石油网、开源石油网、品品在线 3 家网站图书侵权，唯品会版权纠纷，2 名职工劳动纠纷、科技展宣传片拍摄法律纠纷，薛贤荣、费霞等 6 位作者 14 篇文章的著作权法律纠纷。石油工业出版社在依法维权和处理法律纠纷案件的工作中，积极探索，详细了解每个案件情况，充分运用内外法律资源，处理法律纠纷着眼于在法律允许范围内最大限度维护出版社合法权益，在法律纠纷案件处理过程中取得一定的成效。

【印务管理】 2017 年，石油工业出版社图书发排 942 种，付型 691 种，付印 937 种；标准发排 628 种，付型 586 种，付印 621 种；样书质检 952 种，约 6000 册；与 14 家定点合作单位签订约 2060 份排印装合同；开具 1500 余份图书印刷委托书；上传集团公司档案系统 3000 余份图书运行档案；增加 3 家定点排版公司和 3 家储备定点印刷厂，保障图书的排版和印装质量和周期，2015—2017 年石油工业出版社主要出版数据见表。

（李　斌）

表　2015—2017 年石油工业出版社主要出版数据

时　间		2017 年	2016 年	2015 年
立　选		959	816	686
发稿（种）	标准	628	566	518
	图书	942	917	795
出版品种（种）	标准	623	552	463
	图书（含期刊、电子出版物）	990	910	810
出版码洋（万元）	标准	1288.1	971.2	1069.5
	图书	23123.2	21168.9	18939.8

财务资产管理

【概述】 财务管理处是石油工业出版社职能管理部门，主要负责出版社资金管理、会计核算、税务管理、资产管理、预算管理、会计档案管理、规划计划、资本运营、审计、统计等工作。财务管理处下设资金管理科、核算管理科、综合管理科，对子公司实行财务委派制。2017 年，有财务人员 14 人，其中处级干部 2 人、科级干部 7 人。

【开源节流降本增效】 2017 年，按照集团公司中油财务〔2017〕74 号“关于印发《中国石油天然气集团公司 2017 年开源节流降本增效工作措施意见》的通知”要求，完成石油工业出版社关于“开源节流降本增效”工作方案的报告编制、上报工作。组织石油工业出版社纸张等物资采购、招标管理及商务谈判等工作，节约采购成本，保障采购质量，将开源节流、降本增效落到实处。编辑部门节约会议费用开支，在本社或者在要价低的会议场所租用场地，降本增效。

【大预算管理】 积极推动财务预算管理，逐步实现财务预算与业务预算、营销预算、投融资预算一体化，并将预算指标以文件方式下达各部门，把石油工业出版社整体发展目标与各业务部门通过预算实现有效链接，通过全社绩效考核确保预算目标实现。加强业财融合，完成预算执行情况定期分析报告，及时发现查找预算执行偏差及原因，使预算管理成为发现问题、挖掘潜力的重要手段。

【采购招投标】 2017 年，按照《石油工业出版社有限公司招标管理办法》的要求，组织实施 6 个自行服务采购招标项目，招标金额 492 万元。对管理办法进行多批次宣贯，强化招标合规管理意识。对于要招标未招标的项目、拆分招标项目、躲避招标的项目，按招标管理办法规定不予办理合同签订和资金支付，保证招标过程的合法合规，充分发挥招标节约资金、保证质量、防范风险的作用。

【资产管理】 2017 年，按照集团公司融合 2.0 的要求，组织相关部门人员参加培训学习，掌握系统具体功能及业务处理操作流程，推进与行政事务中心相关固定资产账套系统对接工作。根据《石油工业出版社有限公司资产管理制度》，全社固定资产的取得、使用、调剂、处置等所有流程均通过固定资产管理信息系统 AMIS 完成。2017 年新增固定资产原值 248 万元，完成 130 项固定资产卡片的建立与录入，处置固定资产 63 件，核销固定资产原值 603 万元。

【规划计划管理】 2017 年，财务管理处与行政事务中心配合，完成《综合楼安全隐患治理改造》《北京中油书店建设》报告上报工作，完成数字出版中心“数字出版服务平台第二期资金”“石油工业出版社办公设备购置”等4个项目3个批次的投资计划上报工作。经集团公司规划计划部批复投资296万元，其中北京中油书店建设费用141万元、办公设备购置费用155万元。完成2017年规划计划管理自查报告一份。

【子公司管理】 按照石油工业出版社全面深化改革有关要求，为进一步完善子公司财务管理体制，探索有效发挥财务管理与财务监督职能作用新模式，2017年12月14日在北京中石油彩色印刷有限责任公司和北京中油展览有限公司试行财务委派制，建立配套岗位职责，完善相关管理制度。

【财务系统管理】 2017年1月1日，按照集团公司统一部署，完成财务系统FMIS融合2.0切换工作。2017年4月15日，完成司库2.0切换工作。核心财务体系以ERP与FMIS融合2.0为基础，包含了ERP、FMIS、司库2.0、资产管理平台四大子系统，以及内部交易平台、基建项目等辅助模块。

【税务管理】 按照《财政部、国家税务总局关于简并增值税税率有关政策的通知》(财税〔2017〕37号)要求，将ERP、FMIS、开票等系统内13%税率调整为11%。下达石油工业出版社《关于落实增值税发票开具新规定的通知》，保障全社税率调整过程中发票开具、收入分解工作的正常运行。按照《财政部、国家税务总局关于延续宣传文化增值税和营业税优惠政策的通知》(财税〔2013〕87号)要求，完成2016年度增值税先征后返资料上报工作，实现增值税先征后返262万元。完成2016年度企业所得税汇算清缴工作，实现企业所得税减免315万元。

【账户变更情况】 2017年4月25日经北京工商局撤户盖章批复，注销北京中油陆上展示公司。

2017年9月6日经北京工商局撤户盖章批复，注销北京对外服务公司。

2017年3月28日在交通银行开立“中国共产党石油工业出版社有限公司委员会”账户。

“北京中油知源图书有限责任公司”名称于2017年3月29日更名为“北京中油书店有限公司”。2017年4月20日完成中油书店账户变更。

（何文挺）

人力资源管理

【概述】 2017年是石油工业出版社“创新发展年”，人事工作深入贯彻落实集团公司和出版社工作会议精神，以推进改革政策落地、激发创新创效活力、强化依法合规管理为主线，推进领导班子和人才队伍建设，持续深化人事劳动分配制度改革，巩固岗位薪酬绩效考核体系优化项目工作成果，进一步加大绩效考核和薪酬激励力度，为出版社稳健发展提供坚强的人才保障。截至2017年底，人事处员工7人，其中处长1人、高级主管1人、主管3人。

【领导班子建设】 2017年，严格按照集团公司党组要求，石油工业出版社党委中心组认真落实有关学习制度，2017年完成学习13次。组织党的十九大精神学习宣讲辅导6次。开展“四好”领导班子创建活动，严格落实民主生活会制度。开展党支部“六个一”创建活动，制定基层党支部工作考核办法，开展“党员先锋岗”创建活动。根据年度绩效考核和处级干部履职测评情况，对考核和测评结果均靠后的处级干部进行提醒谈话。

【组织机构管理】 2017年，石油工业出版社有20个部门，其中4个机关职能部门、14个生产经营部门、2个服务支持部门。按照集团公司深化国有企业改革的有关规定，推动扩大经营自主权试点改革工作，在有条件的部门和业务板块，建立以市场为导向的自主经营模式，充分发挥生产经营主体作用。制定《关于扩大经营自主权试点的指导意见》，完成童书业务和广告业务实施扩大经营自主权试点工作。为进一步适应图书出版业改革发展新趋势，解决编辑部门文案编辑加工力量不足问题，组建石油工业出版社西南图书编辑加工中心，招聘员工7人，并落实人员各项薪酬福利待遇和户口、“五险一金”等问题。彩印公司、展览公司试行财务委派制，制定子公司试行财务委派制具体实施办法，委派3人专职子公司财务管理。

【干部队伍建设】 2017年，改进选人用人工作，组织选拔处级干部均严格按照制定工作方案、民主推荐、党委讨论确定提名人选、组织考察、党委讨论决定任用、任前公示和谈话、履行任职手续程序进行选拔。调整总经理助理、副总师2人，选拔任用副总编辑1人，调整处级干部6人，新选拔任用副处级干部2人，调整科级和编辑部主任14人次。着眼石油工业出版社改革发展和各级领导班子建设需要，制定并出台《关于加强和改进优秀年轻干部培养和选拔工作的实施办法》，不拘一格选拔优秀人才，组织推荐和跟踪掌握一批素质好、发展潜力大的优秀年轻干部。有突破性地竞争选拔年轻干部1人，选派3人赴油田挂职锻炼。

【员工内培外训】 2017年，以提高关键岗位人员素质、适应石油工业出版社发展需要为目标，重点围绕党的十八届六中全会精神、编辑业务提升、图书质量保障体系和新员工培训为主题，组织员工参加各类培训。集团公司培训25人，国家新闻出版管理部门培训66人，出版社内部培训116人，其中包括处级以上和支部书记培训、近三年入社新员工培训、专题培训、新入职员工培训。

【人才队伍建设】 2017年，为进一步加强专业技术岗位人员管理，推动“石油出版名匠”培育工作，促进专业技术岗位人员更好地履行职责、提升业绩，推进完成首批出版社级技术专家选聘工作，评选出版总监4人、出版专家4人、销售专家1人、首席策划编辑6人，初步形成出版社级技术专家队伍。按照“信息公开、过程透明、录用公示”的要求，开展高校毕业生招聘工作，2017年签约录用应届高校毕业生17名。

【岗位薪酬绩效考核管理】 2017年，着力深化人事劳动分配制度改革，进一步巩固“岗位薪酬绩效考核体系优化项目”成果，建立和完善相关配套政策，拉开收入差距，理顺分配关系，建立绩效挂钩的薪酬分配激励机制，建立健全与劳动力市场基本适应、与单位经济效益和劳动生产率挂钩的工资薪酬和正常增长机制，推进薪酬水平与市场价位接轨，鼓励部门搞活内部分配方式。根据《出版社岗位任职资格管理办法》，完成岗位任职资格等级调整工作，推进岗位任职动态管理；首次实现各类用工同步纳入考核，严格按照部门和员工绩效考核结果兑现薪酬。

【离退休人员管理】 2017 年，认真落实集团公司和石油工业出版社离退休人员各项管理政策，在坚持为党的事业增添正能量的价值取向基础上，着力加强“两项建设”，夯实“两个阵地”，落实“两项待遇”，提升“服务水平”，弘扬主旋律、凝聚正能量，激励广大离退休老同志为出版社贡献智慧和力量。根据离退休党员队伍实际情况，改选离退休党支部，完成离退休党员党费收缴等重要工作。

（胡　海　张　琴）

行政事务管理

【概述】 2017 年，行政事务工作围绕石油工业出版社“创新发展年”主题开展，提出以“成本、效率、服务”为工作主线的管理目标，更新思想观念，创新工作思路，为石油工业出版社实现有质量、有效益、可持续发展提供坚强服务保障。

因部门工作职能的增加和外部业务联系发展需要，2017 年初部门名称由后勤服务中心更名为行政事务中心。行政事务中心在石油工业出版社管理和发展中具有基础性和保障性的重要作用，为员工提供良好的生活、工作、学习条件，使员工解除后顾之忧，一心一意地搞好本职工作。

【安全环保管理】 2017 年，安委会办公室贯彻落实集团公司各项安全环保工作部署，夯实安全环保基础，坚持从严监管，坚持问题导向，按照“党政同责、一岗双责、失职追责”的要求，强化安全环保责任追究和考核，确保全年无重大事故发生。

加强安全责任，落实安全工作。组织召开年度安全工作会议，签订各层级安全责任书 22 份，表彰 5 个先进集体和 33 个先进个人；组织安全员学习集团公司召开的安全会议文件，学习总时间 50 小时；组织参加各类安全培训 120 人次；上报集团公司各项安全总结 10 份，数据 30 项；迎接集团公司和消防部门、城管部门、办事处等安全检查人员 30 人次；设备维护与运行状态平稳，2017 年检测各类安全器具 532 个，有效落实安全基础性工作。

开展安全活动，履行检查职能。在办公场

所宣传安全常识及各种紧急状况下逃生方案，提高员工自救知识和技能；每月至少2次拉动消防微型活动站，确保应急安全；组织消防演练4次，增强突发事件的应变能力；每月组织安全办公室成员一次安全检查，要求各单位对查出的所有问题和隐患进行整改，制定可靠的安全防控措施，坚决消除事故隐患，确保各项生产安全活动受控；层层履行检查职能，把随机不确定的检查监督变成可量化的检查职责的落实，层层明确检查范围、检查内容、检查方法、检查标准及检查周期；重视检查监督职责是否有效得到落实，强调现场检查，通过强有力的检查监督促进安全工作的落实。

科学高效管理，确保平稳受控。强化交通安全管控，定期对驾驶员进行交通安全教育。2017年，车队正常运营的11辆车行驶21万多千米，出车5000余次，未发生重特大交通事故，连续三年被评为北京市朝阳区交通安全先进单位。

加强施工现场安全监督。加大施工作业现场安全监督自查力度，真正做到有现场必须到岗、有施工必有督察，随时监督工作现场安全情况，增强现场安全风险的控制能力；规范作业行为，及时发现和消除安全隐患，确保作业现场安全生产可控、能控、在控。

【资产管理】 健全资产管理信息系统，扎实开展资产管理工作。截至2017年，石油工业出版社资产总数量1684项，资产总额19179.01万元（见表）。

表　2017年石油工业出版社资产清查情况

序　号	部　门	资产总数量（项）	资产总额（万元）
1	办公室	159	247.39
2	总编室	189	641.80
3	人事处	57	34.62
4	财务管理处	62	39.08
5	石油科技图书出版分社	97	82.63
6	高等教育出版分社	20	10.71
7	职业培训出版分社	30	17.79
8	大众图书出版公司	59	31.79
9	数字出版中心	60	315.66
10	标准与安全图书出版分社	33	15.22
11	年鉴与史志出版分社	25	14.79
12	期刊出版分社	48	28.81
13	能源经济项目部	10	5.01
14	图书营销中心	109	79.83

续表

序　号	部　门	资产总数量（项）	资产总额（万元）
15	北京中石油彩色印刷有限责任公司	297	5473.96
16	北京中油展览有限公司	189	382.86
17	国际出版交流中心	18	12.07
18	行政事务中心	199	11730.36
19	人力资源出版中心	23	14.63
合计		1684	19179.01

2017 年，处置石油工业出版社报废资产时创新思路，在出版社内部先行调剂处置，12 人次回购报废资产 18 项，让有需求的员工得到实惠，工作得到员工的肯定。

加强基础管理，提高管理质量。2017 年初集团公司更新资产管理系统平台，以实现资产的信息化管理，系统全面掌握资产生命全周期，防范资产流失。石油工业出版社资产种类繁多，对应的信息和数据量更新较多，健全和完善信息数据尤为重要，根据清查资产情况，随时更新相关数据。规范台账管理，创新管理理念。规范第一手资料管理，统一资产流转手续，统一资产采购归口与财务入账登记，加强固定资产实物及账务的管理，加强固定资产的闲置与报废处理，加强固定资产的采购与调拨处理，对资产的采购、验收、领用、登记造册等环节起到监督作用。

【工程项目管理】 2017 年，石油工业出版社主要工程项目 6 个，围绕“安全、质量、工期、成本”的控制目标，开展从项目开始到项目结束的全局性管理工作。

（1）综合楼安全隐患治理工程。石油工业出版社综合楼建于 1994 年 12 月，建筑面积 5817.6 平方米，经专业机构安全性鉴定评级为 Csu 级，即安全性不符合国家标准对 Asu 级的要求，显著影响整体承载，少数构件必须立即采取补救措施，加固整体建筑，消除安全隐患。经与集团公司规划计划部及中国石油规划研究总院相关业务部门沟通，结合消防、建委等部门的相关要求，确定此次改造的基本原则，并由规划研究总院委托北京首都工程建筑设计有限公司编制了可行性研究报告，根据改造具体内容的不同制订两套方案，改造方案及投资计划已上报规划计划部等待批复中。

（2）胜古供暖系统改造项目。胜古北里家属楼建于 1994 年，供暖管线锈蚀严重，因维抢修经常发生长时间停暖现象，需更换供暖管线。在社区居民同意的情况下，使用小区维修基金 20.54 万元，更换了 5 个单元公共区域的地下供暖管线，为此小区居民送来感谢信和锦旗表达谢意。

（3）中油书店建设项目。2017 年主要完成科技园区书店的建设和办公楼书店初设方案。科技园区书店从选址、设计到装修、配置家具的过程中，在各级领导的有力协调帮助下，在北京“限工令”时期及原材料成本上升的情况下，历时 9 个月时间于 2017 年 12 月底完成全部施工。办公楼书店初设方案已经过第一轮审议，现在征集设计方案中，结合书店设计理念及集思广益的征集方案后，再进行深度设计确定施工方案。

（4）健身房和 203 办公室改造。2016 年底健身房和 203 办公室因建筑材质不符合消防安全标准被北京市朝阳区消防部门查封。因该建筑没有审批手续，想保留住有相当大的难度。多次与消防及街道办事处沟通，在办公楼土地证的测绘图纸上找到相关资料，通过了拆除暂缓的审核。对健身房和 203 办公室进行材质更换和装修工作，工程完成验收并投入使用。

（5）综合楼楼顶新做防水层。综合楼楼顶防水层早已破损严重，下雪下雨季节顶层人员无法办公，屋内墙皮大块脱落，电路系统有跳闸现象，存在较大的安全隐患。原计划是在综合楼安全隐患治理时予以改造施工，为切实保障办公环境质量，提前投入资金解决实际困难，完成施工。

（6）拆除办公楼楼顶牌匾。根据北京市牌匾标识设置管理规范的要求，办公楼楼顶“石油工业出版社”标识设置位置不符合规范要求，按照文件通知须在规定时间内拆除。组织有高空作业的资质公司于 2017 年 11 月 29 日完成拆除任务。

【行政服务工作】（1）食堂管理工作。2017 年，提供进餐人数 90227 人次，费用 180 万元，办理饭卡 180 余次；充实管理人员，在饭菜安全质量上下功夫，做到各个环节的实时有效监管；通过调查、分析、反馈等方法，定期改进，加强菜肴质量，降低食堂成本，稳定服务质量；提升餐费标准，重点加强饭菜的科学合理搭配，丰富早餐的多样性，保障员工就餐安全、便利、可口。

（2）医药费和体检费报销、卫生保洁等工作。2017 年，补充医疗二次报销人数 259 人次，理赔金额 297 万元；体检 436 人，费用 93.6 万元；独生子女药费 47 人次，金额 2.9 万元。保洁人工费用 40 万元，绿植租摆费用 5.7 万元。在报销工作中，竭诚提供快捷优质服务，打造贴心服务、无忧服务的管理模式，努力提高员工满意度；充分调动业务外包服务人员的积极性，努力营造团结协作的工作氛围，提高保洁服务质量。

（3）办公用品及家具集中采购。严格执行办公用品及办公家具集中采购管理办法，监管采购质量和控制使用数量。2017 年办公用品发放数量 18826 件，金额 32 万元；办公家具采购 294 件，采购总金额近 22 万余元。办公资源实现了高效管理。

（4）车辆管理。2017 年，上报各类统计报表 10 个，汇报情况 5 次，严格规范和监管公务用车使用情况。实行单车核算管理，依据各部门使用车辆里程数进行内部划转核算；加强车辆各项费用管理，车队现有 4 辆车因环保不达标停运，运营的 11 辆车的修理费、油料费、路桥费等费用 53 万元；招聘年轻驾驶员，平均年龄降低到 43 岁；严格执行派车单制度，科学规划行车路程，确保车辆车况良好，确保 24 小时随叫随到。2017 年安全行驶 20 万余千米。

（5）房屋管理。加强精细化管理，实现有效管控。对出租房屋特别是用于民用居住的出租房进行定期检查；按规定完成内部房屋水、电、供暖费划转工作；规范房屋租金管理，租户每季度直接将租金汇到石油工业出版社对公账户中。2017 年租金收入 119 万元；报销供暖、物业费 275 人次，金额 144 万元；支付两座办公楼水、电、燃气、热力总费用 144 万元。

（6）维修管理。2017 年，接听报修电话 600 余次，同比下降 30%，日常维修保养质量看到成效；制订设备保养计划，认真做好对冷暖设备的运行监控；维检修空调 67 台，安装新空调 17 台；完成三处配电室和高压入户线路的检修保养及安全工具校验，以及两座办公楼烟感报警器、排风机、视频监控探头及主机的管理维护任务，保证设备正常运行。

（高艳华）

党建与企业文化建设

- 党建与企业文化工作
- 工会工作
- 团委工作

党建与企业文化工作

【概述】 2017 年，石油工业出版社党委认真组织学习习近平新时代中国特色社会主义思想、党的十九大精神和全国国有企业党的建设工作会议精神，用党的最新理论成果统一思想行动。把党建工作要求写入公司章程，完善党委会工作机制，党建工作融入中心工作。落实党建责任体系，明确党委主体责任、书记第一责任，班子成员分工负责。深入开展“四好”领导班子创建活动，严格落实民主生活会制度。坚持党管干部、党管人才原则，坚持干部述职考核，干部调整使用经党委集体研究。强化主体责任落实，开展反腐倡廉教育，全面落实“两个责任”。坚持开展党支部“六个一”创建活动，及时对党支部进行换届改选。对中层干部、党支部书记进行集中培训，制定《基层党支部工作考核办法》及考评细则，对党支部工作进行考评。加强企业文化建设，营造和谐企业氛围。健全完善石油出版文化体系，编写《中国石油企业文化辞典出版社卷》，固化传承石油出版文化成果。

【理论学习】 2017 年，石油工业出版社党委把学习贯彻党的十九大精神作为重中之重，组织党员干部收听收看党的十九大开幕会，参观“砥砺奋进的五年”大型成就展，组织参加、邀请专家举办党的十九大精神专题辅导 6 场，在出版社门户网开设学习专题，利用宣传橱窗开办专栏，发放党的十九大报告、新修订党章和学习辅导材料，出版社党委书记带头讲专题党课，组织员工参加学习贯彻党的十九大精神网络专题班。认真落实党委中心组学习制度，2017 年学习 13 次，做到学习有制度、实施有计划、学习有记录、出席有考勤。基层党支部联系实际学理论，落实“三会一课”，进一步增强“四个意识”。

【落实党建责任体系】 2017 年，召开石油工业出版社重组改制后第二次党员大会，总结 5 年来的经验，部署今后一个时期党建工作。召开石油工业出版社年度工作会暨职代会、科学发展研讨会、生产经营分析会，研究分析形势，确定重点任务及工作目标。把党建工作要求写入出版社章程，完善党委会工作机制，健全议事决策机制，坚持党建与中心工作同部署、同落实、同检查、同考核。落实党建责任体系，进一步明确党委主体责任、书记第一责任，班子成员分工负责，对集团公司落实党建责任专项督查中查摆出的问题积极整改，认真做好巡视发现问题的整改工作。巩固“三严三实”专题教育成果，继续开展“重塑良好形象”活动，稳步实施“践行四合格四诠释”岗位实践活动。组织策划党建系列图书，开发运营“铁人先锋”

公众号，石油工业出版社成为集团公司党建信息化平台试点单位和知识模块提供单位。

【队伍建设】 2017 年，石油工业出版社加强班子队伍建设，激发员工队伍活力。深入开展“四好”领导班子创建活动，严格落实民主生活会制度，班子成员过双重组织生活，以普通党员身份参加所在支部活动，发挥引领示范作用。坚持开展党支部“六个一”创建活动，及时对党支部换届改选。对中层干部、党支部书记集中培训，制定《基层党支部工作考核办法》及考评细则，对支部工作进行考评。根据年度绩效考核和处级干部履职测评情况，对考核和测评结果均靠后处级干部进行提醒谈话。坚持开展“党员先锋岗”创建活动，亮身份、树形象、做表率。组织处级干部专题培训和编辑队伍培训，加强员工内培外训。坚持开展“形势、目标、任务、责任”主题教育活动，以国家新闻出版广电总局、集团公司相关会议精神等为主要内容，认真做好深化改革中的思想政治工作。

【党风廉政建设】 加强党风廉政建设，全面落实“两个责任”。强化主体责任落实，大力开展反腐倡廉教育，重点抓好《中国共产党廉洁自律准则》和《中国共产党纪律处分条例》学习，认真落实中央八项规定和集团公司二十条要求，强化制度约束，制定实施细则，确保“第一责任人”职责和“一岗双责”履行到位；把党风廉政建设和反腐败工作融入企业改革发展各项工作，把履职情况和评议结果作为评价使用干部重要依据。认真落实监督责任，落实纪委书记与新提拔干部廉洁谈话制度，逐级签订党风廉政建设责任书、承诺书；制定监督执纪“四种形态”实施细则，把“四种形态”体现在党员干部日常监督管理全过程；落实述职述廉、民主评议和个人事项报告等制度，推进风清气正良好政治生态形成。

【“形势、目标、任务、责任”主题教育】 2017 年，石油工业出版社坚持开展“形势、目标、任务、责任”主题教育，以宣传贯彻党的十九大以及集团公司、石油工业出版社相关会议精神为主要内容，围绕“创新营销年”主题，广泛开展主题大讨论活动，统一思想、凝聚共识。

【企业文化】 2017 年，石油工业出版社健全完善石油出版文化体系，编写《中国石油企业文化辞典出版社卷》，固化传承石油出版文化成果，总结提炼新时代石油出版人的新思想、新观念和价值追求，形成干部员工的共同价值观。突出阵地建设，加强内外部宣传，把握正确舆论导向，强化企业形象塑造。

【宣传与报道】 2017 年，石油工业出版社与新闻出版行业和石油主流媒体建立良好合作关系，及时宣传报道石油工业出版社发展实力和新版图书。在集团公司门户网、直属党委门户网刊发信息近 30 篇，采用率在直属单位中名列前茅；20 余人网络评论员队伍完成集团公司网评任务近 60 次；在石油工业出版社门户网发布宣传信息 210 余篇，开辟“出版社深入学习贯彻党的十九大精神”等专题；开通石油工业出版社官方微信平台，发挥门户网、LED 宣传栏作用，扩大石油出版品牌影响力，营造良好环境和氛围。

（李　兵）

工 会 工 作

【概述】 2017 年，石油工业出版社突出“促进企业发展、维护职工权益”工作方针，全面履行工会“四项职能”。认真落实民主管理，发挥民主决策、民主管理、民主监督作用，保障员工知情权、参与权、表达权、监督权。组织召开出版社工作会暨三届二次职代会，审议工作报告、财务预决算报告和提案处理落实情况报告，协调落实职工代表提案。召开 5 次职代会主席团成员、团组长会议及工会分会主席会，审议与职工权益密切相关事项。

【文体活动】 以开展群众性文体活动为切入点，持续推进职工之家建设。举办迎新春扑克牌比赛和游艺会，开展“我为出版社创新发展献一策”、中油书店（旗舰店）设计方案征集、纪念“三八”文艺汇演、“五四”青年篮球赛、庆“七一”党章知识竞赛、喜迎党的十九大歌咏比赛、春秋两季健步走及登山健身等活动，组织篮球、乒乓球等兴趣小组活动。参加集团公司直属机关乒乓球比赛，安贞街道地区辩论赛、羽毛球比赛，以及集团公司在京单位首届运动会，获得“优秀组织奖”和“最佳风采奖”。

【员工福利及扶贫帮困】 用好扶贫帮困基金，看望慰问患病、父母离世、困难员工、离退休人员及遗属，2017 年累计 51 人次、18.6 万元。帮助 7 名员工子女就近入托，为职工发放电影卡，为员工和家属办理 2018 年公园年票，向考入大学员工子女赠送纪念品，为复转军人和军属发放慰问品，对符合享受疗养条件员工按时发放疗养费（图 1、图 2）。

图 1　2017 年 1 月 26 日，出版社开展送温暖活动

图 2　2017 年 7 月 12 日，出版社领导慰问困难党员群众

（李银涛）

团　委　工　作

【夯实理想信念教育】 2017 年是石油工业出版社的“创新发展”年，团委组织青年认真学习石油工业出版社 2017 年工作会议暨三届二次职代会精神，开展以“青年建功‘十三五’、青春献礼十九大”为主题的青年文明号开放周活动。坚持党建带团建。组织青年积极参与“弘扬石油精神、重塑良好形象”活动周活动。组织团干部和青年骨干与离退休党支部召开“宣讲石油故事、弘扬铁人精神”座谈会。组织召开“践行新思想、拥抱新时代”专题组织生活会，学习十九大精神。

【创新青年思想阵地】 建立团干部交流、青年交流以及各青年兴趣小组交流的 QQ 群和微信群若干个。2017 年 5 月创建“青年之声”微信公众号专栏，发布推文 8 篇，访问量 8000 余次。

【荣誉奖励】 2017 年，科技出版分社石油工程编辑部、彩印公司 POD 数码印刷部被集团公司直属团委授予“2016 年度直属机关青年文明号”称号。

江涛、魏杰、王海同、陶陶等 4 人被集团公司直属团委授予“2016 年度直属机关青年岗位能手”称号，贾非凡被集团公司直属团委授予“2016年度直属机关优秀共青团员”称号，徐璐被集团公司直属团委授予“2016年度直属机关优秀共青团干部”称号，石油工业出版社编辑第一团支部被中央企业团工委授予“2015—2016年度中央企业五四红旗团支部”称号。

【文体活动】为纪念“五四”青年节，组织开展了第四届石油工业出版社青年篮球友谊赛及夹球跑活动。

组织石油工业出版社青年辩论队参加安贞地区“‘贞’锋相对·辩扬尚德”辩论赛，取得初赛、复赛总分第一，最终决赛获得亚军。

组织开展青年员工素质拓展训练活动，有效提高青年员工的凝聚力、创造力和综合素质。

组织开展中油书店旗舰店改造升级方案征集活动。

与党委办公室联合举办石油工业出版社迎“七一”党章知识竞赛、喜迎党的十九大歌咏比赛，积极协助工会、女工委开展迎新春游艺会、春秋两季登山健身、庆“三八”妇女节等活动。

2017年组织志愿者服务12次，40余人次参加。

【换届选举】坚持从严治团，不断加强团的自身建设。2017年5月，经石油工业出版社党委同意、直属团委批准，根据《中国共产主义青年团章程》和《基层团组织选举规则》的有关规定，团委圆满完成换届选举工作。李斌任团委书记，周行、于柏慧任团委副书记，李红彬、魏鹏瞩、魏杰、徐璐任团委委员。不断深入探索青年工作站与团支部等基层组织建设，从组织上提供保障；不断完善团委和团支部例会制度，做到常态化，凡事有计划，捋顺工作机制；针对部分支部委员变动情况，适时调整充实团干部。通过不断加强自身建设，有效地延伸工作范围，扩大青年工作覆盖面，增强了为青年服务的能力，使青年工作组织建设更加合理有效，大大提高工作效能。

（李银涛　周　行）

组织机构

领导机构

【石油工业出版社有限公司执行董事、监事】

执行董事　张卫国

监　　事　孙兆辉

【石油工业出版社有限公司行政领导】

总 经 理　张卫国

总 编 辑　张　镇

副总经理　韩青华

　　　　　周家尧

【中共石油工业出版社有限公司委员会】

党委书记　张卫国

党委委员　张卫国

　　　　　张　镇

　　　　　韩青华

　　　　　周家尧

【中共石油工业出版社有限公司纪律检查委员会】

纪委书记　周家尧

纪委副书记　孙兆辉

纪委委员　周家尧

　　　　　孙兆辉

　　　　　马小彦

　　　　　胡　海

　　　　　徐　霖

【石油工业出版社有限公司工会】

主　　席　张卫国

副 主 席　李银涛

【石油工业出版社有限公司第三届职代会】

主席团成员（按姓氏笔画排序）

马　纪　马小彦　王忠会　孙兆辉

张　晶　张　镇　张卫国　周家尧

郭建强　章卫兵　韩青华

秘书长　孙兆辉

第一代表团组组长　章卫兵

　　　　　副组长　徐秀澎

第二代表团组组长　杨仕平

　　　　　副组长　张红军

第三代表团组组长　马小彦

　　　　　副组长　郭建强

组织机构图

- 石油工业出版社有限公司
  - 机关处室
    - 办公室（党委办公室、纪委办公室）
    - 总编室（业务处）
    - 人事处（党委组织部）
    - 财务管理处
  - 石油科技图书出版分社
  - 高等教育出版分社
  - 职业培训出版分社
  - 大众图书出版公司
  - 人力资源出版中心
  - 数字出版中心
  - 标准与安全图书出版分社
  - 年鉴与史志出版分社
  - 期刊出版分社
  - 能源经济项目部
  - 图书营销中心
    - 北京中油书店有限公司
  - 北京中石油彩色印刷有限责任公司
  - 北京中油展览有限公司
  - 国际出版交流中心
  - 创意发展部
    - 爱丽丝童书项目部
    - 广告项目部
  - 行政事务中心

机关及党工团组织

【办公室（党委办公室、纪委办公室）】 办公室（党委办公室、纪委办公室）人员 10 人，其中处级领导 3 人。党员人数 8 人（包括社领导 1 名），由办公室（党委办公室、纪委办公室）、人事处（党委组织部）和行政事务中心党员共同组成党支部，即管理服务第一党支部，李银涛任党支部书记。

主　任　孙兆辉

副主任　李银涛

副处级专职纪检员　王　伟

【总编室（业务处）】 总编室（业务处）人员 34 人，其中处级领导 3 人。内设审稿室、图书储运部、综合管理部、编务管理科、印务管理科、技术编辑室和信息管理科。党员人数 10 人，由总编室（业务处）、财务管理处和国际出版交流中心共同组成党支部，即管理服务第二党支部，马小彦任党支部书记。

主　任　郭建强

副主任　谭忠心

图书储运部主任　许　峰

【人事处（党委组织部）】 人事处（党委组织部）人员 7 人，其中处级领导 1 人。党员人数 11 人（包括挂职干部 3 人、退岗人员 3 人），党员关系隶属管理服务第一党支部，李银涛任党支部书记。2017 年 11 月，胡海任党委组织部部长。

处　长　胡　海

党委组织部部长　胡　海

【财务管理处】 财务管理处人员 16 人，其中处级领导 2 人。内设综合管理科、资金管理科和核算管理科。党员人数 6 人（包括副总会计师 1 人和借调集团公司 1 人），党员关系隶属管理服务第二党支部，马小彦任党支部书记。

处　长　王桂华

副处长　何文挺

【党支部】 党支部有 10 个，即机关一支部、机关二支部、科技年鉴期刊支部、教材数字标准支部、大众图书出版公司支部、图书营销中心支部、彩印公司支部、会展广告公司支部、对外后勤支部、离退休支部。

【工会分会】 工会分会有 9 个，即机关第一分会、机关第二分会、科技年鉴期刊分会、教材数字标准分会、大众图书出版公司分会、图书营销中心分会、彩印公司分会、会展广告公司分会、对外后勤分会。

【团　委】

书　记　李　斌

副书记　周　行

于柏慧

委　员　魏鹏矚

魏　杰

李红彬

徐　璐

【党委青年工作部】

主　任　李银涛

【团支部（青年工作站）】 机关行政团支部（机关行政青年工作站） 主要负责办公室（党委办公室、纪委办公室）、总编室（业务处）、人事处（含离退办）、财务管理处、国际出版交流中心、行政事务中心等部门的团员青年工作。

编辑第一团支部（编辑第一青年工作站） 主要负责科技图书出版分社、高等教育出版分社、职业培训出版分社、年鉴与史志出版分社、期刊出版分社等部门的团员青年工作。

编辑第二团支部（编辑第二青年工作站） 主要负责大众图书出版公司、数字出版中心、人力资源出版中心、标准与安全图书出版分社、能源经济项目部等部门的团员青年工作。

营销展览团支部（营销展览青年工作站） 主要负责图书营销中心、中油展览有限公司的团员青年工作。

彩印公司团支部（彩印公司青年工作站） 主要负责北京中石油彩色印刷有限责任公司的团员青年工作。

编辑业务单位

【石油科技图书出版分社】 石油科技图书出版分社人员 24 人，其中处级领导 3 人。内设油气资源勘探编辑部、石油工程编辑部、炼油化工编辑部、工程技术与建设编辑部、大庆图书出版中心（驻外）、西南图书出版中心（驻外）和克拉玛依图书出版中心（驻外）。党员人数 16 人（包括社领导 1 人和副总编辑 1 人），由石油科技图书出版分社、年鉴与史志出版分社、人力资源出版中心和期刊出版分社共同组成党支部，即科技年鉴人力期刊党支部，马海峰任党支部书记。

社　长　章卫兵

副社长　庞奇伟

　　　　李　中

驻外机构及负责人名录：

1. 大庆图书出版中心

主　任　李　中（兼任）

2. 西南图书出版中心

主　任　章卫兵（兼任）

副主任　马金华

3. 克拉玛依图书出版中心

主　任　庞奇伟（兼任）

【高等教育出版分社】 高等教育出版分社人员 10 人，其中处级领导 1 人。党员人数 4 人，由高等教育出版分社、职业培训出版分社、数字出版中心和标准与安全图书出版分社共同组成党支部，即高教职培数字标准党支部，徐秀澎任党支部书记。

社　长　徐秀澎

【职业培训出版分社】 职业培训出版分社人员11人，其中处级领导2人。党员人数4人，党员关系隶属于高教职培数字标准党支部，徐秀澎任党支部书记。

社 长 李 丰

副社长 张传英

【大众图书出版公司】 大众图书出版公司人员22人，其中处级领导2人。内设企业文化编辑部、外语编辑部、经营管理编辑部、青少年教育编辑部、社科文学编辑部、组织史编辑部、西北图书出版中心（驻外）、长江大学图书出版中心（驻外）和宝石花文化出版中心（驻外）。党员人数12人（包括社领导1人），组成大众图书出版公司党支部，鲜德清任党支部书记。

总经理 鲜德清（兼任）

副总经理 王 昕

驻外机构及负责人名录：

1. 西北图书出版中心

主 任 陈 朋

2. 长江大学图书出版中心

主 任 秦 云

3. 宝石花文化出版中心

主 任 陈 朋

【人力资源出版中心】 人力资源出版中心人员9人，其中处级领导人员1人。党员人数4人（包括总经理助理、副总编辑1人），党员关系隶属于科技年鉴人力期刊党支部，马海峰任党支部书记。

主 任 杨静芬（兼任）

副主任 马海峰

【数字出版中心】 数字出版中心人员19人，其中处级领导1人。内设产品一部、产品二部、资源管理部、技术研发部和产品运营部。党员人数2人，党员关系隶属于高教职培数字标准党支部，徐秀澎任党支部书记。

主 任 刘 玮

【标准与安全图书出版分社】 标准与安全图书出版分社人员13人，其中处级领导1人。内设标准编辑部、安全图书编辑部和标准发行部。党员人数6人，党员关系隶属于高教职培数字标准党支部，徐秀澎任党支部书记。

社 长 宋向程

【年鉴与史志出版分社】 年鉴与史志出版分社人员8人，其中处级领导人员2人。内设塔里木油田出版中心。党员人数3人，党员关系隶属于科技年鉴人力期刊党支部，马海峰任党支部书记。

社 长 马 纪

副社长 吴保国

驻外机构及负责人名录：

塔里木油田出版中心

主 任 吴保国（兼任）

【期刊出版分社】 期刊出版分社人员10人，其中处级领导1人。党员人数2人，党员关系隶属于科技年鉴人力期刊党支部，马海峰任党支部书记。

副社长 胡宇芳

【能源经济项目部】 能源经济项目部人员7人，其中处级领导1人。党员人数3人，由图书营销中心和能源经济项目部共同组成党支部，即营销能源党支部，徐霖任党支部书记。

主 任 郎东晓

【国际出版交流中心】 国际出版交流中心人员4人，其中处级领导1人。党员人数2人。党员关系隶属于管理服务第二党支部，马小彦任党支部书记。

主　任　王焕弟

【创意发展部】 创意发展部下设爱丽丝童书项目部和广告项目部。爱丽丝童书项目部人员 5 人，经理艾嘉，党员人数 1 人，党员关系隶属于大众图书出版公司党支部，鲜德清任党支部书记。广告项目部人员 4 人，经理孙铭赫，党员人数 1 人，党员关系隶属于管理服务第二党支部，马小彦任党支部书记。

营销业务单位

【图书营销中心】 图书营销中心人员 38 人，其中处级领导 3 人。内设销售部、市场部、综合部和北京中油书店有限公司。党员人数 10 人，党员关系隶属于营销能源党支部，徐霖任党支部书记。

主　任　郎东晓

副主任　徐　霖

　　　　彭广利

内设机构及负责人名录：

北京中油书店有限公司

经　理　徐　霖（兼任）

副经理　冯燕军

印刷业务单位

【北京中石油彩色印刷有限责任公司】 北京中石油彩色印刷有限责任公司人员 39 人，其中处级领导 4 人。内设综合部、市场部、设计排版部、数码印刷部和印刷装订部。党员人数 13 人，组成彩印公司党支部，王忠会任党支部书记。

执行董事　韩青华（兼任）

总 经 理　张红军

副总经理　吴国强

　　　　　李　欣

党支部书记　王忠会

监　　事　郭建强

展览业务单位

【北京中油展览有限公司】北京中油展览有限公司人员 29 人，其中处级领导 5 人。内设综合办公室、参展部、展馆部、设计部和综合业务部（工程部）。党员人数 10 人，组成展览公司党支部，杨顺福任党支部书记。

法人代表　韩青华（兼任）

总 经 理　杨仕平
副总经理　施　云
　　　　　杨顺福
　　　　　吴　蕾
　　　　　李　宁
监　　事　王　伟

行政事务单位

【行政事务中心】行政事务中心人员 16 人，其中处级领导 1 人，内设综合管理科、安全管理科、维修科和车队。党员人数 5 人，党员关系隶属管理服务第一党支部，李银涛任党支部书记。

副主任　张国印

（胡　海　张栗楠）

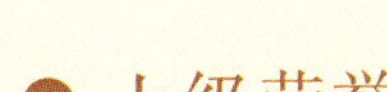

光荣榜

- 上级荣誉
- 出版社级荣誉

上级荣誉

【集体荣誉】 2017年，石油科技出版分社石油工程编辑部、彩印公司POD数码印刷部被集团公司直属团委授予"直属机关青年文明号"称号；展览公司获国务院国资委"央企创新成就展表现突出集体"、渝洽会组委会"优秀组织单位"、中国石油和化学工业联合会"组织工作先进集体"、台州塑交会"最佳设计奖"、余姚塑博会颁发"最佳设计奖"。

【个人荣誉】 2017年，石油工业出版社有40余人被授予荣誉称号。

（1）张卫国、郑玉宝、张镇、韩青华、周家尧、胡海、白立青、牛瑄、许进军、张琴、魏鹏瞩、张栗楠、鲁海汝被集团公司授予"中国石油组织史资料优秀著作二等奖"；

（2）张镇被国家新闻出版广电总局评选为"全国新闻出版行业领军人才"；

（3）王旻被集团公司授予2016年"安全生产先进个人"称号；

（4）张琴被集团公司授予"中国石油组织史资料编纂工作先进个人"称号；

（5）鲜德清、何文挺、王昕、李廷璐、王海英、周勇、武晓达、邢军、方代煊、王金凤、王颜、张庆旺、冯燕军、于洋、赵新荣、韦红生被集团公司授予"中国石油组织史资料编纂工作先进个人"称号；

（6）江涛、魏杰、王海同、陶陶被集团公司直属团委授予"直属机关青年岗位能手"称号；

（7）贾非凡被集团公司直属团委授予"直属机关青年优秀共青团员"称号；

（8）徐璐被集团公司直属团委授予"直属机关优秀共青团干部"称号；

（9）李崴被集团公司授予"优秀外事专办员先进个人"称号；

（10）李玉琴被集团公司离退休管理局授予"孝亲敬老好儿女先进个人"称号；

（11）曲光荣被集团公司授予"办公室系统先进个人"称号；

（12）魏鹏瞩被集团公司授予"企业年金工作先进个人"称号；

（13）姚东、马英玲被集团公司离退休管理局授予"老年人体育活动先进个人"称号；

（14）潘翔被集团公司授予"统计工作先进个人"称号；

（15）张国印被授予"北京市交通管理先进个人"称号；

（16）刘燕民被集团公司授予"安全工作先进个人"称号；

（17）刘勇被授予"朝阳区安全工作先进个人"称号。

【获奖图书】 12种图书分别获2017年度第27

届全国石油石化企业管理现代化创新优秀著作一、二、三等奖及优秀编辑奖（表1）。

26种图书分别获2017年“中国石油和化学工业优秀出版物奖”图书奖一、二等奖；8种图书分别获2017年“中国石油和化学工业优秀出版物奖”教材奖一、二等奖。

5种图书获第四届中华铁人文学奖。

1种图书获第三届中央企业精神文明建设“五个一工程”优秀作品奖；1种图书获国土资源部优秀科普图书；1种图书获2016年度引进版优秀图书奖。

《中国石油天然气集团公司年鉴2015》获中国出版协会年鉴工作委员会2015—2016年度年鉴编校质量检查评比特等奖。

《中国石油勘探》入选中国科学技术信息研究所“中国科技核心期刊”；《石油科技论坛》入选武汉大学中国科学评价中心“RCCSE中国核心学术期刊（A）”。

《中国天然气形成与分布》获2017年度国家出版基金资助项目。

【获奖数字出版物】 石油安全事故应急解决方案知识服务平台获得财政部2017年文化产业发展专项资金支持，并成为国家新闻出版广电总局改革发展项目库2017年入库项目；7种数字产品分别获得“数字媒体设计”创意大赛提名奖、2017年数字出版博览会“数字出版·创新作品”、2017年中国数字出版创新论坛“数字出版创新奖”（表2）。

表1　2017年获奖图书名单

序号	书名	获得奖项	部门	责编	主管单位
1	恪守红线：新形势下企业安全环保工作的探索与实践	2017年度第27届全国石油石化企业管理现代化创新优秀著作一等奖	标准安全分社	曲爱平、朗杰、陈骞、丁雪	中国石油企业协会
2	事故防控策略与技术	2017年度第27届全国石油石化企业管理现代化创新优秀著作二等奖	标准安全分社	曲爱平、丁雪、陈骞	
3	“一带一路”油气系列丛书（3册）：“一带一路”油气合作环境，“一带一路”油气合作国别报告（中亚、俄罗斯和中东地区），“一带一路”油气合作国别报告（南亚和东南亚地区）		科技分社	庞奇伟、邵冰华	
4	文风·学风·辩证思维——石油地质科研的三个问题		科技分社	庞奇伟	
5	能源+：能源公司的转型之路		大众公司	陈朋、马骁	
6	HSE管理理念、方法与技术		职培分社	吴莺、马晓光	
7	油气勘探开发一体化项目标准化管理研究应用（上、下册）	2017年度第27届全国石油石化企业管理现代化创新优秀著作三等奖	科技分社	王瑞	
8	从“心”出发		大众公司	陈朋、杜禾	
9	宝石花开春满园：中国石油品牌故事		大众公司	陈朋、杜禾	
10	弘扬“石油精神”学习读本		大众公司	陈朋、杜禾	

续表

序号	书名	获得奖项	部门	责编	主管单位
11	企业党建创新实践案例集	2017年度第27届全国石油石化企业管理现代化创新优秀著作三等奖	大众公司	陈朋、杜禾	中国石油企业协会
12	油气大趋势	2017年度第27届全国石油石化企业管理现代化创新优秀著作优秀编辑奖、一等奖	大众公司	曲会	
13	潜山之歌	第三届中央企业精神文明建设“五个一工程”优秀作品奖	大众公司	鲜德清、陈朋	国务院国资委文明办（部级）
14	中国气田开发丛书（7册）:《低渗透致密砂岩气田开发》《凝析气田开发》《多层疏松砂岩气田开发》《火山岩气田开发》《异常高压气田开发》《酸性气田开发》《碳酸盐岩气田开发》	2017年中国石油和化学工业优秀出版物奖图书奖一等奖	科技分社	何莉、李中、方代煊、王金凤、潘玉全、王瑞、王宝刚、张贺	中国石油和化学工业联合会
15	中国海相碳酸盐岩油气勘探开发理论技术丛书（2册）:《中国海相碳酸盐岩油气勘探开发理论与关键技术概论》《中国海相碳酸盐岩储层特征、成因和分布》		科技分社	庞奇伟、马新福	
16	中国陆相致密油		科技分社	马新福	
17	低渗透油田采油与注水知识基础问答		科技分社	王瑞、李中	
18	天然气工程手册（4册）:《气藏工程手册》《采气工程手册》《天然气集输工程手册》《天然气处理与加工手册》		科技分社	方代煊、何莉、潘玉全、王宝刚等	
19	预见风险：石油石化员工HSE风险预控与辨识手册		标准安全分社	曲爱平、陈骞、丁雪	
20	采油队HSE培训矩阵编制与应用手册		职培分社	吴莺	
21	保密工作培训教材		职培分社	曹光朋	
22	中国石油天然气集团公司年鉴2016		年鉴史志分社	马纪、杨天龙、赵冬梅、付红、吴保国	
23	分层注水高效测调工艺技术及管理		年鉴史志分社	付红	
24	断陷盆地富油凹陷二次勘探工程	2017年中国石油和化学工业优秀出版物奖图书奖二等奖	科技分社	马新福、冉毅凤、孙娟、孙宇	
25	岩石物理学（第三版）		科技分社	金平阳	
26	低渗透油田开发决策论（第二版）		科技分社	王瑞	
27	石油钻采装备金属材料手册		科技分社	方代煊	
28	油气资源评价方法体系与应用		科技分社	马新福、冉毅凤、孙娟、孙宇	

续表

序号	书名	获得奖项	部门	责编	主管单位
29	油气开发系统（第二版）	2017年中国石油和化学工业优秀出版物奖图书奖二等奖	科技分社	庞奇伟、李中、李熹蓉	中国石油和化学工业联合会
30	油田化学品HSE管理手册	2017年中国石油和化学工业优秀出版物奖图书奖二等奖	职培分社	吴莺、谭玉杰	中国石油和化学工业联合会
31	油气田地面建设标准化设计技术与管理	2017年中国石油和化学工业优秀出版物奖图书奖二等奖	职培分社	张传英、杜小帅	中国石油和化学工业联合会
32	HSE管理理念、方法与技术	2017年中国石油和化学工业优秀出版物奖图书奖二等奖	职培分社	吴莺、马晓光	中国石油和化学工业联合会
33	油气长输管道工程线路监理实用技术	2017年中国石油和化学工业优秀出版物奖图书奖二等奖	职培分社	席晶、秦雯	中国石油和化学工业联合会
34	千“忽”万“患”：石油石化员工习惯性违章典型案例剖析	2017年中国石油和化学工业优秀出版物奖图书奖二等奖	标准安全分社	曲爱平、陈骞	中国石油和化学工业联合会
35	最优化钻井理论基础与计算	2017年中国石油和化学工业优秀出版物奖图书奖二等奖	标准安全分社	郎杰	中国石油和化学工业联合会
36	油气田企业能效对标	2017年中国石油和化学工业优秀出版物奖图书奖二等奖	标准安全分社	孟坤、张雯霏	中国石油和化学工业联合会
37	美丽中国的能源革命	2017年中国石油和化学工业优秀出版物奖图书奖二等奖	能源经济	刘辉	中国石油和化学工业联合会
38	页岩革命：重塑美国能源，改变世界	2017年中国石油和化学工业优秀出版物奖图书奖二等奖	能源经济	刘文国	中国石油和化学工业联合会
39	钻井工程造价管理概论	2017年中国石油和化学工业优秀出版物奖图书奖二等奖	国际出版	王焕弟	中国石油和化学工业联合会
40	石油天然气地质与勘探（第二版）	2017年中国石油和化学工业优秀出版物奖教材奖一等奖	高教分社	葛智军、柴毓	中国石油和化学工业联合会
41	天然气管道输送（第三版）	2017年中国石油和化学工业优秀出版物奖教材奖一等奖	高教分社	徐秀澎、谭玉杰	中国石油和化学工业联合会
42	管道及储罐强度设计（第二版）	2017年中国石油和化学工业优秀出版物奖教材奖一等奖	高教分社	葛智军	中国石油和化学工业联合会
43	石油测井（第三版）	2017年中国石油和化学工业优秀出版物奖教材奖一等奖	高教分社	何桐	中国石油和化学工业联合会
44	计算机地质制图	2017年中国石油和化学工业优秀出版物奖教材奖二等奖	高教分社	葛智军	中国石油和化学工业联合会
45	石油工程设计（第二版）	2017年中国石油和化学工业优秀出版物奖教材奖二等奖	高教分社	方子奇、谭玉杰、魏杰	中国石油和化学工业联合会
46	信号分析与处理（第二版）	2017年中国石油和化学工业优秀出版物奖教材奖二等奖	高教分社	葛智军	中国石油和化学工业联合会
47	地下油气渗流力学（第二版）	2017年中国石油和化学工业优秀出版物奖教材奖二等奖	高教分社	方子奇、葛智军	中国石油和化学工业联合会
48	地质之美——经典地貌	国土资源部优秀科普图书	科技分社	马新福	国土资源部
49	石油工业出版社组织史资料	集团公司组织史资料企业卷优秀著作二等奖	科技分社、人力资源中心	方代煊、王金凤、李廷璐、周勇	中国石油天然气集团公司
50	野百合	第四届中华铁人文学奖	大众公司	陈朋、杜禾	中华文学基金会和铁人文学专项基金管理委员会
51	石油上的人	第四届中华铁人文学奖	大众公司	李玲	中华文学基金会和铁人文学专项基金管理委员会
52	潜山之歌	第四届中华铁人文学奖	大众公司	鲜德清、陈朋	中华文学基金会和铁人文学专项基金管理委员会
53	路漫漫	第四届中华铁人文学奖	大众公司	王昕、高超、曹敏睿	中华文学基金会和铁人文学专项基金管理委员会

续表

序号	书名	获得奖项	部门	责编	主管单位
54	玛依塔柯之恋	第四届中华铁人文学奖	人力资源中心	李廷璐	中华文学基金会和铁人文学专项基金管理委员会（部级）
55	中国石油天然气集团公司年鉴 2015	2015—2016 年度年鉴编校质量检查评比特等奖	年鉴史志分社	马纪、赵冬梅、付红、杨天龙、吴保国	中国出版协会年鉴工作委员会
56	中国石油勘探	入选“中国科技核心期刊”	期刊分社	胡宇芳、郑吉妹、周行、迟丽薇等	中国科学技术信息研究所
57	石油科技论坛	入选“RCCSE 中国核心学术期刊（A）”	期刊分社	陈益卉、王凯等	武汉大学中国科学评价中心
58	页岩革命：重塑美国能源，改变世界	2016 年度引进版优秀图书奖	能源经济	刘文国	中国出版协会国际合作出版工作委员会、中国新闻出版研究院和出版参考杂志社

表 2　2017 年数字出版物获奖名单

序号	书名	获得奖项	部门	责编	主管单位
1	石油安全事故应急解决方案知识服务平台	2017 年文化产业发展专项资金支持	数字出版	周家尧、刘玮、宋洪川、姜楠、金慧珍	财政部
2	石油安全事故应急解决方案知识服务平台	改革发展项目库 2017 年入库项目	数字出版	周家尧、刘玮、宋洪川、姜楠、金慧珍	国家新闻出版广电总局
3	石油百科智能知识互动服务平台	数字媒体设计创意大赛提名奖	数字出版	周家尧、刘玮、刘海艳、孙玉发、骈骅	中国音像与数字出版协会
4	钻井事故与复杂问题决策支撑及应用	数字媒体设计创意大赛优秀奖	数字出版	周家尧、刘玮、姜楠、宋洪川、杜宝珠	
5	石油职业培训模拟仿真（VR）系统	2017 年数字出版博览会“数字出版年度创新作品”奖	数字出版	周家尧、刘玮、宋洪川、王飞	中国数字出版博览会组织委员会
6	石油工业出版社	2017 年数字出版博览会“数字出版年度创新企业”奖	数字出版	周家尧、刘玮、宋洪川、姜楠、王飞	
7	石油工业出版社	北京图书订货会“十佳出版新技术应用企业”称号	数字出版	周家尧、刘玮、宋洪川、姜楠、王飞	北京图书订货会组委会

续表

序 号	书 名	获得奖项	部 门	责 编	主管单位
8	党建系列微课	2017 年出版创新论坛“出版创新奖”	数字出版	周家尧、孙兆辉、刘玮、宋洪川、王飞	2017 中国数字出版创新论坛组委会

【获奖标准】 48 种标准分别获中国石油天然气集团公司第三届优秀标准奖一、二、三等奖(表 3)。

表 3 2017 年获奖标准名单

序 号	标准名	奖 项	主管单位
1	SY/T 6108—2012 气藏开发动态分析技术规范	中国石油天然气集团公司第三届优秀标准奖一等奖	中国石油天然气集团公司标准化委员会
2	Q/SY 68—2013 油藏动态监测资料录取规范		
3	SY/T 6868—2012 钻井作业用防喷设备系统推荐作法		
4	Q/SY 1475—2012 炼油化工建设项目竣工验收管理规范		
5	SY/T 5922—2012 天然气管道运行规范		
6	SY 5225—2012 石油天然气钻井、开发、储运防火防爆安全生产技术规程		
7	Q/SY 1605.1—2013 人力资源管理系统应用规范 第 1 部分：用户管理		
8	Q/SY 1458—2012 地震勘探表层调查及数据库技术规范	中国石油天然气集团公司第三届优秀标准奖二等奖	
9	SY/T 6311—2012 注蒸汽采油高温高压三维比例物理模拟实验技术要求		
10	Q/SY 1500—2012 石油库设计规范		
11	SY/T 6885—2012 油气田及管道工程雷电防护设计规范		
12	Q/SY 1592—2013 油气管道管体修复技术规范		
13	Q/SY 202—2013 天然气管道运行与控制原则		
14	Q/SY 1491—2012 乙腈		
15	Q/SY 110—2012 成品油库汽车装车自动控制及油罐自动计量系统技术规范		
16	Q/SY 1519—2012 基层岗位 HSE 培训矩阵编写指南		
17	Q/SY 1468—2012 炼化能量系统优化技术导则		
18	Q/SY 1474—2012 物资到货质量检验管理规范		
19	SY/T 6587—2012 电子式井斜仪校准方法		
20	SY/T 6581—2012 高压油气井测试工艺技术规程	中国石油天然气集团公司第三届优秀标准奖三等奖	
21	Q/SY 1561—2013 枯竭型气藏储气库钻完井技术规范		
22	SY/T 5821—2012 碳酸盐岩油藏有机堵剂堵水工艺作法		

续表

序号	标准名	奖项	主管单位
23	SY/T 4101—2012 滩海岩土工程勘察技术规范	中国石油天然气集团公司第三届优秀标准奖三等奖	中国石油天然气集团公司标准化委员会
24	Q/SY 158—2013 油井用清、防蜡剂技术规范		
25	Q/SY 1554—2012 水平井录井技术规范		
26	SY/T 5729—2012 稠油热采井固井作业规程		
27	SY/T 6870—2012 石油钻机顶部驱动装置安装、调试与维护		
28	Q/SY 1556—2012 高温高压含硫油气井地层测试技术规程		
29	Q/SY 1603—2013 油气管道线路工程基于应变设计规范		
30	SY/T 0319—2012 钢质储罐液体涂料内防腐层技术标准		
31	Q/SY 1593—2013 输油管道站场储罐区防火堤技术规范		
32	Q/SY GD 0228—2013 成品油储运过程质量控制技术规程		
33	Q/SY 1484—2012 压缩天然气加气母站试运投产技术规范		
34	Q/SY 1195—2013 高密度聚乙烯树脂 HD5420GA、HD5502GA		
35	Q/SY 1199—2013 SODm 尿素		
36	Q/SY 1493—2012 钯—碳催化剂中钯含量的测定 分光光度法		
37	SY/T 6869—2012 石油天然气工业井下工具井下套管阀		
38	Q/SY 1509—2012 高温硬密封单闸板切断闸阀技术条件		
39	SY/T 6919—2012 石油钻机和修井机涂装规范		
40	SY/T 6908—2012 感应电阻率随钻测井仪		
41	SY/T 5992—2012 输送钢管静水压爆破试验方法		
42	SY 5854—2012 油田专用湿蒸汽发生器安全规范		
43	Q/SY 1523—2012 危险源早期辨识技术指南		
44	Q/SY 193—2013 石油化工绝热工程节能监测与评价		
45	Q/SY 1551.1—2012 加油站管理系统建设规范第 1 部分：总则		
46	Q/SY 1163—2013 矿区物业公共秩序维护服务规范		
47	Q/SY 1606.1—2013 档案信息化建设规范 第 1 部分：档案分类		
48	Q/SY 1609—2013 勘探与生产调度指挥系统建设规范		

【获奖论文】 4 篇论文分别获中国编辑学会第 18 届年会学术论坛三等奖、《新媒体研究》论文一等奖、《中国传媒科技》论文一等奖以及登载于国家核心期刊《中国编辑》杂志（表 4）。

表 4　2017 年获奖论文名单

序　号	论文名	获得奖项	部　门	责　编	主管单位
1	编辑应具备的职业素养思考	中国编辑学会第 18 届年会学术论坛三等奖	科技分社	何丽萍	中国编辑学会
2	经管类图书的选题策划与整合营销传播策略	《新媒体研究》论文一等奖	人力资源中心	李廷璐	中国科学技术协会
3	浅析自媒体背景下图书推广的研究	《中国传媒科技》论文一等奖	人力资源中心	李廷璐	新华通讯社
4	用风险管理方法抓质量——编辑室出版物质量管理方法探讨	登载于国家核心期刊《中国编辑》杂志	标准安全分社	孟坤	国家新闻出版广电总局

（李　兵）

出版社级荣誉

【2016 年度优秀出版物】 60 种出版物分别被评为“石油工业出版社有限公司 2016 年度优秀出版物”一等奖和二等奖。

一、优秀出版物一等奖（13 种）

1.《大型低渗透岩性油藏评价及开发技术》，书号：0454，责任编辑：张贺

2.《超低渗透油藏开发理论与技术》，书号：0562，责任编辑：王金凤、王宝刚

3.《中国石油天然气集团公司年鉴 2014》，书号：0612，责任编辑：王宇芬、赵冬梅、付红、杨天龙

4.《石油石化行业典型事故案例应急经验分享》，书号：0744，责任编辑：潘玉全、吴英敏

5.《天然气净化工艺——脱硫脱碳、脱水、硫黄回收及尾气处理（第二版）》，书号：0796，责任编辑：王瑞、贾迎

6.《陆相页岩油勘探》，书号：0877，责任编辑：庞奇伟、谭忠心

7.《油气田企业班组长培训教材》，书号：1055，责任编辑：李丰、曹光朋

8.《中国石油勘探》，刊号：ISSN1672-7703，CN11-5215/TE，责任编辑：胡宇芳、郑吉妹、周行

9.《工程流体力学》，书号：0643，责任编辑：方子奇、葛智军

10.《泵和压缩机（第二版）》，书号：0425，责任编辑：张传英、马晓光

11.《老人与海温暖插画纪念版》，书号：0576，责任编辑：朱世元、陈迎斌

12.《重塑形象：“重塑中国石油良好形象”大讨论员工学习读本》，书号：0945，责任编辑：陈朋、杜禾

13.《健康、安全与环境管理体系　第 3 部分：审核指南》，书号：Q/SY 1002.3—2015，责任编辑：李健

二、优秀出版物二等奖（47 种）

1.《油气田节能》，书号：0720，责任编辑：郎杰、曲爱平

2.《石油安全大全》，书号：900576002，责任编辑：宋洪川、郎杰

3.《节能基础知识读本》，书号：0768，责任编辑：曲爱平

4.《碳酸盐岩沉积学》，书号：9967，责任编辑：庞奇伟、马新福、孙娟

5.《石油天然气行业设备分类与编码（第五版）》，书号：0582，责任编辑：何莉

6.《新常态下石油员工 HSE 法治意识培养与提高精解手册》，书号：0738，责任编辑：王瑞、曲爱平、马海峰、李中

7.《页岩气地质与勘探开发实践丛书之三　页岩油气藏——21 世纪的巨大资源》，书号：0881，责任编辑：冉毅凤、马新福

8.《页岩气地质与勘探开发实践丛书之四　裂缝性油气藏》，书号：0882，责任编辑：孙宇、马新福

9.《油气层序地层学—优质储层分析预测方法（第二版）》，书号：0891，责任编辑：庞奇伟、孙娟

10.《中国采油工程》，书号：0938，责任编辑：方代煊

11.《油气地球化学与成熟探区精细勘探》，书号：0477，责任编辑：马新福、冉毅凤

12.《碳酸盐岩障壁台地与储层发育规律》，书号：0663，责任编辑：马新福、冉毅凤

13.《碳酸盐岩油气藏高效勘探开发“筋脉”理论与实践（第二版）》，书号：0707，责任编辑：王瑞、马海峰

14.《录井技术手册》，书号：0769，责任编辑：金平阳、李中

15.《道路交通风险图册（川庆钻探川渝生产区域）》，书号：0889，责任编辑：何莉

16.《复杂油气藏勘探评价技术及海外应用》，书号：0911，责任编辑：庞奇伟、孙娟

17.《二氧化碳泡沫压裂技术理论与实践》，书号：0995，责任编辑：李中、唐俊雅

18.《地层孔隙动力学》，书号：0384，责任编辑：庞奇伟、唐俊雅

19.《古老碳酸盐岩大气田地质理论与勘探实践》，书号：1016，责任编辑：庞奇伟、孙娟

20.《油气藏固相流化渗流力学理论及应用》，书号：0861，责任编辑：马新福

21.《新疆北部油页岩资源与分布》，书号：0917，责任编辑：庞奇伟、林庆咸

22.《中国石油编年史（第二版）》，书号：0887，责任编辑：马纪、付红

23.《公文实用手册》，书号：0751，责任编辑：张传英、葛烨

24.《加油站车用润滑油销售》，书号：0702，责任编辑：吴莺

25.《石油石化行业职业资格等级标准、培训教程、鉴定题库开发指南》，书号：0771，责任编辑：张传英、吴莺

26.《特种设备安全监管人员学习手册》，书号：1027，责任编辑：席晶

27.《采油工（上、下册）》，书号：0401，责任编辑：吴莺、曹光朋

28.《技术秘密及专利知识问答（第四版）》，书号：0585，责任编辑：席晶

29.《企业贸易融资实务》，书号：9629，责任编辑：张传英、谭玉杰

30.《钻井工程（第二版）》，书号：0704，责任编辑：张传英、于红妮

31.《油气储层地质学基础（第二版）》，书号：0570，责任编辑：张传英、葛智军

32.《石油仪表及自动化（第二版）》，书号：0714，责任编辑：何桐、于红妮

33.《油气藏动态分析（第二版）》，书号：0777，责任编辑：徐秀澎、谭玉杰

34.《油田化学原理》，书号：0814，责任编辑：方子奇、魏杰

35.《石油工业概论（第二版）》，书号：0696，责任编辑：徐秀澎、胡卫华

36.《应用层序地层学》，书号：0726，责任编辑：方子奇、葛智军

37.《重磁勘探》，书号：0795，责任编辑：方子奇、葛智军

38.《有意思的大语文（丛书）》，书号：0742、0743、0762、0763，责任编辑：马骁、曹敏睿、刘晓婷、李玉娇

39.《能源大变局：中国能否引领世界第三次能源转型》，书号：0438，责任编辑：刘辉

40.《橙味人生——褚时健传奇》，书号：0983，责任编辑：李玲

41.《谁破坏了执行力》，书号：0577，责任编辑：曹敏睿

42.《临时急需的一句话 旅游英语 便携版》，书号：0639，责任编辑：朱世元、陈迎斌

43.《“一带一路”话石油》，书号：0940，责任编辑：曲会、高超

44.《最实干的员工》，书号：0458，责任编辑：马骁

45.《油微》，书号：0895，责任编辑：陈朋、李玲

46.《石油天然气工业 健康、安全与环境管理体系》，书号：SY/T 6276—2014，责任编辑：孟坤

47.《钢质原油储罐运行安全规范》，书号：SY 6306—2014，责任编辑：孟坤

【2016 年度数字出版先进个人】 10 人：

金平阳 方子奇 曹光朋 朱世元
姜 楠 王 飞 骈 骅 霍 俣
孟 坤 周 行

【2016 年度图书营销先进个人】 3 人：

王海同 张 雷 李红彬

【2016 年度创意经济先进个人】 2 人：

宋轶男 张 晶

【2016 年度优秀管理奖】 7 人：

王 伟 许 峰 魏鹏瞩 陈倩倩
周向敏 王 兴 舒丽群

【2016 年度安全先进集体】 5 个：

总编室、行政事务中心、北京中石油彩色印刷有限责任公司、北京中油展览有限公司图书营销中心。

【2016 年度安全先进个人】 33 人：

鲁海汝 苏一工 李志强 梁 毅
刘 岩 江 涛 李 中 葛智军
席 晶 高 超 孙玉发 周 勇
谭宝军 郎 杰 霍 俣 邓大治
王 凯 刘 辉 冯燕军 杨仕映
王 旻 徐 勇 张文帅 曾德嘉
张立民 黄雨山 侯德强 王 兴
王汉斌 白成兴 韩明君 陈 耕
陈 远

【先进基层党组织】 5 个：

机关第一党支部、机关第二党支部、科技年鉴期刊党支部、教材数字标准党支部、彩印公司党支部。

【五好党支部】 1 个：

离退休党支部

【优秀共产党员】 22 名：

王　伟　魏鹏瞩　许　峰　江　涛
马新福　邸雪峰　王　瑞　席　晶
王海同　宋洪川　艾　嘉　陈　朋
曹豫琳　刘文国　吴国强　张　聪
吴　蕾　王汉斌　蒋文贞　程志远
邓文清　周维娜

【优秀党务工作者】 10 名：

李银涛　郭建强　马海峰　徐秀澎
王　昕　李红彬　王忠会　杨顺福
王焕弟　姚　东

【共产党员先锋岗】 10 名：

李　兵　胡　海　孙铭赫　陈倩倩
章卫兵　高　超　曲爱平　马　纪
张红军　高艳华

二级单位概览

- 石油科技图书出版分社
- 高等教育出版分社
- 职业培训出版分社
- 大众图书出版公司
- 人力资源出版中心
- 数字出版中心
- 标准与安全图书出版分社
- 年鉴与史志出版分社
- 期刊出版分社
- 能源经济项目部
- 图书营销中心
- 北京中石油彩色印刷有限责任公司
- 北京中油展览有限公司
- 创意发展部（爱丽丝童书项目部、广告项目部）

石油科技图书出版分社

【概况】 石油科技图书出版分社（简称科技分社）下设油气资源勘探编辑部、石油工程编辑部、炼油化工编辑部、工程技术与建设编辑部及文案编辑部。管理大庆图书出版中心、西南图书出版中心、克拉玛依图书出版中心。石油科技图书出版分社按照“为石油工业服务，为广大石油员工服务，为社会大众服务”的办社宗旨，突出“姓油为油”，致力于为各石油企事业单位服务，主要承担重点石油科技图书、重大科技项目科研成果的出版业务，以及满足各层次读者需求的石油各专业的科技图书、科普图书、工具书的编辑出版工作，是石油工业出版社“立足石油求发展”的主干力量。2017 年，石油科技图书出版分社在册员工 26 人（不含京外出版中心），其中出版专家 3 人、首席策划编辑 1 人，具有副编审以上的资深专家型编辑 14 人，具有本科以上学历编辑 12 人。

2017 年，发稿 216 种，出版 232 种（新书 201 种、重印 31 种），出版码洋 5535.13 万元，可供销售码洋 3869.10 万元。2015—2017 年石油科技图书出版分社主要生产经营指标见表。

表 2015—2017 年石油科技图书出版分社主要生产经营指标

指标		2017 年	2016 年	2015 年
出版品种	总品种（种）	232	211	200
	新书（种）	201	179	164
	重印（种）	31	32	36
出版码洋（万元）		5535.13	5053	5005
可销售码洋（万元）		3869.10	3966.27	—
毛利润（万元）		780.38	740	623

【纵向图书出版专项】 2017 年，出版纵向图书专项图书 87 种，超额完成每年 70 种的合同任务要求，完成率 124.29%。完成 2017—2018 年度开题任务。

【打造精品图书】 精品图书方面，出版了《“一带一路”油气系列丛书》《高温高压及高含硫井完整性规范丛书》《塔里木油田超深油气勘探开发理论与技术丛书》《库车前陆盆地油气勘探系列丛书》《辽河油田勘探开发 50 年技术系列丛书》《油库技术与管理系列丛书》《油气储运工程师技术岗位资质认证丛书》《油气田地面建设标准化施工技术手册》《中国气田开发丛书 · 总论》《文风·学风·辩证思维——石油地质科研的三个问题》等具有行业影响力、深受读者喜爱的专业图书（图1）。

图1 精品图书

【京外出版中心】2017年12月，西南图书编辑加工中心挂牌成立，由石油科技图书出版分社负责管理，人员8人。大庆图书出版中心、西南图书出版中心、克拉玛依图书出版中心等外设出版中心加强选题策划出版，2017年出版约50种图书。石油工业出版社在京外组建分支机构，是全面落实“五走”策略，深入油气田、贴近现场、贴近作者的重要举措。

【《中国石油科技进展丛书（2006—2015年）》出版】丛书以专业领域进展和重点专著两个层次的组合模式编写出版，其中进展系列15个分册、重点专著31个分册。编写工作在编委会统一组织下实施，中国石油天然气集团公司董事长王宜林担任编委会主任、股份公司副总裁孙龙德担任主编，参与编写的单位超过60余家，作者1000余人，审稿专家200余人。丛书全面系统反映中国石油2006—2015年取得的标志性重大科技创新成果，重点突出“十二五”，兼顾“十一五”，以科技计划为基础，以重大研究项目和攻关项目为重点，兼顾国内其他单位和国外进展。2017年，编写、组稿等各项工作顺利推进。根据专业分工，将46个分册分到主要编辑名下，责任明确；责任编辑与所负责分册的主编或联系人建立联系提前介入，积极参与稿件前期编写大纲和初稿的审定等；编制《编写体例实施细则》发到每一位作者并及时宣贯。截至2017年12月，已完成38个分册初稿。

【中国石油技术有形化专项出版】2017年，完成集团公司层面22项标志性技术的宣传手册与技术手册的编写组稿，按照集团公司科技部的要求进入验收阶段。

【科普图书出版策划】加强与中国石油学会、地质大学、石油大学等单位的合作，策划《丹霞山世界地质公园》《云台山世界地质公园》《石油魅力》等科普丛书组稿编写工作。

【《石油小百科》出版策划】《石油小百科》是在《中国石油勘探开发百科全书》《中国石油勘探开发百科全书（精要本）》《石油勘探开发科技辞典》的基础上策划的，是石油工业出版社“资源再生抓选题”的典范。2016年11月在中国石油大学（华东）召开启动会，按专业初定10个分册，分别是《钻完井工程小百科》《测井工程小百科》《试井工程小百科》《采油采气工程小百科》《试油工程小百科》《井下作业小百科》《地面工程小百科》《储层改造小百科》《油藏工程小百科》《开发地质小百科》。2017年4月22日在长江大学召开《石油小百科》提纲研讨会，会议对各分册的条目框架进行审查。截至2017年底完成条目框架的审定，先行分册《油藏工程小百科》完成初稿（图2）。

图 2 《石油小百科》审稿会

【获奖情况】《超低渗透油藏勘探开发技术新进展丛书（4 册）》获“第六届中华优秀出版物奖图书提名奖”，是近 10 年来石油工业出版社再次获得国内顶级图书奖；《地质之美——经典地貌》获“2017 年国土资源优秀科普图书”称号（图 3）；《中国天然气形成与分布》申报 2017 年国家出版基金并成功通过，这在石油工业出版社历史上尚属首次。另有 21 本图书获 2017 年度第 27 届全国石油石化企业管理现代化创新优秀著作奖、2017 年中国石油和化学工业优秀出版物奖。

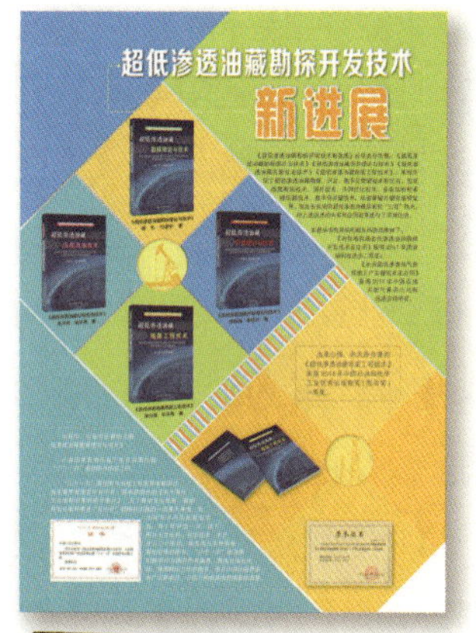

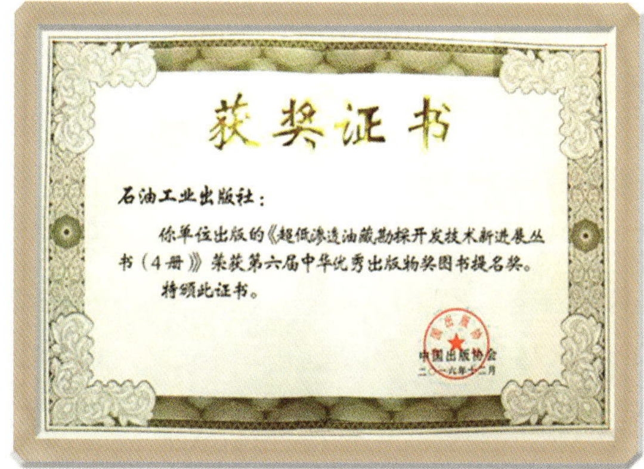
获奖证书

石油工业出版社：

你单位出版的《超低渗透油藏勘探开发技术新进展丛书（4 册）》荣获第六届中华优秀出版物奖图书提名奖。

特颁此证书。

中国出版协会

二〇一六年十二月

荣誉证书

景德辰、孙爱萍：

您的作品《地质之美—经典地貌》荣获“2017年国土资源优秀科普图书”称号。

特发此证，以资鼓励。

2017年4月7日

图 3 获奖图书

（方代煊）

高等教育出版分社

【概况】 高等教育出版分社（简称高教分社）成立于2015年1月，其前身为石油教材出版分社下设的院校教材编辑部，主要从事研究生、本科和高职教材的出版工作，以专业教材出版为主，兼顾其他教材和相关专著出版。2017年初新分配2名应届毕业生，部门员工总数10人；出版图书124种（含8种富媒体教材），其中新书、重印书各62种，出版码洋792万元。由于石油行业低迷，石油高校招生就业困难，导致石油教材销售萎缩25%，生产规模指标大幅下滑，但新书品种指标完成103%，利润指标完成111%，尤其是体现数字化转型的5种富媒体教材指标完成160%，迈出教材数字化转型的坚实一步。2015—2017年出版数据见表。

表　2015—2017年高等教育出版分社出版数据

年　份	出版品种（新书+重印）(种)	出版码洋（万元）	备　注
2015	170（71+99）	1475	含送书103万元
2016	142（58+84）	1407	含送书374万元
2017	124（62+62）	792	

【石油教材编辑出版】 2017年，组织5次"十三五"规划教材研讨会，研讨教材14种；与西安石油大学联合举办首届课程研讨会——全国石油类高校"渗流力学"课程建设研讨会（图1），

图1　全国石油类高校"渗流力学"课程建设研讨会（西安石油大学张益提供）

与会高校 16 所，提升了石油工业出版社的品牌形象。出版教材 106 种，占总出版品种的 85%。其中重印教材 62 种次，占教材出版品种的 58%。

【富媒体教材出版】 富媒体教材融合数字技术和教学信息化成果，教材之中通过二维码嵌入，链接上彩图、音频、视屏、动漫、动态图、网页等各种数字资源，提高了教材的立体化，是教材增值服务的有效手段。2017 年作为初创之年，出版了《地震勘探概论（富媒体）》等 8 种富媒体教材(图 2)。教材《页岩气开采技术》《城市燃气专业英语》也采用富媒体技术。该转型方向也为其他编辑部门借鉴使用。

【“9030 行动计划”】 针对 2017 年一季度和上半年生产情况，进行部门年度对标和个人岗位对标，5 月 31 日制订“9030 行动计划”，要在 8 月 31 日前的 90 天内完成 30 本新书出版，责任到人，节点推进，及时通报。通过共同努力，出书 28 种，有力地保证秋季开学用书和 2017 年图书出版规模。

【“五走”成果】 2017 年，外出走访 61 人次，人均 6 次以上；走访的院校 29 所，为历史最多；第一次走访南京大学、延安大学、昆明理工大学、长江大学工程技术学院、长江大学文理学院、东营职业技术学院等 6 所院校，推动了业务拓展。

【创新成果】 按照石油工业出版社“创新发展年”的要求，重视创新工作，与生产、营销、管理、党务工作相结合、相促进，有效提升工作水平。

图 2　石油工业出版社第一本富媒体教材《地震勘探概论》

每种新书在发行站群里发布，利用社内期刊宣传教材，扩大图书影响；封面搭印 76 种次，节约了成本；通过“石油高等院校特色规划教材”的品牌延伸，与多所学校签订了一揽子合作计划；高教职培数字标准党支部张贴于综合楼的“每周经典”，受到广大同事好评。

【获奖情况】 8 种教材获 2017 年中国石油和化学工业优秀出版物奖·教材奖。其中一等奖 4 种：《石油天然气地质与勘探（第二版）》《天然气管道输送（第三版）》《管道及储罐强度设计（第二版）》《石油测井（第三版）》；二等奖 4 种：《计算机地质制图》《石油工程设计（第二版）》《信号分析与处理（第二版）》《地下油气渗流力学（第二版）》。

（徐秀澎）

职业培训出版分社

【概况】 职业培训出版分社（简称职培分社）成立于2015年1月，其前身为石油教材出版分社下设的培训、鉴定教材编辑部，主要从事石油企业培训及鉴定教材的出版工作。2017年，职培分社在职员工11人，出版图书101种，其中新书60种、重印书41种，出版码洋1456.705万元，可销售码洋1376.78万元，销售码洋1033.71万元，毛利润409万元。各项生产经营指标完成情况见图1。6种培训教材获2017年中国石油和化学工业优秀出版物奖，其中2种获一等奖。《保密工作培训教材》获得石油工业出版社单书效益奖。

【培训教材编辑出版】 为策划出成功的培训教材，职培分社员工不断提升以下几个方面能力：编写思路的制定和实现、对作者特点的了解和挖掘、编辑主动策划的热情和能力。2017年，职培分社出版培训教材新版图书60种，其中统编教材13种。职培分社策划了班组长系列、高技能人才培训系列、一线创新成果案例集系列、危险因素辨识与风险防控系列等重点培训教材，并出版《石油钻探企业班组长培训教材》《轻松写好技术论文》等多套图书。其中，《中国石油天然气集团公司保密管理规定条文导读》销售近万册，并成功入选2017年送书项目。

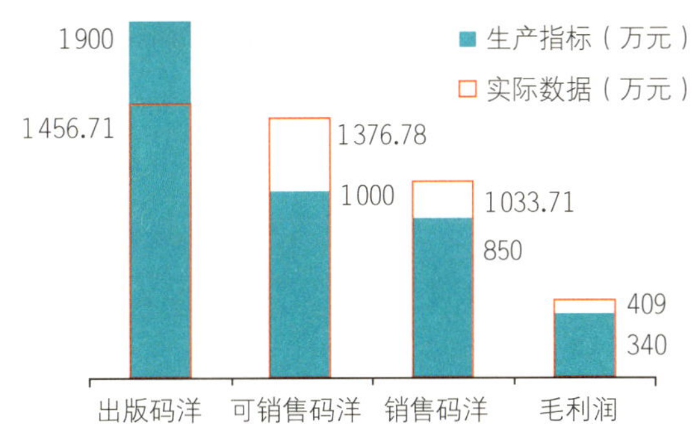

图1 2017年职培分社生产经营指标完成情况

【鉴定教材修订审稿】 鉴定教材是一线操作技能员工技能培训和评价考核的依据和基础，是集团公司操作技能人才队伍建设和技能开发的基础。职培分社于2014年初启动鉴定教材的修订开发工作，按照专业对口、责任到位原则，将教材分解到每位员工。2017年，编辑全方位跟踪32个重点开发工种，配合企业完成各工种的标准、鉴定要求细目表、题库的审核工作，完成88个工种平台审核及52个工种审稿费的发放。职培分社员工深入企业调研指导，积极配合集团公司人事部和各石油企业，参加审稿会13次，完成对52个工种教材审稿工作（图2）。

图 2　2017 年 11 月集团公司职业鉴定标准题库教程审稿会

【统编教材编辑出版】 职培分社在统编培训教材出版过程中侧重现场应用和实际操作，既有应用理论，又有实际案例和操作规程要求。2017 年职培分社出版统编培训教材 13 种，完成第二批 28 种教材的配发工作，组织大纲审定会、初稿审定会 12 次（图 3），完成年初计划的 10 种教材的大纲审定工作。

图 3　2017 年 6 月集团公司统编培训教材评审会

【一线创新成果案例集系列图书出版】 一线创新成果案例集系列图书是职培分社出版的重点图书。职培分社编制套书策划方案，图书内容涵盖生产一线的绝招绝技、技术改革创新、解决难题和安全环保。职培分社协同集团公司人事部面向石油企业征集 11 个专业 1295 个创新创效成果案例，组织专家评审会 8 次（图 4），评优数量达 680 个。系列图书运用数字技术为读者提供增值服务，通过二维码嵌入操作视频、工具原型等，立体化呈现图书内容。其中《采油采气专业一线创新成果案例集》《油气集输专业一线创新成果案例集》出版销售近万册。

图 4 2017 年 6 月一线创新成果案例集系列图书审稿会

【数字出版工作】 近年来，职培分社有序推进数字出版工作，取得丰硕成果。2017 年，职培分社完成长庆油田培训项目光盘（6 个）出版工作，并协同数字出版中心对鉴定教材配套应用油题库 APP 进行升级。截至 2017 年底，《石油企业班组长微视频培训课程》34 个微课脚本审核进入实施阶段，多部图书实现富媒体出版（图 5）。

图 5 2017 年 11 月石油企业班组长微课开发研讨会

【作者资源库建设】 作者资源是图书出版的生命线。职培分社依托鉴定教材、统编教材的开发工作，持续收集整理作者信息，完善作者资源库，为后续选题策划储备作者和专家资源。2017 年职培分社新收录作者信息百余条。

【落实“五走”战略】 职培分社认真落实石油工业出版社“五走”（走出去、走上去、走下去、走进去、走到位）战略部署，取得实效。2017 年，职培分社陆续到大庆油田、西南油气田等企业调研，召开座谈会，搜集信息，挖掘企业培训需求，达成出版协议 23 项，包括《企业基层技术员业务培训教材》《天然气工程技术培训丛书》《岗位练兵手册》等系列教材。

（张传英 吴 亮）

大众图书出版公司

【概况】 2017年，大众图书出版公司通过深入学习贯彻习近平总书记系列重要讲话精神，以及党的十九大精神，坚定政治信仰，明确工作目标任务。在出版过程中坚持把社会效益放在首位、社会效益与经济效益相统一的原则。围绕图书选题策划和市场开拓，通过加强党建和思想政治工作，大力实施管理创新、工作模式创新，把握主旋律和出版趋势，优化选题结构，提高出版质量，较好地完成各项任务，取得较好的成绩。

《中国石油喜迎党的十九大丛书》《中国石油党建系列图书》高质量的出版获得集团公司党组宣传部的认可并致函石油工业出版社党委，对石油工业出版社讲政治、顾大局，优质高效完成上述图书的编辑出版任务表示感谢。大众图书出版公司被中国企业文化研究会评为“2012—2017年度企业文化建设优秀单位”。

【图书出版】 2017年，大众图书出版公司发稿358种图书，其中新书发稿257种、重印书发稿101种。出版图书364种，其中新书270种、重印图书94种。出版总码洋10124.8814万元，其中新版码洋6297.7224万元、重印码洋3827.159万元。可供销售码洋9647.603万元，其中新版5947.284万元、重印3700.319万元。出版数字产品8种，其中英语1种、新编小学古诗词6种、石油员工心理健康手册1种。收入2490.19万元，支出2372.7万元，毛利117.49万元。

【重点项目】 企业文化图书出版项目完成18次审稿计划；规划和建立了党建图书出版规划、思路和目标，以及党建类图书的出版计划。出版党建类图书两套共8册，获得集团公司党委宣传部的肯定和表彰。其中《中国石油喜迎党的十九大丛书》入选2017年集团公司送书项目，收入323.89万元。《中国石油党建系列丛书》在集团公司各企事业单位征订销售70000余册，销售收入520余万元。

【重要工作】 积极布局并落实党建图书出版规划。2017年10月党的十九大胜利召开，大众图书出版公司年初开始布局党建类图书的出版规划，召开党建类图书作者座谈会。为做好党建类图书的出版，多次到国务院国资委党建局、国务院国资委研究中心、清华大学党建研究中心、吉林大学党建研究中心、兵器国企党建杂志社、中国海油党建、大庆油田人才学院、北京石油管理干部学院、长庆油田培训处，以及党校出版社和党建出版社等单位调研、合作洽谈，形成了出版党建类图书的思路、规划和目标，建立党建作者资源。

组织策划《中国石油喜迎党的十九大丛书》《中国石油党建系列丛书》，通过3个月的艰苦决战，于10月中旬正式出版，社会效益与经济效益双丰收。

为集团公司企业文化建设提供支撑。为更好地服务集团公司企业文化建设，大众图书出版公司成立了企业文化建设研究小组。2017年6月15日至28日，中央企业党代会在中国石油科技交流中心召开。为展示中国石油企业形象，按照集团公司党组副书记、副总经理徐文荣指示要求，在集团公司思想政治工作部的领导下，圆满完成中国石油科技交流中心文化墙设计装饰等任务，保证中央企业党代会顺利召开，得到集团公司思想政治工作部和中国华油集团公司的表扬和认可。2017年11月初，在廊坊召开的上合组织职工技能大赛会议上，一周内高质量完成集团公司思想政治工作部《"一带一路"上的中国石油》报告。截至2017年底，已完成《集团公司企业文化手册》修订方案的提出和2018年企业文化及基层建设出版项目的策划。

构建社科阅读图书出版品牌。2017年，为了构建社科阅读图书出版品牌，大众图书出版公司与中国科学院自然科学所、中国科学院网络科普联盟、中国科学院古脊椎所、中国中医科学院等单位进行多次沟通，意向出版现代科普丛书、恐龙大百科、中国古代科技文明丛书（儿童版）、本草科普系列图书；与香港《明报月刊》的洽谈达成出版国学系列丛书的协议；与《环球人物》（《人民日报》子刊）多次沟通，达成意向出版影响改革开放进程人物系列图书；与新光传媒洽谈达成意向出版青少年科普系列图书（包括非书类文创产品）。

推动英语图书创品牌上规模。2017年，为了实现英语图书创品牌上规模，在做好英语品牌图书的前提下，积极策划从小众品牌到大众英语的出版。在引进版图书方面，分别与锐拓、一览文化、安德鲁、博达等多家版权代理，以及新版代理德国海格立斯、意大利牛牛文化等公司进行沟通和洽谈，达成引进《我的中英双语活字典》《超有趣的英语单词故事书·小鳄鱼牙牙》系列等在国外非常畅销的青少年英语学习图书。与土豆英语达成合作打造《国民英语》品牌的计划。

【获奖图书】《油气大趋势》获2017年度第27届全国石油石化企业管理现代化创新优秀著作一等奖；《从"心"出发》《能源+能源公司的转型之路》《宝石花开春满园：中国石油品牌故事》《企业党建创新实践案例集》《弘扬"石油精神"学习读本》获2017年度第27届全国石油石化企业管理现代化创新优秀著作三等奖；《油气大趋势》责任编辑曲会获得优秀编辑奖。《野百合》《石油上的人》《潜山之歌》《路漫漫》《玛依塔柯之恋》获得第四届中华铁人文学奖。

（鲜德清）

人力资源出版中心

【概况】 人力资源出版中心成立于2016年12月，下设《中国石油组织史》编辑部、《石油人力资源》期刊编辑部。主要从事《中国石油组织史资料》系列丛书编纂出版、《石油人力资源》办刊发行、《石油技师》策划出版等业务，并在此基础上，向集团公司人事部及各企事业单位组织人事部门提供组织人事等相关领域图书、数字出版物的策划出版及运维服务。2017年，人力资源出版中心出版图书57种（新书56种，包含电子产品5种），其中组织史出版50种；《石油技师》辑刊4期，出版码洋2942万元；《石油人力资源》出版4期；《石油教育》出版1期（根据期刊变更协议，《石油教育》2017年第1期由石油工业出版社人力资源出版中心出版）。部门员工总数9人。

【《石油技师》辑刊】《石油技师》是集团公司人事部和石油工业出版社联合主办的面向集团公司高技能人才的辑刊。该刊创办于2012年，作为内部刊物运行。集团公司人事部组建《石油技师》编委会，石油工业出版社设立《石油技师》编辑部。《石油技师》设置技师动态、技师风采、带徒传技、班组管理、经验分享、现场疑难分析与处理、技术革新和技能专家教诀窍等栏目，形式多样、内容丰富、图文并茂，宣传高技能人才先进事迹、传播技术和管理经验。《石油技师》已成为集团公司高技能人才技术交流、经验分享、成果发布、风采展示的重要平台，影响广泛。2017年，由职业培训分社转到人力资源出版中心运行，当年收稿1100余篇，出版4期，刊发稿件120篇，订阅量17900份。

【《中国石油组织史资料》系列丛书】 2017年，《中国石油组织史资料》系列丛书的编写出版分为三个层次进行，《中国石油组织史资料·总部卷（2014—2015）》编纂工作全力推进，在成都召开编纂培训及对接会。企业卷出版38种，基层卷出版12种，共出版50种。其中含《中国石油大庆油田组织史资料》的5种电子书，迈出《中国石油组织史资料》数字化出版使用的第一步。2017年《中国石油组织史资料》系列图书出版码洋2327.76万元。

2017年11月，集团公司组织史资料编纂出版表彰会在成都召开，表彰《中国石油组织史资料》总部卷编纂工作启动以来表现突出的优秀组织单位、优秀个人和优秀著作，充分体现集团公司对《中国石油组织史资料》系列丛书编纂出版工作的肯定（见图）。

图　2017 年 11 月，《中国石油组织史资料》系列图书捐赠仪式

【《石油人力资源》期刊】 2016 年 12 月，集团公司人事部下发《关于整合集团公司人事业务期刊的通知》（人事〔2016〕427 号），将原《石油教育》与《石油人力资源》内刊整合成为《石油人力资源》期刊，并由石油工业出版社正式出版。

2017 年 6 月，经国家新闻出版广电总局批复，《石油人力资源》创刊。《石油人力资源》是专门研究石油石化行业人力资源管理和人才培养教育问题的综合类期刊，面向国内外公开发行。以“提升人力资源管理、助力石油人才成长”为发展理念，围绕石油石化行业人力资源管理和人才培养教育工作大局，宣传党和国家方针政策和法律法规，探索人力资源和人才培养理论，交流组织人事工作经验和实践成果，介绍国内外先进理念和方法，提升石油石化企业组织人事工作管理水平，助力校企人才培养合作和石油教学改革，为石油石化企业组织人事工作者、各级管理人员、石油教育培训工作者以及广大石油员工提供借鉴和帮助。

2017 年，《石油人力资源》征订 4000 份，出版 4 期。主要栏目包括专稿（特别策划）、人事动态、HR 前沿、干部人才、劳动工资、教育培训、企业党建、企业管理、员工关怀、案例分享等栏目，还按需要不定期设置论点摘编、史事通鉴、学习园地、互动话题、石油人才、标杆团队等栏目。

【获奖情况】 2017 年，《中国石油长庆油田组织史资料（1970—2013）》获石油工业出版社优秀图书一等奖，《中国石油大庆石化组织史资料》《中国石油大港油田组织史资料（1964—2013）》《中国石油西部钻探公司组织史资料》获得石油工业出版社优秀图书二等奖。李廷璐和周勇获得集团公司中国石油组织史资料编纂工作先进个人称号。李廷璐撰写的论文《经管类图书的选题策划与整合营销传播策略》获中国科学技术协会《新媒体研究》颁发的论文一等奖，《浅析自媒体背景下图书推广的研究》获新华通讯社《中国传媒科技》颁发的论文一等奖。

（王文佳）

数字出版中心

【概况】 数字出版中心成立于2014年9月，是落实石油工业出版社数字出版转型升级和融合发展的业务总枢纽和具体实施部门，依托石油工业出版社60余年积累的丰富内容资源，利用互联网新技术构建新兴数字出版产品，为石油行业用户提供快速、便捷、精准的知识信息服务。2017年部门招聘新员工3名，部门员工总数19人。2017年，数字出版中心开发新产品10个，迭代升级产品10项，同比增长25%；通用资源数字加工4373种，产品资源数字加工5565种，同比增长31%；总收入478万元，同比增长66%；总用户数93147人，同比增长41%；点击量113万人次，同比增长180%。数字出版工作得到业界认可，2017年获数字出版各类奖项9个，数字出版整体工作呈现较好的发展趋势。

【党建微课】 党建微课是为集团公司党建信息化平台建设提供的党员在线学习内容。石油工业出版社邀请中央党校专家和中国石油内部专家，成立党建微课开发项目组，制定微课编审相关流程，通过九大环节，保障微课开发的专业性和权威性。2017年上线《中国共产党问责条例》《中国共产党廉洁自律准则》两个系列22节动画微课。

【石油安全环保知识服务平台】 安全环保知识服务平台是为石油行业员工安全生产提供的知识服务平台（图1）。平台将安全相关资源（图书、标准、期刊等）进行结构化、碎片化、知识化加工处理，打破传统图书分类方式，抽取石油行业图书中的知识因子并将其重组，进行结构形式上的归纳、选择、整理，确定了法律法规、工具的安全使用、标准化操作、危险化学品快速查询、典型案例和应急处置等模块，并且通过这些模块之间的内在联系将其有机地结合起来，形成集学习、查询于一体的综合知识产品。平台收录资源8000余条，其中法律法规600余条、工具300余种、标准化操作800余条、危险化学品3000余种、典型案例700余条和应急处置3000余条。

【中国石油年鉴网】 中国石油年鉴网是石油年鉴史志专业网站，汇聚和整理现有年鉴史志图书数据，以规范化数据库形式展现和使用，提供模糊检索和高级检索功能实现资源精准推送。下设企业年鉴、企业志书、志鉴图片、石油历史、大事记、石油老照片、图书石油人物、石油档案、专题专栏、石油故事、最新动态、年鉴研究、获奖荣誉等栏目，是石油年鉴史志查询、阅读、学习、研究与交流的一站式知识服务与共享平台。

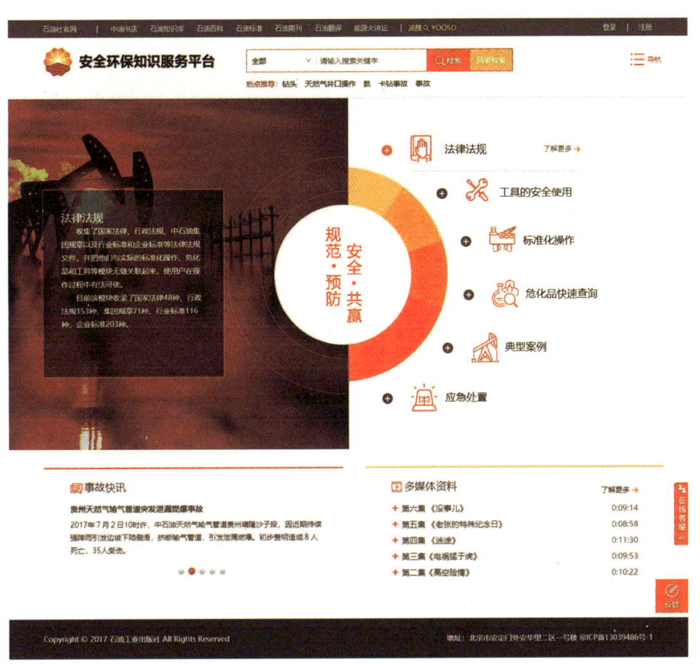

图 1　安全环保知识服务平台首页

【富媒体阅读服务平台】 富媒体阅读服务平台主要是为纸书提供增值服务的内容管理和发布平台。编辑通过 PC 端图书资源内容管理，上传图书多媒体资源，如图片、音频、视频等文件，在图书中资源对应位置印刷二维码，用户应用微信端通过扫描二维码实现图书增值资源内容阅读。

【中国石油技术利器】 中国石油技术利器是中国石油技术有形化推广平台，利用移动互联网新技术汇聚中国石油各个领域配套技术和单项技术，以互联网技术手段进行推广，实现规模化应用，形成技术资产传承共享。中国石油技术利器移动推广渠道包括微信平台和独立 APP 应用（图 2）。

【第一门网络课程】《油气渗流力学》网络课程是石油工业出版社开发的第一门网络课程，用多媒体技术表现课程的重点和难点，通过移动端展现，达到时时能学、处处可学的目的。网络课程严格按照 Html 5 规范进行开发，在互联网络环境或本地打开使用，实现 PC 端和手机端同步应用，已正式接入“数字石油学院”平台上线推广（图 3）。

【数字出版平台自动化运维】 石油工业出版社数字产品自动化运维是指通过自建 GitLab 平台托管代码，GitLab runner 进行持续集成、持续部署，编译构建存储 Docker 镜像，公有云触发器触发拉取镜像操作，通过 Docker swarm 编排的服务自动更新等一系列步骤。采用自动化运维的产品可以快速迭代开发上线、缩短部署时间，避免了中间编译环境和开发人员的不同所产生的一系列问题，可以随时随地通过任意一部手机或电脑设备来改写代码。该系统具有拉进产品经理与开发人员的距离、方便追踪统计应用 bug、出现问题后可快速回滚代码等优点。

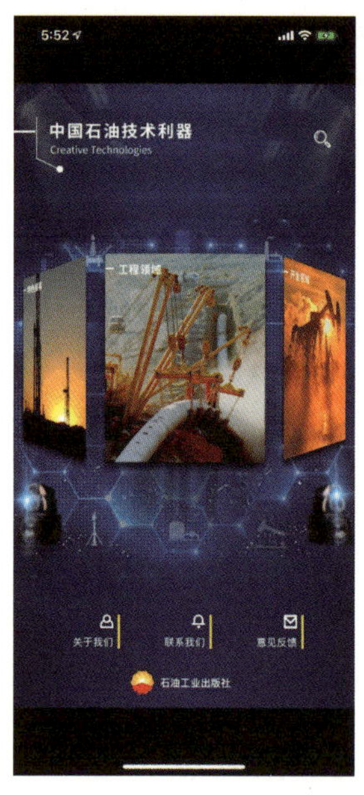

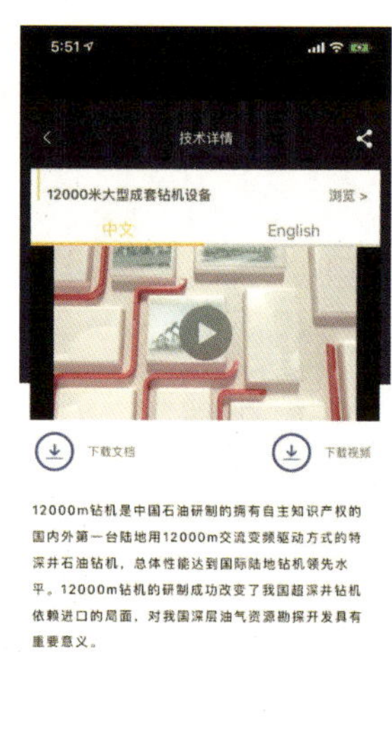

图 2　中国石油技术利器 APP

图 3　《油气渗流力学》网络课程

【数字出版“五走”工作】 2017 年，数字出版中心贯彻落实石油工业出版社“五走”方针，深入开展数字出版产品调研和应用，调研大庆油田勘探开发研究院、西南石油大学等 29 家石油企业和院校，北方交通大学出版社、地质出版社等 19 家出版单位，上海睿泰集团、百分点、中文在线等 25 家技术开发公司和电子书销售平台单位，为石油工业出版社产品立项、技术选型、数据库销售和体制创新提供可靠依据。

【获奖情况】 2017 年数字出版中心组织参与数字出版行业多项评选活动，获得多项荣誉和奖项。石油职业培训模拟仿真（VR）系统在 2017 年北京图书订货会上获得“十佳出版新技术应用企业奖”，并在第七届数字出版博览会上获得“2016—2017 年数字出版创新作品奖”。石油工业出版社在第七届数字出版博览会上获得“2016—2017 年数字出版创新企业奖”，同时被授予“数字版权保护技术应用产业联盟会员单位”。“石油百科智能知识互动服务平台”和“钻井事故与复杂问题决策支撑及应用”分别获得中国音像与数字出版协会“数字媒体设计”创意大赛提名奖和优秀奖。“党建系列微课”在北京国际文化创意产业博览会上获“数字出版创新奖”。石油工业出版社官微被评为“2017 年度全国书业最受欢迎公众号”（图 4 至图 8）。

图 4　2017 北京图书订货会“十佳出版新技术应用企业”

图 5　全国书业 2017 年度“最受欢迎公众号”

图 6　百道网 2017 年度专业知识服务品牌

图 7　“钻井事故与复杂问题决策支撑及应用”获“数字媒体设计”创意大赛优秀奖

图 8　“石油百科智能知识互动服务平台”获“数字媒体设计”创意大赛提名奖

（刘　玮）

标准与安全图书出版分社

【概况】 标准与安全图书出版分社（简称标准安全分社）成立于 2015 年，负责石油安全环保图书的出版及石油天然气行业标准、中国石油天然气集团公司企业标准的出版、发行。设安全图书编辑部、标准编辑部、标准发行部 3 个部门，员工 13 人。

2017 年出版标准、图书等 653 种，出版码洋 1986 万元。其中，出版图书 29 种（含重印图书 6 种），出版码洋 658 万元；出版标准 623 种（含重印标准 35 种），出版码洋 1288 万元；数字出版物 1 种，出版码洋 40 万元（表 1）。

新书出版品种完成率 115%，图书出版总品种完成率 107%，出版码洋完成率 110%，可销售码洋（图书加数字出版物）完成率 104%，标准销售收入完成率 113%。2015—2017 年标准发行情况见表 2。

表 1 2015—2017 年标准与安全图书出版分社出版情况

年 份	图 书		标 准		数字出版物		合 计	
	品种（种）	码洋（万元）	品种（种）	码洋（万元）	品种（种）	码洋（万元）	品种（种）	码洋（万元）
2017	29	658	623	1288	1	40	653	1986
2016	33	993	529	943	2	50	564	1986
2015	17	382	461	1064	4	340	482	1786

表 2 2015—2017 年标准发行情况

年 份	发货码洋（万元）	开票金额（万元）	回款金额（万元）
2017	656	503	484
2016	607	504	422
2015	675	662	606

【安全图书出版】 2017 年，配合集团公司安全生产形势，策划出版《安全环保法律法规 石油石化员工实务读本（2017 年版）》《预见风险：石油石化员工 HSE 风险预控与辨识手册》《千“忽”万“患”：石油石化员工习惯性违章典型案例剖析》《事故防控策略与技术》等安全图书。开展图书定制服务，为西南油气田定制出版《中国石油西南油气田安全工作规范手册》。

【标准出版】 2017 年，拓宽标准的出版范围，出版发行能源行业煤层气标准和页岩气标准。除能源行业深海标准外，其他涉及石油上游领域的行业标准，均在标准与安全图书出版分社出版发行。2017 年初在大庆油田首次召开标准类图书著译者座谈会，明确标准类图书的出版方向，确定《石油钻采技术标准化培训教程》各分册内容及编写进度。

【标准发行】 2017 年，横向上维护好已建立的 17 个标准发行分站，同时开拓各省、市多家社会书店进行补充；纵向上与板块标准化管理部门及各专业标准化委员会加强沟通联系，借助其平台宣传征订标准；通过博客、QQ 群、公共邮箱、“石油标准发行站”微信公众号等渠道发布标准信息，建立了覆盖各大油田及企事业单位的立体营销网络。

【重点项目】 2017 年，出版《恪守红线：新形势下企业安全环保工作的思考与探索》，对集团公司安全环保工作的做法和经验进行系统的总结，提出在新形势下石油企业如何做好安全环保工作的思路和措施。该书 2017 年销售近 10000 册。

【数字化产品】 2017 年，对石油工业出版社第一个数字化产品《石油安全大全》进行迭代升级，更新其中废止替代的部分内容。开展《石油安全大全》产品定制服务，根据用户需求，加装内容。出版《石油天然气行业标准 U 盘》以及《红线——石油天然气 HSE 警示案例教育》系列微电影。

【“五走”成果】 2017 年，走访 12 家石油企事业单位，了解基层对安全图书和标准的需求，挖掘图书选题；走访 5 家图书及标准发行站，对部分标准发行站进行维护和指导。

【获奖情况】 2 种图书获 2017 年全国石油石化企业管理现代化创新优秀著作奖，其中一等奖 1 种（《恪守红线：新形势下企业安全环保工作的思考与探索》）、二等奖 1 种（《事故防控策略与技术》)。4 种图书获 2017 年中国石油和化学工业优秀出版物奖，其中一等奖 1 种(《预见风险：石油石化员工 HSE 风险预控与辨识手册》)、二等奖 3 种(《千“忽”万“患”：石油石化员工习惯性违章典型案例剖析》《最优化钻井理论基础与计算》《油气田企业能效对标》)。

(宋向程)

年鉴与史志出版分社

【概况】 年鉴与史志出版分社(简称年鉴史志分社)是在 1995 年成立的年鉴编辑部基础上于 2015 年组建而成。2017 年，出版品种 23 种，其中新书 20 种、电子出版物 2 种，出版码洋 583.7 万元，《石油老照片五》列入送书项目；实现利润 100 万元(表 1)。

2017 年，组织了首次“集团公司年鉴编撰培训班”和“集团公司年鉴编纂创新研讨会”；“中国年鉴网”上线试运行。

2017 年底，1 名员工退休，员工总数 7 人。

表 1 年鉴史志分社 2015—2017 年主要生产经营情况

指标	2017 年	2016 年	2015 年
出版品种(种)	23	22	19
出版码洋(万元)	583.7	621.5	625
其中电子出版物	25.8	15.6	0
可销售码洋(万元)	144.9	166.7	—

【集团公司年鉴工作】 为提升《中国石油天然气集团公司年鉴》品质开展以下工作：(1)发挥年鉴编辑部的“总纂”作用：加强对年鉴框架、条目设置、内容撰写等的深入研讨和策划指导，提升年鉴编纂质量、凝练文字内容、突出记载重点，增强资料性、可读性。(2)提升编辑加工质量：加强编辑加工、复审工作，提高编辑加工水平；组织全体编辑利用 3 周时间通读付型样，研讨确定解决发现的问题，统一编辑加工要求和规范，把好出版文字质量关。(3)增加内容表现形式，增加插图、二维码。

加强营销工作。加强集团公司年鉴推广和应用，与广告和营销部门协同工作，加强与作者单位的联系和沟通，企业彩页与图书光盘销售收入都有所增长。

加强和年鉴撰稿人的日常沟通交流。“中石油年鉴—结缘油鉴”QQ 群有 240 余名成员，可以及时通知事项、催交稿件、研讨问题等，编辑与撰稿人的密切联系对年鉴工作有很好的帮助和促进。

【史志类图书编辑出版】 2017年，出版年鉴史志类图书15种，出版码洋387.6万元。截至2017年底，年鉴史志分社出版的企业年鉴图书有10种（表2），2015—2017年编辑出版史志类图书有11种（表3）。3人6次走出去到新疆销售公司、广西石化公司等单位讲授年鉴编撰要求，为企业培训志鉴撰稿人。

20人次走出去到西南油气田公司、川庆钻探公司、物资公司沧州分公司等8家单位，开展企业单位年鉴志书调研，开发选题，同时协助做好编撰指导工作。

表2 年鉴史志分社编辑出版的企业年鉴

序　号	图书名称
1	中国石油玉门油田公司年鉴
2	中国石油天然气股份有限公司冀东油田分公司年鉴
3	长庆油田矿区服务事业部年鉴
4	兰州石化公司年鉴
5	中国石油上海销售公司年鉴
6	中国石油浙江销售公司年鉴
7	中石油新疆销售有限公司年鉴
8	中国石油西部管道公司年鉴
9	中国石油西部钻探工程公司年鉴
10	中国石油长城钻探工程公司年鉴

表3 2015—2017年年鉴史志分社编辑出版的史志类图书

序　号	图书名称
1	中国石油编年史（第二版）
2	大港石化公司志（1965—2014）
3	涪陵国家级页岩气示范区钻井会战志（2013—2015）
4	绥中36-1油田志（1987—2010）
5	新疆油田公司勘探开发研究院志（1958—2015）（光盘）
6	新疆油田公司勘探开发研究院志（2009—2015）
7	胜利油田地质科学研究院志（2001—2010）
8	胜利油田井下作业公司志（2006—2015）
9	胜利油田油气集输总厂志（2005—2015）
10	辽宁石油销售口述史
11	石油老照片五

【首次召开“集团公司年鉴编纂创新研讨会”】 2017年3月3日，在石油工业出版社召开首次“集团公司年鉴编纂创新研讨会”，邀请年鉴业界专家研讨交流，为集团公司年鉴创新发展提建议、指方向（图1）。

【首届“集团公司年鉴编撰培训班”】 2017年3月29—31日，在广州石油培训中心举办首届“集团公司年鉴编撰培训班”，对集团公司总部机关及企事业单位近200位年鉴工作负责人、审稿人及撰稿人进行3天6个课时的系统知识培训，在培训班上编辑部进行了“集团公司年鉴编撰要求”授课培训（图2）。

图1 集团公司年鉴编纂创新研讨会上专家交流发言

图 2　2017 年 3 月 29—31 日，集团公司首次年鉴编撰培训班在中国石油广州培训中心举办

【塔里木出版中心工作】 2017 年，协助石油科技图书出版分社落实“塔里木油田丛书”10 余种。依托塔里木油田出版中心，深入开展新疆地区年鉴志书开发及组稿工作，已经落实塔里木油田、吐哈油田及新疆销售等 9 家单位的选题工作。

【中国石油年鉴网试运行】 2016 年提出建设年鉴网的设想，经过前期调研提出初步方案并多次反复沟通，2017 年签订建设合同。年鉴网平台 2017 年 12 月上线试运行，由此开始了中国石油鉴志工作的数字化新时代（图 3）。

图 3　中国石油年鉴网主页

【《中国石油科技成果获奖全书》立项】《中国石油科技成果获奖全书》立项，项目起止年限：2017 年 7 月至 2019 年 6 月，将从新中国成立 1949 年到 2015 年正式被国家、石油工业部、中国石油授予科技奖励的近 5000 项获奖成果资料全面收集、分类归纳、研究分析、系统总结，编写形成《中国石油科技成果获奖全书》，初步计划为 11 个分册，包括总论、总目及 9 个专业分册。《中国石油科技成果获奖全书》的编写研究，全面、系统、权威地呈现不同专业在不同时段的创新成果，展现中国石油科技进步历程，不仅具有重要的史料价值，对科研工作者深入系统了解专业发展背景、明确研究方向，以及科技管理者加强科研项目指导、推出科技成果奖励，有重要的参考价值。

【获奖情况】《中国石油天然气集团公司年鉴 2015》获中国版协年鉴工作委员会 2015—2016 年度年鉴编校质量评比特等奖，《中国石油天然气集团公司年鉴 2014》获 2016 年中国石油和化学工业优秀出版物奖图书奖一等奖（图 4）。

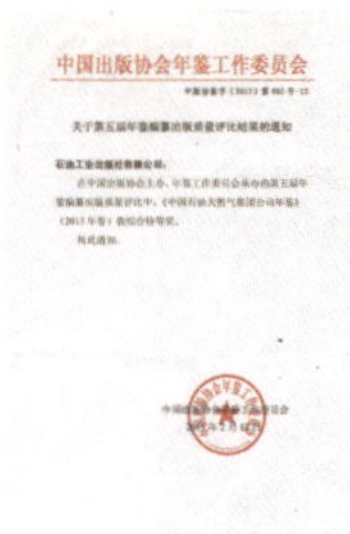
中国出版协会年鉴工作委员会

荣誉证书

《中国石油天然气集团公司年鉴》（2015 年卷）获2015—2016 年度年鉴编校质量检查评比特等奖。

特发此证，以资鼓励。

中国出版协会年鉴工作委员会

二〇一七年三月[illegible]日

荣誉证书

《中国石油天然气集团公司年鉴（2014）》获得 2016 年中国石油和化学工业优秀出版物奖·图书奖一等奖。

特颁此证，以资鼓励。

著作责任者：中国石油天然气集团公司

责任编辑：王宇芬、赵冬梅、付　红、杨天龙

中国石油和化学工业联合会

二〇一七年一月

图 4　获奖证书及文件

（马　纪　付　红）

期刊出版分社

【概况】 期刊出版分社成立于 2015 年 1 月，其前身为科技图书出版分社期刊编辑部，主要负责《中国石油勘探》《石油科技论坛》两种期刊与《采油工程文集》《天然气文集》《低渗透油气田勘探开发文集》《古潜山勘探开发文集》4 本文集及《塔里木石油与天然气》（内部资料）的编辑出版工作（图 1、图 2）。2017 年，期刊出版分社圆满完成生产经营任务（表 1、表 2）；同时注重数字出版工作，不断丰富出版途径，为读者提供新颖、多元化的阅读体验。2017 年 11 月新分配 1 名应届毕业生，部门员工总数 10 人。

图 1　2017 年 1 期至 6 期《中国石油勘探》期刊

图 2　2017 年 1 期至 6 期《石油科技论坛》期刊

表 1　2015—2017 年期刊生产经营情况

年　份	《中国石油勘探》			《石油科技论坛》		
	期数	文章数	重点文章数	期数（含增刊）	文章数（含增刊）	重点文章数
2015	6	58	12	7	143	17
2016	6	79	17	7	145	18
2017	6	81	20	7	120	20

表 2　2015—2017 年图书生产经营情况

年　份	《采油工程文集》		《天然气文集》		《低渗透油气田勘探开发文集》		《古潜山勘探开发文集》		其他图书	
	期数	码洋（万元）	期数	码洋（万元）	期数	码洋（万元）	期数	码洋（万元）	品种（种）	码洋（万元）
2015	4	24	4	22.4	2	12	2	6	2	5.08
2016	4	24	4	22.4	2	12	2	6	2	26.2
2017	4	24	4	12.8	2	12	2	4.8	1	24.0

【创新工作】（1）与超星公司合作，《中国石油勘探》《石油科技论坛》成功登录超星 APP 移动端。（2）《中国石油勘探》《石油科技论坛》公众号与石油工业出版社官微、“石油百科”公众号展开合作，向广大读者、作者推介每期新文。（3）与北京仁和汇智等公司合作，完成《中国石油勘探》官网 Html 模块的添加，实现期刊内容的动态化。（4）坚持开门办刊，组织多次期刊座谈会，邀请业内优秀期刊的主编或资深编辑交流办刊理念与经验，共同探讨刊物发展、成长的可行之法；参加集团公司期刊集群平台及中国知网学术期刊转型与融合发展合作方案沟通会，与同行广泛学习交流。（5）持续开展期刊走进油田和科研院校授课宣传工作，为油田职工及在校师生讲授石油科技论文写作知识，发掘潜在作者队伍，争取更多的优秀稿件。

【《中国石油勘探》编辑出版】　为了提高《中国石油勘探》稿件质量，提升学术地位，积极关注行业前沿动态，及时报道近期油气勘探成果、未来主要勘探对象与潜力，以及创新性、实用性技术。总结提炼 2016 年 5 月在北京召开的“第一届油气地质工程一体化论坛”的优秀报告，于 2017 年第 1 期出版了国内油气行业第一个以“地质工程一体化”为主题的专刊，分享了近年来地质工程一体化工作的多样性成果，提出有实用意义的建议及发展思路。

尝试与相关石油专业委员会协作组织专业性、学术性会议或活动，积极培育和扩大期刊在行业内的品牌效应，寻求多方共赢，协同发展。2017 年 7 月协助中国石油学会石油工程专业委员会在北京召开“第二届油气地质工程一体化论坛”，通过更具针对性、指导性的探讨，推进油气地质工程一体化的动态发展。参加多个专业会议，关注行业前沿动态，积极约稿，搭好每期主题框架，策划专刊出版。

《中国石油勘探》英文网刊全部上线，供国内外学者下载、阅读；开展期刊国际化工作，制作《中国石油勘探》英文宣传册，与中国石油勘探开发研究院合作在国外发放，使刊物走向世界，扩大国际影响力。

【《石油科技论坛》编辑出版】 明确期刊定位，加强选题策划，立足“科学发展”和“自主创新”两大主题组织报道内容，2017 年分别对行业发展趋势、低油价应对、科技战略、技术创新体系、项目制管理、成果转化应用、石油关键技术与前沿技术进展等进行研讨。加强审稿专家队伍建设，严格论文审查程序，确保文章的科学性、创新性；精细编辑加工，与作者深入讨论、修改完善稿件，提升稿件论述的翔实性和可读性。期刊编排上，用封面标题和目次页导读文字引导读者阅读，配合完善当期主题。在集团公司科技管理部的指导下，出版了一期专刊和一期增刊，专刊介绍集团公司重大推广专项成功典范——连续管作业技术的组织管理与推广应用经验，增刊系统介绍集团公司 2016 年自主创新重要产品，发挥《石油科技论坛》宣扬技术创新成果、促进成果转化应用的宣传平台作用。

【成果及获奖】 2017 年，《中国石油勘探》入编《中文核心期刊要目总览》和“中国科技核心期刊”；2017 年影响因子为 2.654，在“石油天然气工程类”期刊中排名升至第二位；获“2016 石油工业出版社优秀出版物一等奖”。《石油科技论坛》入选“RCCSE 中国核心学术期刊（A）”；被国家社会科学基金特别委托项目——国家哲学社会科学学术期刊数据库全文收录（图 3 至图 5）。

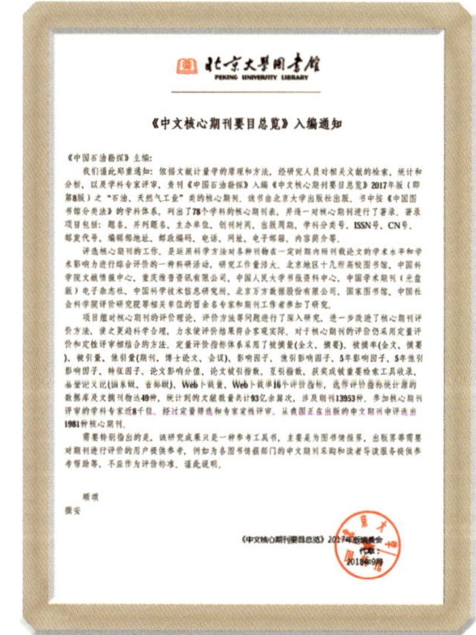

北京大学图书馆
PEKING UNIVERSITY LIBRARY

《中文核心期刊要目总览》入编通知

《中国石油勘探》主编：

我们谨此郑重通知：依据文献计量学的原理和方法，经研究人员对相关文献的检索、统计和分析，以及学科专家评审，贵刊《中国石油勘探》入编《中文核心期刊要目总览》2017年版（即第8版）之“石油、天然气工业”类的核心期刊。该书由北京大学出版社出版。书中按《中国图书馆分类法》的学科体系，列出了78个学科的核心期刊表，并逐一对核心期刊进行了著录。著录项目包括：题名、并列题名、主办单位、创刊时间、出版周期、学科分类号、ISSN号、CN号、邮发代号、编辑部地址、邮政编码、电话、网址、电子邮箱、内容简介等。

评选核心期刊的工作，是运用科学方法对各种刊物在一定时期内所刊载论文的学术水平和学术影响力进行综合评价的一种科研活动。研究工作量浩大。北京地区十几所高校图书馆、中国科学院文献情报中心、重庆维普资讯有限公司、中国人民大学书报资料中心、中国学术期刊（光盘版）电子杂志社、中国科学技术信息研究所、北京万方数据股份有限公司、国家图书馆、中国社会科学院评价研究院等相关单位的百余名专家和期刊工作者参加了研究。

项目组对核心期刊的评价理论、评价方法等问题进行了深入研究，进一步改进了核心期刊评价方法，使之更趋科学合理，力求使评价结果符合客观实际。对于核心期刊的评价仍采用定量评价和定性评审相结合的方法。定量评价指标体系采用了被摘量(全文、摘要)、被摘率(全文、摘要)、被引量、他引量(期刊、博士论文、会议)、影响因子、他引影响因子、5年影响因子、5年他引影响因子、特征因子、论文影响分值、论文被引指数、互引指数、获奖或被重要检索工具收录、基金论文比(国家级、省部级)、Web下载量、Web下载率16个评价指标，选作评价指标统计源的数据库及文摘刊物达49种，统计到的文献数量共计93亿余篇次，涉及期刊13953种。参加核心期刊评审的学科专家近8千位。经过定量筛选和专家定性评审，从我国正在出版的中文期刊中评选出1981种核心期刊。

需要特别指出的是，该研究成果只是一种参考工具书，主要是为图书情报、出版等需要对期刊进行评价的用户提供参考，例如为各图书情报部门的中文期刊采购和读者导读服务提供参考帮助等，不应作为评价标准。谨此说明。

顺颂

撰安

《中文核心期刊要目总览》2017年版编委会

代章：

2018年9月

图 3 《中国石油勘探》入编《中文核心期刊要目总览》通知

ISTIC

中国科技核心期刊

（中国科技论文统计源期刊）

收录证书

中国石油勘探

经过多项学术指标综合评定及同行专家评议推荐，贵刊被收录为“中国科技核心期刊”（中国科技论文统计源期刊）。

特颁发此证书。

中国科学技术信息研究所

Institute of Scientific and Technical Information of China

北京复兴路 15 号 100038 www.istic.ac.cn

2017 年 10 月

图 4 《中国石油勘探》获“中国科技核心期刊”收录证书

证书
CERTIFICATE

《石油科技论坛》：

在第五届《中国学术期刊评价研究报告（武大版）（2017-2018）》中，贵刊被评为“RCCSE中国核心学术期刊（A）”。

特发此证。

武汉大学中国科学评价研究中心(RCCSE)
武汉大学图书馆
中国科教评价网(www.nseac.com)

二零一七年一月

图 5 《石油科技论坛》获“RCCSE 中国核心学术期刊（A）”收录证书

（陈益卉）

能源经济项目部

【概况】 2017 年，按照石油工业出版社的部署要求，能源经济项目部认真开展能源大讲坛、能源热点问题高层论坛和相关图书的选题策划及出版以及《中国油气》杂志的出版和改版工作，特别是推出“一带一路”专刊，开拓市场，服务大局，亮点突出，圆满完成各项任务指标。

与国际能源署、北京国际能源专家俱乐部、中国石油大学、中国人民大学、中国能源网等国内外权威能源团队以及能源专家建立良好的合作关系，一批高水平的专家成为能源大讲坛的演讲嘉宾，包括国家能源局原局长张国宝、国际能源署署长法蒂·比罗尔、国际能源署首席经济学家拉斯洛·瓦罗、中国科学院院士邹才能等。2017 年，策划举办 8 期能源大讲坛，针对能源热点问题，解读方针、政策，深入剖析形势、走势，在业内形成良好的口碑。

2017 年 4 期《中国油气》杂志按时、保质保量出版。特别是为配合集团公司主办的“一带一路”油气合作圆桌会议，推出“一带一路”专刊，采用中英文对照的形式，起到良好的宣传作用。工作得到集团公司国际合作部的肯定，《中国油气》追加投入 100 万元（图 1）。

在西南石油大学、西南油气田天然气经济研究所、《天然气工业》杂志社等单位召开著译者座谈会，取得实质性成果。

深入贯彻“五走”方针，调研走访优秀期刊社、油田研究院所、西南石油大学等，拜访新一届编委会成员，听取专家意见，明确办刊方向。

【能源经济图书出版】 2017 年，能源经济项目部出版图书 23 种次，出版总码洋 744.3 万元，可

图1 《中国油气》杂志

销售码洋260.7万元。其中新书16种，重印图书7种次。总成本405万元（生产成本225万元、人工成本180万元），回款683万元，利润278万元。

能源经济项目部继续巩固优势板块，引进图书的水平越来越高，原创图书的水平也得到很大提升，在业内和市场上形成了影响力。引进版权的《世界能源展望中国特别报告》《中国分布式能源前景展望》《能源世界是平的》《油气大数据分析利用》《创新你的思想》等重点图书是石油工业出版社图书出版的亮点之一，引起集团公司领导和行业内专家的高度重视。本版图书以原创为主，《中国能源政策解读》《中国天然气发展报告》《全球能源新闻索引》《页岩战略》等图书产生巨大社会反响（图2）。

图2 重点图书

【“一带一路”能源资源投资风险指数和评估报告发布】 2017年1月15日，由石油工业出版社与中国人民大学国家发展与战略研究院能源与资源战略研究中心合作举办的“一带一路”能源资源投资风险指数和评估报告发布会在中国人民大学逸夫楼举行。来自中国国际战略学会、国家气候战略中心、中国石油、中国海油和中国人民大学的专家，以及社会各界及媒体100余人出席发布会。石油工业出版社能源经济项目部主任郎东晓带队参会。

评估报告在2016年指数研究结果基础上，进一步完善了中国人民大学能源风险指数评级体系，综合了经济基础、社会风险、政治风险、中国因素、能源因素和环境风险六大维度37个子指标，参考11个大型全球数据库，以全面量化评估中国企业在"一带一路"64个沿线国家的能源资源投资政治风险程度以及主要变化原因。评估报告具有时效性、综合性和实用性的特点，对推进"一带一路"倡议有着重要意义。

【国际能源署客人来访】 2017年1月16日，国际能源署（IEA）信息传媒负责人雅德·穆阿瓦德来石油工业出版社进行友好访问，总编辑张镇、副总经理周家尧、图书营销总监郎东晓会见来宾，能源经济项目部、国际出版交流中心负责人和相关人员参加会谈。双方就合作事项进行深入探讨，表示将进一步促进能源合作项目发展。

【"美国、中国和我们的能源未来"主题论坛】 2017年3月28日，由石油工业出版社与中国人民大学国际能源战略研究中心合作举办的"美国、中国和我们的能源未来"主题论坛在北京举行。研讨会邀请美国能源部原副部长、哥伦比亚大学全球能源政策中心首席研究员大卫·桑德罗做主题演讲，邀请中国石化原董事长傅成玉、扎耶德未来能源终身成就奖得主李俊峰作为对话嘉宾。此次论坛受到了中国人民大学学生及能源各界的热烈反响。

【"美国特朗普时代国际石油市场发展趋势"主题报告会】 2017年3月21日在北京中国国际展览中心举办能源大讲坛"美国特朗普时代国际石油市场发展趋势"主题报告会。由中国海油能源经济研究院原首席能源研究员陈卫东阐释特朗普时代未来国际石油市场的变化及未来石油价格的发展趋势。陈卫东指出，世界能源转型不可逆转。能源转型不仅是资源和消费、技术与投资的关系，关注气候变化与"低碳道德化"已成为能源转型的一个新的维度。为引导全球能源平稳顺利转型，需要建立全球能源治理的新理论和新架构。

【国家能源局原局长张国宝作"重塑中的世界和中国能源格局"主题报告】 由石油工业出版社和中国石油经济技术研究院联合举办的能源大讲坛于2017年4月26日在集团公司（六铺炕）八层会议室举办。这是石油工业出版社2017年举办的第三届能源大讲坛，国家发改委原副主任、国家能源局原局长张国宝担任主讲嘉宾，就"重塑中的世界和中国能源格局"主题做报告。石油工业出版社总编辑张镇、图书营销总监郎东晓，中国石油经济技术研究院院长李建青、党委书记钱兴坤、副院长刘朝全、纪委书记张宏等出席活动。来自石油工业出版社、经济技术研究院以及社会各界140余人在现场聆听报告。

【国际能源署首席经济学家拉斯洛·瓦罗作"石油的未来：科技、政策与投资"主题报告】 2017年7月19日，能源大讲坛走进科研院所活动在中国石油勘探开发研究院科技会议中心二层报告厅隆重举行。活动由石油工业出版社与中国石油勘探开发研究院共同主办，特邀国际能源署首席经济学家拉斯洛·瓦罗做"石油的未来：科技、政策与投资"主题演讲，拉斯洛·瓦罗与石油勘探开发研究院副院长邹才能、中国人民大学教授许勤华、清华大学苏世民书院首席教授高旭东等专家开展对话，针对石油未来发展进行研讨交流。在“石油的未来：科技、政策与投资”主题报告中，拉斯洛·瓦罗指出，目前石油依然强势保持全球第一能源位置，新型能源发展势头强劲却依然存在阻碍，在传统能源替代方面依然无法突破，即使作为日益去碳化的系统，传统油田开发投资依然不足。拉斯洛·瓦罗详细介绍石油的未来发展技术、政策以及投资情况。

【2017 年《BP 世界能源统计年鉴》成都发布会暨川渝地区油气行业高端研讨会】 2017 年《BP 世界能源统计年鉴》成都发布会暨川渝地区油气行业高端研讨会 9 月 15 日在成都举行。会议由 BP 公司、西南石油大学、中国石油西南油气田公司天然气经济研究所和石油工业出版社合办，石油工业出版社图书营销总监、能源经济项目部主任郎东晓出席会议，四川省人民政府政策研究室、四川省投资促进局、国土资源部油气中心、上海期货交易所等单位代表 90 余人参加会议。

《BP 世界能源统计年鉴》致力于提供优质、翔实、客观的能源数据，为业内及大众了解世界能源状况和发展趋势提供参考，受到政府、行业以及学术部门广泛关注。本次成都发布会是该统计年鉴首次进入川渝地区。会上，BP 中国公司首席经济学家陈巧玲、西南石油大学海洋天然气水合物研究中心副主任魏纳、中国石油西南油气田公司天然气经济研究所所长何润民先后作主旨演讲。西南石油大学副厅级调研员何沙、石油工业出版社图书营销总监郎东晓、中国石油西南油气田公司天然气经济研究所所长何润民、西南石油大学四川石油天然气发展研究中心学术委员会副主任沈西林等专家展开对话，就世界能源格局、发展现状和趋势，天然气水合物研究成果，以及西南地区能源发展等方面进行深入分析与探讨。

【《中国分布式能源前景展望》报告发布会】 2017 年 10 月 30 日，国际能源署（IEA）携手石油工业出版社、中国能源网在北京召开“国际能源署（IEA）报告发布会”，发布《中国分布式能源前景展望》。

《中国分布式能源前景展望》由能源经济项目部承接出版，《中国分布式能源前景展望》立足于在整个能源系统中对分布式能源进行定位的基础上，进一步分析中国分布式能源发展的条件，认为中国具备分布式能源大发展的前景并提出了政策建议，是从需求侧出发的能源供给侧改革的典范。

国家能源局新能源与可再生能源司司长朱明、国务院国资委大型企业监事会主席赵华林等能源行业专家发言，对分布式能源在整个能源革命中的定位进行了探讨。

【西部油气论坛·能源转型与油气体制改革学术研讨会（2017）】 由石油工业出版社、西南石油大学、四川省社科联、中国石油西南油气田公司和中国能源网共同举办的西部油气论坛·能源转型与油气体制改革学术研讨会（2017），11 月 10 日在西南石油大学隆重召开。

石油工业出版社总经理张卫国、西南石油大学副校长张烈辉、四川省哲学社会科学联合会党委副书记唐永进、西南油气田公司党委副书记钱治家、四川能源局副局长李明騄、中国能源网董事长冯丽雯出席论坛开幕式并致辞。本次论坛举办主旨演讲、分论坛交流讨论等活动，200 余名来自全国各地石油天然气学术界、政界和业界的代表，围绕“油气体制改革”“新时期石油天然气企业转型发展”等多个主题展开深入交流。国家能源局原副局长张玉清就我国油气体制改革意见发表主旨演讲。

石油工业出版社总经理张卫国在致辞中指出，当前石油工业进入“转型升级、提质增效”的关键阶段，“改革创新”已经成为整个石油工业发展的关键词。面对新形势、新任务，油气行业要实现持续健康发展，需要广大专家和石油工作者发挥聪明才智，深入探索。石油工业出版社一直致力于能源领域发展的追踪研究，为业界专家学者搭建广泛交流的平台，共同应对全球能源行业重大变革，探索能源行业的可持续发展之路。

【《世界能源展望中国特别报告》发布会】 由国际能源署(IEA)、中国石油天然气集团公司、电力规划总院共同举办的《世界能源展望中国特别报告》发布会2017年12月8日在北京举行。国际能源署署长法蒂·毕罗尔、中国国家能源局副局长刘宝华、中国石油天然气集团公司副总经理覃伟中等领导致辞。石油工业出版社总经理张卫国及相关部门负责人出席，200余名国内外能源专家参加发布会。

覃伟中在致辞中表示，《世界能源展望中国特别报告》的权威发布，提振中国能源企业的信心，也为能源行业研究者提供极有价值的学术参考。

国际能源署署长法蒂·毕罗尔在主旨演讲中介绍《世界能源展望中国特别报告》的核心内容，表示本报告发布是中国国家能源局与国际能源署签署三年合作方案以来，具有里程碑式意义的关键节点。

国际能源署署长高级助理杨雷对石油工业出版社为本报告出版做出的积极贡献给予赞扬并表示感谢。

（刘文国　徐　粟）

图书营销中心

【概况】 图书营销中心是石油工业出版社图书对外发行的唯一窗口，行使本版图书的总发行权和相应的经营管理职能。图书营销中心下设综合科、市场部、销售部、直销团购部四个科室，负责中油书店的经营管理。经过多年的渠道建设，已经在大庆油田、长庆油田等全国主要石油相关企事业单位建立图书发行站点25个，为客户提供就近支持和优质服务；同全国各省、市新华书店均有合作关系；近年来大力开拓电商渠道，开设京东专营店和天猫旗舰店，同时与卓越网、当当网等电商平台开展合作。中油书店品牌影响力不断提升，拥有中油书店旗舰店、石油大厦店、管干院店3家直营店，大庆油田店、大港油田店两家授权经营店。

【2017年图书营销规划】 2017年，图书营销中心优化营销人员配置、补强营销队伍，推进宣传和营销模式的创新探索，紧抓“一头”，即紧紧围绕“姓油为油”狠抓石油市场重头；放开“两

端”，即放开线上销售和团购，跨区域跨平台开拓市场空白点，以线上销售和团购直销为突破口。

【机构重置】 2017 年，图书营销中心对部门设置和业务渠道进行了合理调整，发行站渠道调整为专人负责以提升服务和管理水平；按区域和业务量科学划分片区、确定任务；安排专人负责电商渠道，开设京东专营店、天猫旗舰店；成立直销团购部，负责馆配大客户业务、各类政府和企业招投标项目以及发行站和传统渠道覆盖不到或开发不足的市场，作为传统渠道的补充。

【打造“命运共同体”】 2017 年，图书营销中心与各出版部门签订编发联动协议，定期召开编发座谈会，建立有效的沟通机制，促进编发深度融合，打造“编发命运共同体”；对发行站细化管理、优化服务，帮助发行站提升营销能力，创新社站合作模式，打造互利共赢、共同发展的“社站命运共同体”。打造的两个“命运共同体”，有力地促进图书出版信息和市场销售信息的流转，既有助于编辑选题策划又提升图书销量。

【社店高层论坛】 2017 年，图书营销中心借助第 30 届北京图书订货会的契机，邀请来自北京、浙江、江苏、上海等 20 家发行集团和书店负责人共 40 人参加石油工业出版社举办的社店高层论坛。会上，各发行集团负责人介绍各自集团 2016 年图书发行情况，对石油工业出版社图书营销进行了中肯的点评，并对石油工业出版社 2017 年图书发行工作提出建议，对今后战略合作寄予厚望。社店高层论坛为 2017 年石油工业出版社与全国各大发行集团的合作打下基础。

【发行站工作会】 2017 年 3 月 17 日，图书营销中心组织召开发行站工作会，大庆油田、长庆油田等 18 个发行站的 20 名代表应邀到会。会上分享 2016 年发行站工作成果和典型案例，表彰优秀发行站，图书营销中心与参会代表就图书出版及销售信息流转、发行网点建设、加大专业培训力度、重点图书营销方法、折扣优惠等方面进行深入探讨，就如何加强互联互通、提供产品延伸服务、加大重点图书宣传推广力度、新书信息先行、提高重印书满足率等问题取得广泛共识。发行站工作会总结 2016 年发行站工作成果并分析存在的问题，同时对 2017 年工作进行安排部署，为发行站 2017 年营销工作明确方向、打下基础。

【全渠道新书推介】 2017 年，图书营销中心在北京订货会及全国书博会前召开会前会，邀请各地新华书店、机场渠道、民营书店、电商平台业务经理和骨干参加新书推荐会。发行站工作会上各出版部门向各发行站介绍 2017 年出版计划和重点新书。1 月和 7 月制作两期科技、教材、培训、大众类书目，发送到各营销渠道、石油相关单位和科研院所；定期向各省新华书店信息平台、电商平台、开卷网等上传新书信息。

【营销渠道维护】 2017 年，以北京订货会、书博会等全国性会展为契机，组织各渠道业务骨干参加业务交流，邀请高层管理人员座谈，在加强信息沟通、资源共享、深入合作的同时进一步密切双方联系。组织或参加合适的促销和宣传活动，密切与各渠道的业务合作。业务人员走访各片区主要客户和卖场，重点客户走访两次以上，收集客户需求和意见；图书营销中心领导带队拜访浙江、江苏省店等重要客户，赴油田单位了解需求，巡访大庆油田、长庆油田、辽河油田、西南油气田、新疆油田等重点石油图书发行站20余站次。

【院校教材推广】 2017年，稳步推进教材巡展工作，到常州大学、扬州工业职业技术学院、华东石油技术学院、东北石油大学、大庆职业学院、天津石油工程学院等30余所院校走访调研，了解学校专业、招生人员的变化以及教材使用情况，开展教材巡展活动，向教师赠送教材样书。

【主题展销活动】 2017年4月开始策划"六一"儿童图书促销活动，在各书店组织和参与近100场次促销活动。寒假、暑期与各大书城、网站合作组织书展200余场次。在"五四"青年节之际，精选石油工业出版社100种图书制作专门书目，在各发行站重点推广。筛选图书制作安全类书目，于5月25日至6月30日在所有发行站统一开展"安全月"图书联展；参加浙江省店、湖南省店、江苏省店、山东省店等组织的馆配会21场次，实现销售码洋近260万元。

【重点图书营销】 2017年，重点图书营销工作成果显著，石油党建系列图书累计实现销售近400万元，《乐死人的文学史》系列丛书实现销售120万元，《狼性管理》系列丛书实现销售86万元，《石油HSE管理教程》实现销售37万元，《石油建设项目工程量清单编制规则》实现销售76万元，《恪守红线》实现销售36万元。邀请《高效革新》作者赴辽河油田为科技骨干做报告，直接促使该书在辽河油田销售1000册。

【中油书店】 2017年，中油书店完成企业名称变更，以及财务和经营许可证等各种证照的换取，中油书店正式启动。中油书店石油大厦店于1月12日开业，集团公司总经理助理王铁军到店视察并指导工作，至此中油书店在北京已有3家门店。积极推进昌平科技园店的开业，基本完成石油重要场所的布局。中油书店积极开发非书业务，丰富产品品种，拓展印刷、出版等业务。集团公司党组副书记、副总经理徐文荣和集团公司总经理、党组副书记章建华先后来石油工业出版社调研，对中油书店产品、服务及展台布置给予了好评。

积极策划图书促销活动，提升销量，扩大知名度。石油工业出版社作为唯一受邀的专业出版社参加中央党校举办的"跟着总书记读好书——世界读书日阅读推广周"系列书展活动；举办"三八"妇女节妇女儿童书展，实现销售万余元；5月在"大小木作"举办亲子活动取得很好反响；配合举办安全月书展；"七一"举办"跟着总书记读好书，各社百种党建类图书展销"活动；党的十九大期间举办"党的十九大文件及学习辅导图书联展"活动。

（李红彬）

北京中石油彩色印刷有限责任公司

【概况】 北京中石油彩色印刷有限责任公司（简称彩印公司）位于北京市临空产业区的顺义空港工业A区天柱西路甲十号。彩印公司设有数码印刷、设计排版、POD按需印刷、胶印印刷等生产部门。截至2017年底，彩印公司有3台彩色印刷机、2台黑白印刷机、2台海德堡计算机直接制版机、2台激光数字印刷机、1套按需数字喷墨生产线，拥有设计排版、数字印刷、传统印刷等综合服务配套生产能力，可以为客户提供从小到大批量的印刷服务。2017年销售收入5000万元以上。

【目标管理】 2017年，根据石油工业出版社年度考核要求，彩印公司层层落实目标责任。树立全员营销理念，明确每个责任人的客户开拓目标。签订三级目标责任书，即石油工业出版社与彩印公司、彩印公司第一责任人与分管领导及主要部门、各项目负责人与业务骨干，合计签订责任书25份。彩印公司做到年度目标每月统计、季度分析、年底严考核硬兑现。

【岗位管理】 2017年，根据彩印公司生产经营实际，突出岗位管理、淡化身份。首次任命市场化人员担任部门主管，实现用工岗位突破，充分调动员工积极性、促进企业发展。在管理中突出项目管理、淡化行政层级。强化市场生产一体化服务流程，强化事业部管理模式。

【多种合作模式探索】 2017年，结合行业发展和彩印公司实际，围绕市场、资源积极探索多种合作模式。（1）“引进来”，即选择合适的排版公司进驻彩印公司开展合作经营模式，从而提升服务保障。引进装订合作单位进驻厂区提升配套印刷服务装订能力。（2）“走出去”，积极拓展业务资源，和中国华油集团公司在北京昌平科技园建立数码业务合作店，作为彩印公司专业化、一体化站点服务科技园区单位。

【创意产品开发】 彩印公司将单一印制产品服务提升为系列产品服务，打造一站式的服务理念。增加文创产品设计、引领客户需求。2017年底策划了2018福包产品，销售6000余套，取得良好效益。

【加大环保治理】 加强安全环保管理，顺利完成印刷废气（VOC）的收集及等离子处理设备安装，通过环保部门验收。

【获奖情况】 2017年，彩印公司获北京市印刷行业协会“2016年度北京印刷十佳企业”，POD印刷的产品首次获“中华印制大奖优秀奖”。

（张红军）

北京中油展览有限公司

【概况】 北京中油展览有限公司（简称展览公司）是石油工业出版社的经营部门之一，前身是1957年创办的石油工业部展览工作室，2015年改制成为石油工业出版社全资子公司，是服务于集团公司的一家专业石油石化展览机构，主要从事国内外大型石油展览的策划、组织、设计、制作和搭建，以及石油行业平面媒体广告的征集、设计与发布。2017年公司设有综合办公室、参展部、展馆部、广告部、设计部及综合业务部（工程部）等7个部门，员工总数30人。2017年累计完成项目35项，实现经营总收入2620万元。完成国家建筑装饰工程专业承包二级资质及安全生产许可证办理，获国务院国资委“央企创新成就展表现突出集体奖”等多项荣誉称号。

【公司化治理】 2017年，按照石油工业出版社部署，充分下放子公司经营自主权，持续深化子公司治理，强化市场导向，突出子公司市场主体的自主经营意识，加大工效挂钩考核力度，实施差异化奖惩，实现业绩与考评兑现直接挂钩。完成公司化治理改革试点方案、广告业务扩大经营自主权试点及子公司设置财务总监并委派财务人员等各项工作。

【制度建设】 2017年，全面加强项目选商、招标、谈判、合同签订等关键环节的监督检查，实行项目全过程合规有序、痕迹清楚、记录完整，确保项目运行合规高效。持续推进公司制度建设，实施经营管理活动制度化管理，出台《公司差旅费管理办法》《公司业务招待费管理办法》，公司制度化管理基础框架基本形成，各项经营管理活动有章可循。

【展示手段创新】 2017年，不断强化设计创意新理念、新思路，进一步丰富信息化时代高科技展示手段，对当前极具潜力的虚拟现实（VR）、混合现实（MR）视频技术进行专题调研，利用VR、MR、3D、蛋椅等高科技展示手段，设计制作系列微电影及高清视频，成功应用于各类参展及展馆建设项目中，获得一致好评。

【“五走”成果】 2017年，按照业务分工，明确“五走”要求，走访18家单位，拓展业务，推介品牌，创新项目思路，延伸项目附加值，促成业务9项，达成合作意向3项，继续跟踪对接5项。

【资格培训】 通过岗位任职资格标准和薪酬晋档的激励措施，鼓励员工通过自学、培训，获取相关资证。2017年，6名员工获得质量员、劳务员、安全员、材料员、施工员证书，1名员工获得职业健康安全、质量和环境管理体系内审员资格证书，3名员工考取住房和城乡建设委员会安全C证。

【获奖情况】 2017 年，北京中油展览有限公司获国务院国资委“央企创新成就展表现突出集体”、渝洽会组委会“优秀组织单位”、中国石油和化学工业联合会上海国际化工展“组织工作先进集体”等称号、获得台州塑交会和余姚塑博会组委会分别颁发的“最佳设计奖”(见图)。

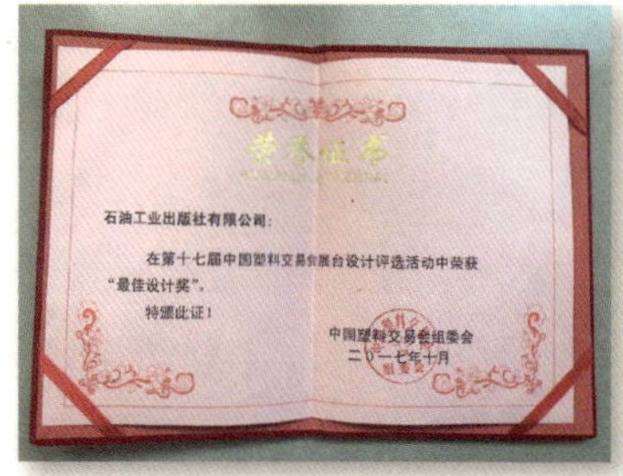

图　获奖奖状

（王思冉）

创意发展部

爱丽丝童书项目部

【概况】 爱丽丝童书项目部致力于出版优质儿童图书，创作、生产、引进精品力作。在精品战略、精品意识的指导下，只出版对儿童阅读、儿童成长有价值、有意义的图书。2017 年出版图书 78 种，其中新书 53 种、重印图书 25 种，重印率 32.05%。出版总码洋 1279.12 万元，其中新书码洋 615.44 万元，占全年图书码洋 48.1%；重印书码洋 663.68 万元，占 2017 年图书码洋 51.9%。

【工作初具构架】 2017年，确定从引进童书到落脚国内原创童书出版的思路，拟定并执行品牌建设和品牌战略的方向。加强童书编辑人才队伍的培养，组建国际、国内原创作者团队，网罗国外出版社合作资源，引进畅销IP资源，网络、社群、定点营销工作落地，开辟新的销售渠道：天猫、自媒体、独立书店。

【网罗全球童书作者精英】 作者资源是出版之源，为了能够在童书出版领域站住脚跟，打下扎实的基础，爱丽丝童书项目部广泛联系作者、深挖作者，从其他出版社、出版资源寻求适合石油工业出版社童书出版的作者。经过不懈的努力，积累了大量的作者资源，为翻译外版童书、原创童书、中外合作出版提供有利的支撑。

【全球IP战略】 截至2017年底，爱丽丝童书项目部已经运作的世界一流的童书、卡通IP有法拉利、蓝精灵，正在洽谈中的品牌有小猪佩琦、乐高等。知名IP引入，对于提高和叠加爱丽丝童书项目部自有石油童书品牌非常关键。爱丽丝童书项目部的目标是打造国际化潮流化童书品牌，借力世界一流童书IP是项目部的战略（图1）。

图1 品牌战略示意图

【丰富多彩的营销活动】 2017年，为了宣传石油童书品牌、巩固销售渠道对石油童书的支持、加深读者对石油童书的了解，爱丽丝童书项目部举办、参加了多次落地市场营销活动，取得不俗的市场效果。从北京到成都，从学校到大使馆，从书店到社区，从几个孩子到上百个孩子，爱丽丝童书项目部组织并参与各种童书活动，通过与小朋友和家长互动、游戏等方式，介绍出版的童书（图2至图4）。

图2 爱丽丝童书在波兰驻华大使馆举办读书游艺会

图3 北京国际图书博览会爱丽丝童书活动

图 4　四川省图书馆爱丽丝童书绘画比赛

（艾　嘉）

广告项目部

【概况】 广告项目部成立于 2017 年 11 月，其前身为北京中油展览有限公司下设的广告部，主要为企业提供综合性品牌传播策略与执行服务。部门员工总数 4 人。

【经营发展】 广告项目部依据石油工业出版社总体发展目标和战略规划，充分发挥集团公司和石油工业出版社品牌优势，积极拓展外部市场，以广告业务为核心，尝试探索新的业务经营模式，寻找新的利润增长点。

【品牌传播策略】 广告项目部为企业和产品制定品牌战略，搭建品牌架构，设计品牌表现，完成品牌传播方案。让企业品牌在更广的范围内得到传播，在更深的品牌价值上得到认知，使品牌价值更大程度地得到转化。

（孙铭赫）

附　　录

- 领导讲话
- 印发转发文件
- 生产数据

领导讲话

坚持全面从严治党　发挥政治核心作用 为出版社发展提供坚强保证和精神动力

——在中国共产党石油工业出版社有限公司第二次党员大会上的党委工作报告

张卫国

（2017 年 7 月 21 日）

同志们：

中国共产党石油工业出版社有限公司第二次党员大会，是在深入贯彻落实党的十八届六中全会精神，迎接党的十九大召开之际召开的一次非常重要的会议。会议的主要任务是学习贯彻习近平总书记系列重要讲话精神，落实全国国有企业党的建设工作会议精神，回顾总结石油工业出版社有限公司第一次党员大会召开以来的工作和经验，全面部署当前和今后一个时期党的建设工作，选举产生新一届党委和纪委，进一步提高党的建设科学化水平。我代表中共石油工业出版社有限公司第一届委员会向大会报告工作，请予以审议。

一、过去五年工作回顾

石油工业出版社有限公司第一次党员大会 2012 年 6 月召开以来，出版社党委在集团公司党组、直属党委领导下，认真贯彻党的十八大和历次中央全会精神，深入贯彻落实习近平总书记系列重要讲话精神，围绕从严治党主线，大力加强党的建设工作，坚定不移地向党中央看齐、向党组看齐，做到政治同心、思想同向、行动同步，充分发挥“把方向、管大局、保落实”作用，激发党员干部和广大员工的积极性创造性，为出版社发展提供了坚强组织和思想政治保障。

（一）发挥政治核心作用，引领能力持续增强

五年来，面对宏观经济形势和油气行业整体低迷、出版业市场整体下滑的不利形势，出版社党委按照集团公司党组部署要求，坚持“围绕中心、服务大局、务实创新、引领发展”工作方针，充分发挥党组织政治核心作用，引导广大员工转变思想观念，强化发展、危机、管理、责任、服务等“五种意识”，增强破解难题、科学决策、开拓创新、强化执行、民主管理等“五种能力”，积极开展“管理提升年”“质量效益年”“改革创新年”“数字出版年”“创新发展年”等“主题年”活动，大力弘扬石油精神，使政治文化优势转化为企业核心竞争力，有力引领规划出版社有质量有效益可持续发展。

一是精心谋划企业发展。社党委加强顶层设计，审时度势，谋划发展，每年组织召开出版社工作会暨职代会、科学发展研讨会、生产经营分析会，研究分析面临形势，确定各个阶段重点任务及工作目标。社党委全面审视回顾“十二五”发展情况，总结成功经验，分析有利因素，查找困难不足，全社上下反复研讨，凝聚集体智慧，历时一年多精心编制出版社“十三五”发展规划纲要及主营业务发展规划，明确出版社“十三五”发展的指导思想、主要目标、基本战略和重点任务，提出“四个翻番”奋斗目标，并由职代会审议通过印发实施，成为推动出版社稳健发展的行动纲领。

二是持续推进深化改革。社党委强化统筹谋划，成立出版社全面深化改革领导小组及8个专项工作组，把优化完善公司化管控模式、建立完善市场化机制、深化人事劳动分配制度改革作为重点，稳步推进深化改革。按照“公司化结构、企业化经营、市场化运作、制度化管理”要求，明确界定各生产经营主体责权利，推进子公司治理，严格控制经营风险。深化人事劳动分配制度改革，实施岗位薪酬绩效考核体系优化项目，实现由身份管理向岗位管理转变，畅通员工职业生涯双通道，调动激励干部员工干事创业热情。

三是积极促进融合转型。适应传统出版和新兴出版融合发展的新形势，社党委加强调查研究，积极转变观念，按照国家新闻出版广电总局《关于推动传统出版和新兴出版融合发展的指导意见》和集团公司信息化建设的部署要求，加强顶层设计、超前谋划，认真落实集团公司领导来出版社调研时提出的要求，大力实施“数字化”发展战略，成立出版社数字化建设领导小组和数字出版中心，招聘数字出版人才，出台《促进数字出版指导意见》等规划和制度，着力推进制度、队伍、资源和产品建设，创新推出“一网两系统三平台”体系，汇聚丰富数据资源，提供精准石油知识信息服务，推进互联网石油数字生态圈建设，为出版社转型融合奠定坚实基础。

（二）加强班子队伍建设，强化教育推进发展

出版工作是党的宣传思想工作的重要组成部分，担负着传承优秀文化的历史使命。社党委坚持以繁荣出版事业为己任，大力加强领导班子和队伍建设，坚持正确出版方向，以高度的政治责任感办好出版社，努力实现社会效益和经济效益的有机统一。

一是领导班子建设坚强有力。社党委坚持“五抓”工作思路，即“统一思想抓学习、民主集中抓决策、聚精会神抓主业、心系群众抓廉洁、围绕发展抓队伍”。大力加强领导班子自身建设，深入开展“四好”领导班子创建活动，严格落实党委中心组学习和民主生活会制度。党委中心组每月集中学习党的十八大及历届全会、习近平总书记系列重要讲话、全国国有企业党的建设工作会议等重要会议、讲话精神。班子成员过双重组织生活，以普通党员身份参加所在支部学习，主动讲党课，发挥引领示范作用。领导班子坚持抓大事、议大事、管大事，认真落实“三重一大”决策程序，有效发挥核心作用，确保出版导向不偏。按照集团公司党组部署要求，认真部署开展党的群众路线教育实践活动、重塑中国石油形象大讨论活动、“三严三实”专题教育、“两学一做”学习教育、“践行四合格四诠释，弘扬石油精神，喜迎党的十九大”岗位实践活动，做到规定动作到位、自选动作有特色。

二是党风廉政建设扎实深入。认真贯彻中央和集团公司党风廉政和反腐败工作会议精神，落实党委主体责任和纪委监督责任，强化制度约束，制定实施细则，逐级签订党风廉政建设责任书，认真落实中央八项规定和集团公司二十条要求，从抓党员领导干部作风转变入手，落实政治纪律和廉洁规定，推进“一岗双责”落实。坚持预防为主，运用专题学习研讨、重点节日提醒等多种形式，开展廉洁教育，增强纪律观念，运用“四种形态”，推进《准则》和《条例》落实。强化监督检查，落实述职述廉、民主评议和个人事项报告等制度，加强监察审计成果应用，狠抓“四风”存在问题整改，着力构建不敢腐、不能腐、不想腐的体制机制，有效推进风清气正良好政治生态形成。

三是服务中心工作提供保障。社党委坚持围绕中心服务大局，着力构建党建工作责任体系，坚持党建与生产经营工作同谋划、同部署、同考核，紧密融合中心工作，开展“三增三创”活动，不断增强干部员工的质量意识、效益观念、团队精神，努力创品牌、创精品、创业绩，扩大出版社的社会影响力和行业竞争力。社党委坚持党建工作围绕中心、服务大局，积极促进主营业务发展，紧密追踪石油科技工作和其他各项工作取得进展，实施精品战略，优化图书结构，提升图书质量，圆满完成《超低渗透油藏勘探开发技术新进展丛书》等重点图书编辑出版任务，出版总量大幅增长，出版质量稳中有升，努力把“四个重要组成部分”和“姓油为油”落到实处。实施资源战略，坚持“五走”，深入近 30 家油田企业、科研院所和石油院校，宣传出版社业务，签订战略合作协议 24 家，成立 5 个出版中心，每年组织召开著译者座谈会，多次召开新书发布会。举全社之力推进送书工程，实现对集团公司上、中、下游业务所有基层队站的全覆盖，落实送书工程长效机制，被评为“全民阅读活动优秀项目”，入选集团公司“新时期十大创新实践成果”。

（三）加强组织作风建设，队伍素质不断提升

社党委着力加强组织和作风建设，不断提升以政治素养和业务技能为主要内容的员工素质与能力，打造高素质员工队伍。

一是基层党支部建设持续加强。社党委坚持开展党支部“六个一”创建活动，针对部门机构调整情况，及时调整支部书记人选，设置纪检委员，做到组织健全；每年对支部书记进行集中培训，重温党章、党史，学习工作思路和方法；在年度绩效考核中，党建工作列入一定权重，进行党支部书记述职，制定《基层党支部工作考核办法》及考评细则，每年在支部自评基础上，由管理职能部门和考评组对支部工作进行考评，考评结果与年终绩效直接挂钩。各党支部结合实际开展党日活动，落实“三会一课”，创新方式讲党课，党性教育不断加强。坚持开展“党员先锋岗”创建活动，120余名党员挂牌上岗，亮身份、树形象、做表率。认真做好组织发展工作，发展新党员15名。党支部战斗堡垒作用、党员先锋模范作用不断增强，2012年以来，有2人被评为集团公司优秀共产党员，2个党支部被评为直属机关先进基层党组织，6人被评为直属机关优秀共产党员，2人被评为直属机关优秀党务工作者。

二是干部人才队伍建设成效显著。坚持党管干部原则和正确选人用人导向，严格执行党政领导干部选拔任用有关规定，不断完善选人用人工作机制，规范干部选拔任用工作程序，努力为出版社改革发展选好干部、用好干部。加强出版工作者职业道德建设和作风建设，着力提升以政治素养和业务技能为主要内容的员工素质与能力，建设高素质专业技术人才队伍，实施人才兴社工程，加强人才队伍培养，认真落实集团公司培训计划和新闻出版广电总局专业培训任务，组织处级干部专题培训和编辑队伍常年培训。加强员工内培外训，以“双十”全员读书活动为载体，倡导读书学习热潮，举办业务培训讲座和读书分享会，不断提升员工素质。注重先进典型培养选树工作，1人被评为集团公司劳动模范，命名表彰一批先进工作者、优秀管理奖、优秀健康员工、“三八”红旗手等，全社上下崇尚先进、争当先进氛围日益浓厚。

三是思想政治工作切合实际。坚持每年开展“形势目标任务责任”主题教育活动，以国家新闻出版广电总局、集团公司、出版社相关会议精神等为主要内容，每年都有新主题、新重点。编印《主题教育活动百题问答》，分层次开展问卷答题活动，邀请专家举办专题讲座，开展“统一思想认识、深化改革创新、实现转型发展”“主动适应新常态、积极应对低油价”等群众性大讨论，举办“解放思想、深化改革”等主题演讲，紧密联系实际，创新活动载体，坚持学以致用，通过多种形式统一干部员工思想，增强危机意识和责任意识，坚定发展信心，勇于担当奉献。认真做好深化改革中的思想政治工作，编写《出版社岗位薪酬绩效体系改革宣传提纲》，解疑释惑，统一思想，让员工理解、支持改革，推进改革顺利实施。

（四）继承弘扬石油精神，凝心聚力取得实效

企业文化是全体员工认可和共有的企业核心价值，是企业保持平稳和持续发展的必要条件。出版社党委高度重视、着力建设、持续创新，坚持用大庆精神铁人精神铸魂育人，企业文化建设如春风化雨，润物无声，为推动出版社发展注入了生机与活力。

一是石油出版文化体系日益健全。大力弘扬以大庆精神铁人精神为主要内容的中国石油核心价值观，积极培育和建设以企业精神、价值观、经营管理理念、利益排序、团体形态“五项内容”为主要内容的石油出版文化体系。编写《中国石油企业文化辞典出版社分册》，固化传承石油出版文化成果。编纂《石油工业出版社组织史资料》，全面准确记录建社以来组织机构沿革和人事更迭情况。运用报刊、网络和宣传栏等手段，宣传报道出版社改革发展成果、重点工作，展现员工精神风貌，扩大出版社影响。

二是群团工作生机勃勃。坚持民主管理，实行社务公开，每年召开职代会和团组长会议，发挥职工代表参政议政积极性，审议出版社改革发展、经营管理以及有关职工切身利益重要事项。热心关爱群众，为在职员工和离退休老同志办实事、解难题，五年来发放资金 80 余万元慰问困难、患病员工等 274 人次。举办文艺联欢会、登山健身、篮球赛等健康有益的文化体育活动，丰富员工精神文化生活。出版社被中国企业文化研究会评为“改革开放 35 周年企业文化竞争力优秀单位”，出版社工会被中华全国总工会授予“全国模范职工之家”荣誉称号，出版社团委先后被评为中央企业和集团公司“五四红旗团委”。

三是企业形象塑造彰显活力。积极践行“为石油工业发展服务、为广大石油员工服务、为社会大众服务”的企业宗旨，围绕“十一项出版工程”，着力打造石油专业精品图书，认真承担集团公司统编教材、鉴定教材、标准、年鉴、组织史、企业文化辞典等编辑出版任务。编辑出版《“重塑中国石油良好形象”大讨论员工学习读本》，为重塑石油形象提供文化产品支撑；组织开设“能源大讲坛”，邀请能源领域专家和知名人士，围绕能源政策和热点问题举办专题讲座，利用新媒体进行传播。运用展览展示和国际交流两个窗口，塑造中国石油形象。高质量完成重大展览项目，先后完成国家“十二五”科技创新成就展油气重大专项展、集团公司“双厅”建设、科技大会展、渝洽会等展台的设计、制作、搭建、服务等工作，受到集团公司领导和相关部门表扬。加强与国外出版机构合作，每年组团参加国际书展，开展业务交流，引进输出高质量图书，彰显中国石油科技发展成果，为重塑中国石油良好形象发挥积极作用。

以上成绩的取得，是集团公司党组正确领导的结果，是出版社各级党组织和全体党员、干部员工辛勤努力、无私奉献的结果。在此，我代表出版社党委，向为出版社发展做出突出贡献的各级党政工团组织，向广大党员干部、员工群众表示衷心感谢，并致以崇高敬意！

过去几年的工作，我们有几点深刻启示：

——必须坚持党建统领、从严治党。只有把坚持党的领导、加强党的建设作为重大政治原则，坚决贯彻全面从严治党要求，切实落实管党治党责任，牢固树立“四个意识”，自觉在思想上政治上行动上同以习近平同志为核心的党中央保持高度一致，不断强化党的领导力，打造忠诚干净担当的干部队伍，营造风清气正的政治生态，才能确保企业改革发展的正确方向。

——必须坚持围绕中心、服务大局。只有坚持把围绕中心、服务大局作为核心任务，认真落实集团公司党组的部署要求，着力强化党建与生产经营深度融合，把企业改革发展的难点重点、职工关注的热点焦点作为工作的着力点，把提高企业效益、增强企业竞争实力作为党的建设工作的出发点和落脚点，以企业改革发展成果检验党组织的工作和战斗力，党的建设工作才能与改革发展中心任务同频共振、共同前进。

——必须坚持开拓创新、与时俱进。只有积极适应企业内外部环境发生的深刻变化，因势利导、顺势而为，转变观念、锐意创新，坚持继承传统与开拓创新相结合，坚持问题导向，大力推进体制机制、内容形式、方法手段等方面的创新，体现时代性、把握规律性、富于创造性，党的建设工作才能不断焕发生机与活力。

——必须坚持夯基固本、凝聚共识。只有把加强基层党组织建设作为工作重心，坚持抓基层、打基础，充分发挥党支部战斗堡垒作用和党员先锋模范作用，持之以恒加强作风建设和反腐倡廉建设，大力弘扬石油精神，才能筑牢广大群众团结奋斗的共同思想基础，凝聚民心民力和改革发展的强大动力。

——必须坚持以人为本、服务群众。只有坚持党性和人民性相统一，牢固树立以人民为中心的发展理念，强化宗旨意识，站稳群众立场，切实尊重职工的主体地位，做到发展为了员工、发展依靠员工、发展成果与员工共享，为职工群众解难事、做好事、办实事，维护职工合法权益，才能调动员工群众的积极性主动性创造性，不断把石油出版事业推向前进。

在总结成绩和经验同时，也必须清醒看到存在的问题，主要是：落实全面从严治党工作还不平衡，适应新形势、解决新问题能力还不够强；结合主营业务主动开展工作、发挥作用动力不足；基层党组织理论学习和组织生活不够经常化、制度化，党员干部管理教育形式单一；个别党员党性观念不强，理想信念淡化，先锋模范作用发挥不突出，缺乏干事创业热情；基层党支部活动手段还需进一步多样化等。针对这些问题，要加大工作力度，切实加以解决。

二、未来几年重点工作任务

未来五年，中国共产党将迎来建党 100 周年，全面建成小康社会进入决胜阶段，集团公司建设世界一流综合性国际能源公司进入攻坚阶段，出版社将迎来建社 70 周年，迈入“十四五”发展新阶段，新的形势新的任务要求我们必须进一步增强做好党的工作的责任感紧迫感，努力把党的建设提高到新水平。

今后一个时期出版社党的建设工作的指导思想是：以党的十八大及历次全会精神、全国国有企业党建工作会议精神和即将召开的党的十九大精神为指导，深入学习贯彻习近平总书记系列重要讲话精神，认真贯彻落实国家新闻出版广电总局和集团公司党组部署要求，坚持党要管党从严治党，充分发挥国有企业党组织“把方向、管大局、保落实”作用，围绕中心、服务大局，着力健全党建工作制度体系、责任体系和保障体系，大力加强基层基础工作、规范党内政治生活、强化党内监督，用石油精神凝聚改革发展强大动力，为出版社持续健康稳健发展提供坚强保证。重点抓好以下几方面工作。

（一）强化思想政治建设，提高管党治党能力

一是深入学习习近平总书记系列重要讲话精神。要把学习讲话精神作为思想理论建设的重中之重，坚持读原著、学原文、悟原理，做到学而信、学而思、学而用，真正落实到切实增强“四个意识”上，落实到提高思想政治水平、铸就优良作风、增强工作能力上，落实到各项具体工作中。要在系统把握、深刻理解、学用结合、指导实践上下功夫，不断增强政治认同、思想认同、理论认同，不断提升领导班子和党员领导干部运用马克思主义立场观点方法分析问题、解决问题能力水平，把系列重要讲话精神的学习贯彻不断引向深入。

二是认真学习贯彻党的十八大及历次全会和十九大精神。要组织党员深入学习党的十八大及历次全会精神，准确把握会议精神实质和内涵要求，切实用会议精神统一思想、指导工作。党的十九大召开后，要把学习贯彻会议精神作为首要政治任务，认真制定学习方案，采取集中培训、专家辅导等多种形式，抓好党的

十九大精神的学习宣传，全面准确理解和把握党的十九大精神，把思想和行动统一到十九大精神上来，把智慧和力量凝聚到落实党的十九大确定的重要战略部署和任务目标上来，在党的十九大精神指引下不断开创各项工作新局面。

三是不断深化理论武装。要切实抓好党委中心组理论学习，力求学深悟透、融会贯通，不断增强学习针对性实效性，确保学习规范化制度化。要发挥党委中心组学习引领作用，带动支部集体学习、党员自学，完善学习计划，创新学习方式，突出实践特色，坚持学以致用、用以促学，确保学习时间、学习内容、学习效果“三落实”，促进党支部落实好“三会一课”，持续推进学习型党组织创建，通过系统的政治理论、经济理论以及企业管理知识学习研讨，为党员干部补钙壮骨，从根本上解决党员干部研判形势、分析问题、决策事项能力不足的问题。

（二）强化党的组织建设，提升党建科学化水平

一是健全党建工作责任体系。要积极推进党建工作责任体系建设，结合出版社实际，制定党建工作责任制实施办法，构建党委统一领导、党委书记“第一责任”、党委班子其他成员“一岗双责”、党建工作部门牵头抓总、其他部门密切配合、基层党组织上下联动、全体党员广泛参与的“大党建”工作格局，发挥好党组织在把关定向、动员组织、服务群众、促进和谐等方面的作用。认真履行党委主体责任，推进“一岗双责”制度化、具体化，推动从严治党真正落到实处、见到实效。建立党建工作责任制实施细则，进一步细化规范责任。建立党建工作考核激励机制，探索刚性管用的考核评价办法，推进党建工作量化考评，完善支部书记抓党建工作述职评议，使党建工作由软指标变为硬任务，考评结果与绩效考核直接挂钩。

二是加强基层党组织建设。推动“两学一做”学习教育常态化制度化，加强党员学习党章党规党纪、学习系列重要讲话精神的检查指导，引导党员切实提高思想政治觉悟。完善支部书记责任清单，加强支部书记能力建设，制定党务干部培训计划，加大轮训力度，建立支部书记等党务干部持证上岗机制、兼职党务干部激励机制，把党务干部培训作为干部队伍建设的重要方面，增强党务干部的职业荣誉感。开展标准化党支部建设，使支部书记履责清晰化、支部工作规范化、支部活动痕迹化，把支部建设成为团结群众的核心、教育党员的学校、攻坚克难的堡垒。认真落实发展党员制度，严格按计划、按标准、按程序发展党员，不断提升发展党员质量。深化民主评议党员工作，持续开展创建“党员先锋岗”活动，切实增强党员的责任感，用实际行动体现共产党员先进性，发挥党员先锋模范作用。把石油精神作为加强党员干部作风建设、打造过硬员工队伍的锐利武器，发挥独特政治优势，教育引导广大党员学做结合、知行统一，争做爱岗敬业的先锋、攻坚啃硬的先锋、革弊立新的先锋、提质增效的先锋、遵章守纪的先锋、引风领尚的先锋，在企业改革发展中建功立业。

三是提升党建信息科学化水平。适应“互联网 +”时代员工思想多元化、利益诉求多样化、信息资讯碎片化、传播渠道分众化的新趋势，积极研究新形势、探索新方法、搭建新载体，创新党建工作，探索“互联网 + 党建”科学化手段，积极参与、推广应用集团公司党建信息化平台，构建党委工作靠网、支部工作用网、党员活动上网的党建工作新格局，努力实现党组织和党员教育、管理、培训、考核、监督全覆盖，不断提升党建信息科学化水平。完善出版社内外部门户网站，用好官网微信等新媒体平台，及时报道出版社重点工作和成果。

（三）强化党风廉政建设，营造风清气正环境

一是持续深化反腐倡廉教育。坚持开展党风廉政和反腐倡廉教育不放松，强化党性教育、党纪法规教育、石油精神教育、警示教育和廉洁文化建设，重点抓好《准则》和《条例》学习，广泛开展“廉洁从业案例分享”和“廉洁警示谈话”教育活动，把从严治党要求落到每个支部、体现到每名党员，健全各业务环节规章制度和流程规范，教育引导党员干部严守党的政治纪律、组织纪律、廉洁纪律、群众纪律、工作纪律、生活纪律，筑牢廉洁从业思想防线，努力营造守纪律、讲规矩的良好氛围。

二是大力强化党内监督。严格落实《中国共产党党内监督条例》，认真执行集团公司党组《关于深入推进党风廉政建设和反腐败工作建立健全不敢腐不能腐不想腐有效机制的意见》，以“不敢腐”为前提，“不能腐”为核心，“不想腐”为基础，加快构建党委全面监督、纪委专职监督、党的工作部门职能监督、基层党组织日常监督、党员民主监督，相互配合、环环相扣的权力监督制约和风险防范机制，完善全员、全过程、全方位的监督机制。积极运用监督执纪“四种形态”，坚持抓早抓小抓日常，守住党纪底线，管住腐败萌芽滋生，把第一种形态体现在党员干部日常监督管理全过程，防止小问题演变成大问题。落实纪委书记与新提拔干部廉洁谈话制度。建立容错纠错机制，给担当者担当、为负责者负责、为干事者撑腰。驰而不息纠正“四风”，继续落实执行好中央八项规定精神和集团公司二十条要求，加强重要事项、重要节点、重要环节监督，坚决防止“四风”问题反弹。

三是坚持狠抓执纪问责。认真落实党委主体责任和纪委监督责任，切实将管党治党责任落到实处。严格落实《中国共产党问责条例》，做到有权必有责、有责要担当、失责必追究。严格执行《集团公司管理人员违纪违规行为处分规定》，从严查处各种违纪违规行为，促进干部清正、风气清明。发挥监察审计功能作用，落实监察审计项目，对重点岗位、关键环节加强管控，加强监察审计结果应用，从制度上防止腐败现象发生，塑造“忠诚担当、风清气正、守法合规、稳健和谐”的良好形象。

（四）强化和谐企业建设，凝聚干事创业合力

一是发挥政治核心作用推动企业发展。坚持“围绕经济抓党建、抓好党建促经济”，把提高企业效益、增强企业竞争实力作为党建工作的出发点和落脚点，推进党建工作与中心工作有机融合，把党建工作成效体现到推动企业提质增效、改革创新上来，体现到推动企业和谐稳定、重塑形象上来，体现到推动干部员工凝心聚力、攻坚克难上来，以强有力的政治核心作用，推动图书出版、创意服务、生产经营等各项业务发展，以改革发展成果检验党建工作成效。

二是坚持做好深入细致思想政治工作。不断深化石油精神学习教育，引导职工自觉做“三老四严”“苦干实干”的传承者、践行者。把思想政治工作融入生产经营管理各个环节，加强对重大改革举措的宣传解读，加强调查研究，及时了解掌握员工队伍思想状况，注重人文关怀和心理疏导，深入细致做好一人一事思想工作，做到知员工情、答员工疑、解员工难、聚员工心，将解决思想问题和解决实际问题相结合。持续开展形势任务教育，针对企业内外部环境发生的新变化，紧扣中心工作脉搏，不断丰富内容、创新载体，采取有说服力、吸引力、感染力的方式方法，以深入的分析、生动的事例、透彻的说理，使主题教育活动主题突出、形式活泼，入耳、入脑、入言、入行，使广大干部员工全面了解上级战略部署和出版社发展目标及重点任务，认清努力方向和肩负责任，积极投身企业改革发展实践。要坚持正确舆论导向，发挥正面宣传主渠道作用，做好重大活动、重点项目宣传报道，讲好石油出版故事，为出版社发展注入正能量。

三是积极发挥群团组织作用。坚持以人为本，全心全意依靠职工群众办企业，创新群众工作方法，推进社务公开和民主管理，依法维护职工合法权益，落实关爱员工措施，完善扶贫帮困机制，用好扶贫帮困基金，切实办好事、办实事，把发展成果更多惠及职工群众。积极开展岗位练兵、技能大赛、经济技术创新等活动，最大限度激发员工劳动热情和创造活力。组织开展读书分享、歌咏比赛、乒乓球赛等健康向上的文体活动。针对青年特点，不断深化青年文明号、青年岗位能手等“青”字号工程，在加强企业管理、提高员工素质等方面开展特色活动，发挥青年生力军突击队作用，为出版社发展建功立业。

同志们，回顾过去，出版社为石油工业发展做出了重大贡献，创造了辉煌业绩；展望未来，石油出版人初心未变、逐梦前行。让我们更加紧密地团结在以习近平同志为核心的党中央周围，高举中国特色社会主义伟大旗帜，在集团公司党组正确领导下，同心同德、携手奋进，努力开创党建工作新局面，推动出版社持续健康稳健发展，为集团公司建设世界一流综合性国际能源公司做出新的更大贡献，以更加优异的成绩迎接建党 100 周年！

在中国共产党石油工业出版社有限公司第二次党员大会结束时的讲话

张卫国

（2017 年 7 月 21 日）

同志们：

在全体与会人员共同努力下，中国共产党石油工业出版社有限公司第二次党员大会圆满完成各项议程，即将胜利闭幕了。上级党组织对这次大会的召开十分重视，集团公司党组、直属党委专门发来贺信，对出版社工作给予充分肯定，对下一步工作提出明确要求。

这次党员大会是在坚持从严治党，深入贯

彻落实党的十八届六中全会精神，全面规范和加强党内政治生活的新形势下召开的一次十分重要的会议。会议系统总结石油工业出版社有限公司第一届党的委员会和纪律检查委员会过去五年的工作，总结成功经验，查找存在问题，并以全面从严治党责任为重点，提出今后一个时期加强党的建设的指导思想和主要任务。会议审议通过上一届党委、纪委工作报告，选举产生新一届党的委员会和纪律检查委员会，还表彰一批先进基层党组织、优秀共产党员、优秀党务工作者和共产党员先锋岗。这是一次鼓舞人心、令人振奋的大会，是一次明确目标、谋划未来的大会，是一次形成共识、团结鼓劲的大会，在出版社改革发展进程中具有十分重要的意义。在此，我代表新当选的全体党委委员、纪委委员，对大家的信任和支持表示衷心感谢！对上一届党委委员、纪委委员在履职期间的辛勤工作表示衷心感谢！我们全体党委、纪委领导班子成员将不辜负大家的期望与重托，在集团公司党组正确领导下，进一步增强责任感、使命感，不断提高能力素质，认真履行职责，求真务实、真抓实干，团结一致、扎实进取，努力开创党建工作新局面，为出版社发展提供更加坚实的保证。

本次大会即将落下帷幕，全面完成好大会确定的各项工作任务，是出版社全体共产党员的共同责任。当前，要把贯彻落实这次党员大会精神作为一项重要政治任务，精心部署，认真实施。会后，各党支部、各部门、各单位要把会议精神原原本本传达到全体员工，进一步用会议精神统一思想，理清思路，明确方向。各级党组织和广大共产党员要带头学习好、领会好、落实好大会精神，立足岗位、勇挑重担，充分发挥党支部战斗堡垒作用和党员先锋模范作用，在出版社发展中建功立业。围绕会议精神的贯彻落实，我再强调以下几点。

一、坚持党的领导，着力发挥核心作用

习近平总书记在全国国有企业党的建设工作会议上强调，坚持党的领导、加强党的建设，是我国国有企业的光荣传统，是国有企业的“根”和“魂”。坚持党对国有企业的领导是重大政治原则，必须一以贯之。国有企业党组织发挥领导核心和政治核心作用，归结到一点，就是把方向、管大局、保落实。发展是一切工作的中心，推进企业发展是各级党组织的第一要务，是党新时期基本路线的核心要求，党的工作必须始终不渝地服从服务好企业发展这个中心，党组织的政治核心作用必须始终突显在推动企业发展上。出版社各级党组织要准确把握中央精神，始终保持理论上的清醒和政治上的坚定，全面加强党对企业的领导；要找准发挥党组织核心作用的着力点和切入点，坚持社会效益与经济效益的统一，并把社会效益放在首位，始终“围绕中心抓党建、抓好党建促工作”，紧扣出版社战略决策的制定与实施、重点工作的部署与落实开展党建工作，把抓班子带队伍选干部、抓廉政强作风正风气等各项工作职责落到实处；要健全完善党委工作制度体系，切实履行党建工作责任制，以考核体系的落实保证党建各项工作顺利实施、见到成效；要认真落实党委工作制度、“三重一大”决策制度实施细则等制度规范。要围绕实现出版社“十三五”发展目标，高标准、高起点抓好党建工作，不断提高党建工作水平。

二、突出思想建设，着力强化思想引领

注重从思想上建党是马克思主义政党建设的基本原则和根本要求，也是中国共产党不断发展壮大的宝贵经验和重要法宝，更是党的十八大以来管党治党的鲜明特征和首要任务。落实全面从严治党要求，必须用好思想建党这个凝神聚魂的有力武器。新一届党委、纪委要着力加强思想建设，进一步坚定理想信念。要把深入学习贯彻党的十八届六中全会精神和习近平总书记系列重要讲话精神作为重大政治任务，在思想上筑牢“四个意识”特别是核心意识、看齐意识，更加坚定地维护以习近平同志为核心的党中央权威；积极用习近平总书记治国理政的新理念新思想新战略武装头脑、指导实践、推动工作，切实将集团公司党组部署和出版社党委要求落到实处，为推动出版社稳健发展提供思想引领。要把推进“两学一做”学习教育常态化制度化作为重要政治责任，深入开展“践行四合格四诠释，弘扬石油精神，喜迎党的十九大”岗位实践活动，不断激发广大党员奋发有为、敢于担当、建功立业，做合格党员的自觉性，突出实践、重在实干，攻坚克难当先锋，苦干实干做模范，守纪律己树形象，引领和带动广大员工听党话、跟党走，以优异成绩迎接党的十九大胜利召开。

三、落实“两个责任”，着力坚守政治担当

压紧压实“两个责任”是加强党风廉政建设的重要举措和根本保证，要全面落实党风廉政建设主体责任、监督责任，坚持不懈反腐倡廉，营造风清气正的政治生态。要把“一岗双责”履行情况纳入部门单位年度综合考核评价之中，以考核倒逼责任落实。要深入推进党风廉政教育，选准教育对象，丰富教育形式，力求教育效果，大力开展《关于新形势下党内政治生活的若干准则》《中国共产党党内监督条例》学习教育，全面加强和规范党内政治生活，严明党的政治纪律和政治规矩，强化党员干部的纪律和规矩意识。要用好监督执纪“四种形态”，坚持把纪律和规矩挺在前面，对苗头性倾向性问题敢于批评、及时提醒，抓早抓小、抓细抓实、防微杜渐，切实用纪律和规矩约束大多数党员干部。要明确监督执纪问责的重点、关键、方式和路径，把问责作为全面从严治党的重要抓手，驰而不息正风肃纪。要围绕重点工作、重点工程推进和管理的薄弱环节进行合规监督，以工作实绩倒逼干部履职能力提升，营造干净干事创业的良好氛围。

四、加强制度建设，着力夯实组织基础

要进一步构建完善管党治党的制度体系、责任体系和保障体系，不断健全完善党的各项制度，切实做到责任靠制度落实、工作靠制度推动、行为靠制度约束、成效靠制度保证。要细化责任主体、明确责任清单、建立考评办法、建立问责机制，切实构建党委统一领导、党委书记“第一责任”、党委班子成员“一岗双责”、党建工作部门牵头抓总、其他部门密切配合、党支部上下联动、全体党员广泛参与的“大党建”工作格局。要围绕“加强党的建设，弘扬石油精神”主题，扎实推进基层服务型党组织建设，坚持重心下移，持续推进“四强”党组织、“六个一”党支部创建活动，支持鼓励党支部围

绕改革发展稳定任务，不断创新党建工作内容、载体和方法，切实增强基层党组织生机与活力。要突出关键少数，以增强党性、提高素质、发挥作用为重点，加强党员干部教育管理，认真落实“三会一课”、民主生活会和组织生活会、谈心谈话、民主评议党员等基本制度，加强监督检查，严肃党内政治生活，健全党员立足岗位创先争优长效机制，不断激发党员学习先进、争当先进的内生动力。

五、弘扬石油精神，着力深化形象建设

石油精神是中国石油宝贵的政治文化优势，形象建设是中国石油长期战略任务。新一届党委、纪委要继续聚集“忠诚担当、风清气正、守法合规、稳健和谐”目标，牢牢把握“苦干实干”“三老四严”的核心要义，引导广大干部员工传承大庆精神铁人精神等石油战线优良传统和作风，进一步深挖石油精神的时代内涵，持续开展石油精神学习教育，不断丰富完善石油精神体系，使石油精神成为每名员工的思想主脉和行动方式，凝聚起新时期干事创业的强大力量，切实打造新时期铁人式干部员工队伍。要把推动企业形象建设常态化长效化作为长期任务和战略任务，开展重塑石油良好形象“回头看”，探索建立形象建设考核评价的有效途径和方法。要坚定石油文化自信，坚守石油文化的正确立场，传承石油文化的红色基因，积极创新宣传载体，阐释石油精神，展现石油风貌，弘扬主旋律，占领主阵地，构建“大宣传”工作格局，选树先进典型，努力把石油故事讲得愈来愈精彩，让石油声音愈来愈洪亮，形成持续推进形象建设的良好氛围。

六、坚持问题导向，着力推进工作落实

2017 年是中央企业党建工作落实年，要坚持问题导向，创造性地抓好企业党建工作任务落实。在全国国有企业党的建设工作会议上，习近平总书记深刻剖析国有企业党的领导、党的建设存在的弱化、淡化、虚化、边缘化问题。这些问题，在国有企业中比较普遍，在出版社也不同程度存在。在这次会议上，对当前出版社党建工作存在的问题进行了分析，我们要正视存在问题，下功夫解决问题，通过梳理分析、准确把脉、精准施策，推动各项工作不断前进。集团公司党组第三巡视组正对出版社进行为期两个月的专项巡视，我们要自觉把接受巡视当作加强党性锻炼的机会，把巡视作为全面体检的过程、全面对标的过程和全面提升的过程，对巡视中发现的问题认真进行整改。要切实强化实效意识、树牢实效标准，坚持问题导向、着力在落细、落小、落实上下功夫，充分发挥主观能动性，紧密结合实际创造性地开展工作。当前特别要把强化作风建设，提高执行力作为工作重点，持续加大抓作风建设的力度。要着力打造作风建设长效机制，加强日常督办检查，严格落实首问首办负责制、限时办结制，坚决防止不作为、慢作为、选择性作为的情况发生。各部门各单位要牢固树立“全社一盘棋”思想，主动沟通协调，加强协作协同，避免推诿扯皮，勇于担当负责。管理服务部门要不断提高工作质量和服务水平，积极为出版社发展出实招、办实事，努力为生产经营部门办难事、解难题。生产经营部门要树立自我经营、自我发展意识，强化效益观念，坚决转变等靠要思想，充分发挥主观能动性，大力实施“四大战略”，在激烈

的市场竞争中树立品牌、赢得效益，用发展成果检验党建工作成效。

同志们，当前出版社发展正处在关键阶段，各级党组织和广大党员干部要把学习贯彻会议精神与做好当前各项工作紧密结合起来，保持昂扬向上的精神状态，以时不我待、只争朝夕的紧迫感，以忠诚事业、奉献企业的责任感，不忘初心、努力奋斗，同心同德、拼搏进取，不断开创党建工作新局面，以更加优异的成绩迎接党的十九大胜利召开！

坚持创新驱动　加快转型融合
持续提升石油出版稳健发展水平

——在石油工业出版社有限公司2017年工作会议暨三届二次职代会上的工作报告

张卫国

（2017年2月14日）

各位代表、同志们：

现在我代表石油工业出版社有限公司（以下简称出版社）作工作报告，请各位代表审议，也请参加会议的其他同志提出意见和建议。

一、2016年工作回顾

2016年是“十三五”开局之年，是出版社的“数字出版年”。一年来，我们以习近平总书记系列重要讲话精神为指导，认真落实国家新闻出版广电总局和集团公司部署要求，坚持稳健发展工作方针，突出发展主营业务，着力推进深化改革、管理提升、融合发展，大力加强党的建设、员工队伍建设和企业文化建设，确保图书出版和生产经营任务完成，实现了“十三五”良好开局。全年实现总收入2.31亿元，其中主营业务收入1.71亿元，实现利润997万元。出版品种1462种，同比增长14.8%；出版码洋2.21亿元，同比增长10.7%。一年来，出版社领导班子重点抓了六件大事。

一是岗位薪酬绩效考核体系优化项目落地实施。深化人事劳动分配制度改革，统一各类员工基本工资体系、绩效考核管理体系，建立六大系列12个序列岗位任职资格管理体系，进一步畅通员工职业发展通道，出台岗位任职资格管理、薪酬管理、绩效管理等6项制度，体系构建进一步完善。严格落实绩效考核，实现“严考核、硬兑现”，员工干事创业积极性得到增强，经营部门人均出版品种、出版码洋、出版字数同比均有较大增幅，管理服务部门工作业绩有较大提升。

二是“十三五”发展规划发布实施。经过全社上下反复研讨，凝聚集体智慧，精心编制出版社“十三五”发展规划纲要及主营业务发展规划，明确出版社“十三五”发展的指导思想、主要目标、基本战略和重点任务，提出“四个翻番”奋斗目标，并由出版社三届一次职工代表大会审议通过印发实施，成为推动出版社稳健发展的行动纲领。

三是数字出版工作取得成效。积极适应融合发展新形势，加强顶层设计、加大工作力度，制定和落实“数字出版年”工作部署要求，强力推进制度、队伍、产品和资源建设，出版转型取得成效，建成五大产品线，开发数字出版新产品9个，完成通用资源数字加工7751种、产品资源数字加工428种，平台用户量66027个、点击量40万次。

四是深入开展“两学一做”学习教育。制定学习教育实施方案，领导班子成员带头上党课、带头学习讨论、带头过双重组织生活，自觉做到以上率下。认真完成党员组织关系排查等四项基础工作，举办党支部书记培训班，召开党课教育观摩会，基层党组织做实规定动作，做好自选动作，推动从严治党向基层延伸。全社组织学习研讨30余次，讲党课20余次，组织参观10余次，党员干部“四讲四有”得到增强。

五是持续坚持“五走”拓展市场资源。借助集团公司办公厅下发统筹图书出版工作通知的有利机遇，继续坚持“走出去、走上去、走下去、走进去、走到位”，社领导带队调研走访大庆油田等5家石油企事业单位，宣传出版社业务，签订战略合作协议，拓展出版资源，共同总结科研生产、企业管理、企业文化等方面成果。坚持“请进来走出去”，分专业召开著译者座谈会，市场资源得到新拓展。

六是送书工程稳步推进。认真落实集团公司送书长效机制，创新纸质书和电子书结合送书形式，为基层员工精心组织编写20种新书，图书内容进一步丰富。制定送书图书稿酬标准，采取统一采购纸张等措施，在保证送书质量、数量同时控制送书成本，确保把“好事办好”。全年为集团公司43030个基层队和101个管理部门配送图书43343套，送书码洋4847万元。“中油书店”项目正式启动并列入送书工程，管干院、石油大厦分店正式开业，得到集团公司领导和员工广泛赞誉。

一年来，全社上下认真贯彻落实出版社工作思路和部署要求，主要做了以下几方面工作。

（一）效益优先，坚持规模质量并重

一是图书出版成果显著。科技图书出版，依托图书出版中心开拓市场，选题储备大幅增加，编辑出版《石油钻采装备金属材料手册》等一批重点图书，完成纵向图书出版70种，积极做好集团公司“十二五”重大科技成果出版工作。高校教材出版，紧密联系石油院校，通过各类年度会议深化合作，积极拓展出版品种，累计完成“十三五”规划教材选题216种。职业培训出版，依托统编培训教材、鉴定教材平台，深入基层培训中心，拓展新书出版品种，同时有序开展数字出版工作。大众图书出版，积蓄一批优质出版资源和优秀作者队伍，图书出版规模再上台阶，英语、社科、童书等板块表现突出，《中国石油组织史资料》取得较好效益。标准与安全图书出版，标准图书品种稳步增加，安全类图书品种和码洋均有明显增长，数字出版实现局部盈利。年鉴史志类图书出版，在做好《集团公司年鉴》出版工作同时，努力提高石油企业史志类图书出版品种，建设中国石油年鉴网，出版品种和码洋均增长明显。期刊出版，《中国石油勘探》再次成功入选科技核心期刊，成为“双核心”期刊，进入石油期刊先进行列。能源经济出版，举办能源大讲坛6期和能源热点问题高层论坛，能源大讲坛正式上线，图书出版有条不紊。落实集团公司人事业务期刊整合安排，组建人力资源出版中心，承担《石油人力资源》期刊出版任务。版权贸易国际交流合作进一步推进。2016年出版社出版图书获奖上百种次，其中《超低渗透油藏勘探开发技术新进展丛书》（4册）荣获第六届中华优秀出版物提名奖，这是出版社近十年来再次获得国家顶级图书奖项；《中国石油“十二五”科技进展丛书》等9种图书以及钻井工程技术服务平台列入“十三五”国家重点出版规划，为历次规划入选种数最多一次；承担集团公司30项技术利器有形化项目获集团公司科技进步奖三等奖；《“一带一路”话石油》等8种图书获第26届全国石油石化企业管理现代化创新优秀著作奖；《大型低渗透岩性油藏评价及开发技术》等76种图书和教材获中国石油和化学工业优秀出版物奖；1种图书入选全国优秀社会科学普及作品，2种教材分获陕西省普通高校优秀教材一、二等奖。

二是图书营销奋力前行。以北京图书订货会、出版社发行工作会议和全国图书交易博览会为抓手，拓展渠道建设，加强“社店”“社站”合作，推进线上线下销售，广泛开展重点营销活动，建立读者资源库，提高读者资源利用率，紧贴目标用户，在探索新媒体营销模式上取得成效。

三是创意服务稳中推进。彩印业务在完成社内重点印刷任务同时，积极开拓外部市场，加强与社会企业印刷合作，成为中央党校出版社主要印制服务单位。通过ISO 9000、ISO 14000体系和安全生产标准化审核年检，加强安全环保治理，推进生产精细化管理，POD业务增长95%，入选北京市印刷质量十佳企业，全年完成收入3874万元。展览广告业务超前谋划，统筹推进，圆满完成国家“十二五”科技创新成就展重大专项展及巡回展，集团公司科技与信息化创新大会科技展厅、信息化展厅的设计创意、宣传片拍摄、展台搭建、延展服务以及油田企业展览等工作，受到集团公司管理部门致信表扬，获得“集团公司信息化创新团队”称号，全年完成各项展览15项，收入3412万元。

（二）全员推进，加快转型融合步伐

一是强化组织助推转型。召开全社数字出版工作会议，明确转型目标，全面部署工作任务，统筹组织实施，加强专题培训和业务研讨，增强员工转型意识和业务素质，不断完善制度和标准建设，发布《数字资源管理平台运维管理办法》和《电子书销售管理办法》等制度，推进融合发展。

二是产品建设初见成效。以数字资源建设为核心，提前完成存量资源加工，建成包括图书、标准等12个库的资源管理平台并开放使用，实现资源标准化管理。积极开发数字产品，探索运营模式，打造五大产品线，石油标准、石油钻井工程知识服务平台等数据库产品上线，开发“数字石油学院”“石油云课堂”两个平台，与西安石油大学合作开发《渗流力学》网络课程，《石油石化职业技能鉴定培训教材》配套数字产品“油题库”APP入库18个工种教材，上线运行效果良好。互联网产品石油百科用户量接近1万人，点击量近10万次，广受欢迎。

三是运营服务影响扩大。运用多种形式加

大宣传力度，在集团公司官网、官微宣传石油大搜网，利用与油田企业签订战略合作协议、北京图书订货会等途径宣传转型成果和数字产品，出版社官微运营良好，总用户量达到 4.3 万个，有效扩大了社会影响。

（三）夯基固本，破解制约发展瓶颈

一是公司制治理逐步规范。积极推进彩印公司、展览公司公司化治理，健全子公司章程，完善管理结构，选派执行董事、监事，下放管理权限，简化管理流程，有效发挥生产经营主体作用，在建立竞争机制、增强子公司活力、提高运行效率和效益上取得明显进展。

二是基础工作不断加强。加强制度体系建设，对 140 多项管理制度进行全面梳理，新制定 24 项、修订 26 项、废止 52 项，健全各类委员会和领导小组等常设机构。加强合规管理监督检查，定期收集分析风险事件，完成“2015 年送书长效机制专项资金使用”和“彩印公司公司化治理推进”审计项目，配合完成集团公司存货专项审计。严格合同审核，妥善处置版权纠纷，维护出版社合法权益。优化 ERP 系统、OA 系统，完成出版社门户网升级改造，信息化建设得到加强。

三是队伍建设取得成效。适应业务发展需求，加强人才引进，全年引进员工 34 人，30 人充实到生产经营一线，编辑队伍结构得到改善。加强全员培训尤其是编辑人员培训，围绕岗位任职资格管理体系、图书质量保障体系和“数字出版年”要求，组织两期编辑业务培训，邀请专家举办新闻出版行业“十三五”规划和数字出版专题讲座，员工业务素质得到有效提升。

（四）完善机制，提升管理运行水平

一是管理服务有效改善。按照打造“管理枢纽”要求，印发管理服务部门年度工作要点，创新服务理念，细化工作流程，落实“首问首办负责制”和“限时办结制”。完善协调机制，落实督办制度，每月通报重点工作任务完成情况，做好重要会议内容、领导批示落实督办。统筹生产运行计划落实，推进均衡生产，每月制定图书发稿计划，定期组织图书出版运行分析会，加强图书出版运行周期监控，对超周期运行图书进行预警，全年样书、入库超周期图书品种同比下降 50%。跟踪推进石油科技园区物流保障建设取得新进展。

二是开源降本取得实效。坚持提质增效与开源节流并重，制定出版社开源节流降本增效实施方案，提出五个方面 18 项具体措施，明确目标、措施和责任。坚持以预算为引领，以完善管理机制、协调生产运行、严控成本支出、推进资产轻量化和规范经营为重点，综合推进实施，全年完成招投标 533 万元，压缩采购资金 26 万元，“开源”效果显著，经营指标稳中向好，管理费用和“五项费用”管控实现双下降。

三是后勤服务质量提升。强化安全环保管理工作，修订发布出版社突发事件应急预案，实现全年无重大责任事故。优化施工方案，提高工程管理水平，完成办公楼中控室移机等 7 项工程。房屋、维修、食堂管理等后勤服务工作扎实有力，固定资产使用效益得到提高，车辆费用下降 16%，为主营业务发展提供保障。

（五）保障有力，加强党建文化建设

一是治党管党全面加强。围绕学习领会习近平总书记系列重要讲话、党的十八届六中全会精神、全国国有企业党建工作会议精神，党委中心组带头学习，“四个意识”进一步增强。落实从严治党主体责任、书记第一责任人和“一岗双责”要求，党建工作与业务工作同部署、同检查、同考核，专题研究基层党建工作，推进“两学一做”学习教育。加强反腐倡廉建设，制定主体责任实施细则和巡视工作实施细则，逐级签订责任书，以新修订施行的《准则》和《条例》为重点开展廉洁教育，注重运用“四种形态”，抓提醒、抓监督，强化监督问责，有效推进风清气正政治生态形成。

二是从严管理干部队伍。强化领导班子建设，认真落实民主集中制，健全完善“三重一大”议事决策机制，提升规范决策、科学决策水平。研究制定《出版社处级领导人员选拔任用实施办法》，严格选人用人标准，落实干部晋升和退出办法，严格按照程序由社党委集体研究，提职、调整和退出12名干部。从严管理监督干部，对2015年未如实填报个人有关事项报告材料人员，依照有关规定进行提醒、谈话和处理。

三是宣传教育有声有色。深入开展“形势、目标、任务、责任”主题教育，开展“主动适应新常态、积极应对低油价”群众性大讨论。继续开展重塑良好形象大讨论活动，针对存在问题，建立整改清单、责任清单，推动整改落实。在集团公司门户网、直属党委门户网刊发信息40余篇，在出版社内部门户网开辟“三严三实”“重塑形象”“两学一做”“劳动竞赛”等专栏，开通出版社官方微信和“中油书店”微信等平台，宣传报道出版社改革发展成果、重点工作和员工精神风貌。

四是群团组织发挥作用。深入开展工会建家活动，认真落实民主管理，组织职代会换届选举，落实职工代表提案，推进社务公开，保障员工知情权、参与权、监督权。改造员工健身房，配备空气净化器133台，为230名员工办理“互助服务卡”，帮助员工解决实际困难。以青年突击队、青年文明号创建活动为抓手，促进青年员工整体素质提高。落实离退休职工“两项待遇”，提升服务水平，让离退休老同志老有所养、老有所乐。

同志们，一年来出版社生产经营平稳运行，主要经营指标好于预期，员工收入稳中有增，改革成果惠及员工，“十三五”开局良好。在全行业面临严峻形势情况下，取得这样的成绩实属不易。在此，我向全社员工一年来的辛勤工作、向广大离退休老同志的热忱关心表示衷心的感谢和诚挚的敬意！

二、面临形势分析

（一）充分认识外部因素带来的机遇和挑战

从石油行业层面看，全球油气市场供需格局变化和中国“一带一路”倡议给油气和相关产业合作提供了巨大发展空间。国家提出能源革命和能源发展战略行动计划，全面深化改革和供给侧结构性改革深入推进，为能源产业发展指明了方向，进一步丰富了出版资源。集团公司稳健发展的基础和优势依然突出，在国内油气行业中居于主导地位，具备较强的国际竞争力，独具特色的企业文化和品牌优势，也为企业发展奠定了坚实基础。从出版行业层面看，国家明确提出新闻出版事业是公共文化服务体系的重要组成部分，加快新闻出版转型升级步伐，推动传统出版和新兴出版融合发展；“全民阅读”首次写入国家规划，将极大推动全民阅读在全国范围内深入开展。新闻出版业日益成为推动社会经济转型发展的重要力量、与科技深度融合发展的关键领域、保障国家文化安全与互联网安全的主要阵地。

国际金融危机后，世界经济复苏进程艰难曲折、增长动力仍然不足；我国经济发展进入新常态、下行压力持续加大。全球油气供需总体呈现宽松格局，支撑油价走高动力不足；国内油气需求增速放缓。集团公司内部制约稳健发展的矛盾和问题依然较多，实现提质增效、推进稳健发展任务艰巨繁重，行业发展艰难直接影响到出版社发展。当前出版行业发展面临严峻挑战。图书出版理念陈旧，内容缺乏创新，偏重数量，忽视质量，有高原缺高峰，高质量、有特色的精品图书缺乏；资源整合不充分，体制机制不灵活；图书品种结构失衡，图书品种单一；传统出版面对数字出版兴起不适应，主动应对、融合发展准备不足、进展不快。

（二）充分认识自身优势及存在问题

出版社建社以来，出版了一大批精品图书，形成一支高素质的编辑出版、创意设计、印刷制作、发行营销队伍，拥有国际先进水平的数码印刷、彩色印刷、按需印刷生产系统和石油行业高水平的展览业务系统，在全国科技出版领域占有重要一席之地。近年来，出版社按照国家新闻出版广电总局、集团公司部署要求，突出图书出版主营业务，转变发展方式，突出质量效益，主营业务规模和效益不断提升，受到上级部门充分肯定和广大读者充分认可，在业界形成良好口碑。集团公司送书工程长效机制建立以来，一线员工受益匪浅，“员工在学习中进步，企业在学习中发展”理念日益深入人心，为出版社下一步发展奠定重要基础，对此我们要有充分自信。

但不必讳言，出版社自身也存在不少困难和问题。表现在：规模实力处于出版行业中下水平，管理水平与业务发展不适应，发展理念有差距，人均出版效率较低，精品图书较少，数字出版基础相对薄弱，优质内容资源相对不足，等等。对此，我们必须保持清醒头脑，认清不足，明确措施，深耕细作，迎头赶上，一步一个脚印地抓好各项工作。

三、2017年工作部署

2017 年是实施“十三五”发展规划的关键之年，是出版社的“创新发展年”。全年总的工作思路是：深入贯彻落实国家新闻出版广电总局和集团公司部署要求，坚持稳健发展，坚持深化改革，坚持规划引领，坚持市场导向，以创新发展为动力，以转型融合为方向，以专业出版为龙头，以教育大众出版为两翼，以创意服务为助力，大力实施“四大战略”，突出主营业务发展和提质增效，大力加强党建和思想政治工作，不断推进建设专业特色鲜明、具有较强市场竞争力和品牌影响力的出版公司目标实现，为集团公司建设世界一流综合性国际能源公司提供强有力的科技文化支撑。

2017 年主要工作目标是：

——出版码洋 2.26 亿元（可销售码洋 1.16 亿元）；

——销售码洋 8300 万元（销售回款 5000 万元）；

——出版收入 6800 万元；

——展览公司收入 2300 万元；

——彩印公司收入 3800 万元；

——总收入 2.35 亿元；

——实现利润 480 万元；

——经费自给率保持在 87% 以上；

——图书质量合格率 100%；

——安全生产无较大事故；

——员工收入在效益提高基础上有所增长。

围绕实现上述目标，重点做好以下八个方面工作。

（一）创新选题引领，做强图书主业

一是不断拓展出版资源。持续坚持“五走”，落实战略合作协议，主动出击，挖掘出版资源，发挥出版中心作用，策划优质选题，加大原创出版物出版力度。选题委员会要切实发挥引领和把关作用，注重“长短结合、高低结合、难易结合、专宽结合”，不断拓展选题储备。

二是推动出版业务发展。完善作者数据库，建立高素质作者队伍。加强版权管理与版权运营。出版品种年均增长 10% 以上，可销售图书比例逐步提高，力争通过 5 年左右时间，使年新书品种达到 1000 种以上，重印图书年出版近千种，总体年出版约 2000 种图书，达到与出版社人员结构规模相匹配、符合出版行业一般规律的图书品种结构和数量，实现图书出版业务良性循环。

三是着力提升图书质量。加强质量管理体系宣贯落实，加强图书内容质量、加工质量、审稿质量、校对质量、装帧设计质量、排印装质量管理，将精品意识贯穿到图书编辑出版全过程，全力打造精品图书。

四是继续实施“十一项出版工程”。科技图书出版工程要充分利用政策优势，以重大项目、重点丛书作为主攻方向，做好《中国石油“十二五”科技进展丛书》等重点图书，拓展和细化科技出版领域，扩大科普图书、手册工具书、员工读物等实用类图书出版，年出版新书 200 种以上，推动规模和品种快速增长，努力打造一批品牌图书、高层次获奖图书。高等教育出版工程要坚持抓规划、抓院校，做好本科、研究生、高职高专规划教材出版工作，年出版图书 150 种以上，大力推进数字出版，对一批重点规划教材进行在线数字课件开发，逐步形成品牌规模，为“数字石油学院”“石油云课堂”等在线平台提供丰富资源。职业培训出版工程要稳定培训教材，突出做好鉴定教材，大幅度提高油田企业特色培训教材出版力度，力争两三年内每年新书品种超过 100 种，力争在“十三五”期间转化为培训出版经济，探索出培训数字化出版盈利模式。大众图书出版工程要利用石油企业资源优势，做好企业文化图书出版工作，打造石油企业文化图书品牌；力争在少儿图书、青少年教育、英语图书、社科图书等方面形成品牌优势，特别是童书出版要尽快形成规模优势；今年实现新书品种 260 种以上。标准安全出版工程要从自主策划、资源再生、版权引进等方面策划选题，在两三年内使安全类图书年出版品种增加到 80 种以上；加大标准图书和标准数字化产品出版力度，拓展定制服务，建立全覆盖标准发行网。鉴志辞书出版工程要高标准做好集团公司年鉴出版工作，拓展史志图书出版空间，力争三年内达到 50 种以上；建成完善中国石油年鉴网，创新模式推出石油史志图书 APP。能源经济出版工程要加强顶层设计和整体谋划，以坛为媒，以书为介，以我为主，扩大合作，高水平办好能源大讲坛，扩大品牌影响。要坚持抓精品和高端作者，抓国内原创精品和版权引进权威作品，年内举办 10 次以上能源大讲坛，出版 2 ~ 3 种国内外有影响的精品图书和 10 余种能源经济类图书，办好《中国油气》杂志。石油期刊出版工程要准确定位，拓展资源，提高品质，不断提升学术性，扩大影响，打造品牌；尽快推出期刊集群平台，在此基础上推出期刊集群APP。人力资源出版工程要完成期刊划转变更手续，高质量做好《石油人力资源》创刊工作，创新手段提高《石油技师》办刊质量，做好《中国石油组织史资料》系列丛书出版，建立长效机制，推进策划组织人事选题，打造精品图书。版权贸易出版工程要加强版权管理和经营，做好石油专业图书以及少儿和双语教育板块、能源经济图书引进工作，提高版权引进效率，以国际书展、对外交流为平台，稳步推进版权输出。送书长效出版工程要不断增强送书针对性，创新送书形式和载体，巩固送书成果，扩大覆盖范围;借助“中油书店”平台，丰富学习服务功能，提供增值服务，增强阅读趣味性和员工读书积极性，使送书工程成为真正的知识福利工程。

（二）创新数字出版，积蓄发展后劲

数字出版转型是一项涉及全社的系统工程，要坚持“规划是保障，资源是基础，产品是核心，运营是抓手，赢利是目标”的工作思路，着力在创新经营模式、运营推广、营销布局和赢利模式上取得有效突破。深入开展石油知识体系建设工作，以知识服务产品开发为重点，加强石油行业市场推广应用，通过快速产品迭代，打造行业认可、反映良好的数字精品。以“数字石油学院”“石油云课堂”两个产品建设为抓手，制定资源建设规划，加强教育培训平台资源建设，开拓石油教育培训数字化市场，占领教育培训数字高地。加强顶层设计，推动纸书数字化增值服务，充分用好“中油书店”多终端电子书发布平台功能，以买纸书送电子书形式实现线下读者向线上平台引流。积极开展以石油大搜网为核心的数字产品运营推广工作，实现用户快速聚集。开展数字产品营销渠道建设，逐步形成石油数字产品销售网络。

（三）创新营销模式，加强渠道建设

图书营销工作要进一步加强营销网络建设，创新营销模式，加强四大销售渠道建设，稳住线下传统渠道（包括石油标准和图书发行站），大力拓展线上营销渠道，加强团购、直销渠道开发，探索数字产品销售渠道建设，相互补充，提升发展合力，为图书出版提供渠道与信息支持。加强与编辑部门合作，探索石油专业知识服务体系的营销模式，提高数字产品变现能力。强化精准营销，总结推广成功案例，紧贴目标用户，引入大数据技术，探索新媒体营销模式，实现精准推送，对三年以上滞销书开展促销活动，努力去库存。定期召开编发互动会，及时交流出版信息，制定落实重点出版项目和重点图书营销方案。加强“中油书店”品牌建设，使之成为交流的窗口、购书的平台、学习的园地、服务的桥梁，逐步实现自负盈亏。

（四）创新创意服务，提高竞争能力

彩色印刷业务要以服务市场为目标，推进工作理念创新，提高效率和效益，市场总量“做加法”，增加开机率，员工总量“做减法”。推进管理机制创新，实行项目负责人、项目执行人两级管理，细化考核单元，打破身份界限，实行竞争上岗，实现全成本核算。推进市场开拓创新，深耕石油市场，开拓石油单位印刷业务。推进POD运营模式创新，开拓外部市场，加大POD使用率，与印制发行部门协同，推进数字仓储、按需印刷。

展览业务要着力提升核心竞争力，通过对模型设计、文案设计等业务的培训考核，提升策划、设计和运营能力。强化营销创新，及时了解石油内外部展览业务信息，走向市场，赢得用户；加大市场营销考核力度，鼓励员工拓展市场业务。强化管理创新，按照合规管理要求，完善招标、合同签订、项目成本控制等方面制度规章，确保项目高效运行。强化机制创新，寻求创意能力强的支撑团队，紧盯行业发展趋势，在展示设计和展示手段创新上寻求突破。提高项目运营管理能力，积极开拓新市场新领域。广告业务要稳中有增。

（五）创新体制机制，激发企业活力

一是深化子公司治理。突出子公司市场主体地位，充分下放经营自主权，进一步实现“自主经营”；强化企业经营责任，加大工效挂钩力度，实施差异化奖惩，充分体现“自负盈亏”；严格考核奖惩到位，业绩与考评直接挂钩，切实体现“自担风险”；完善约束监管机制，构建科学有效监督管理体系，严格实现“自我约束”；进一步深化改革，逐步实现“自我发展”。坚持市场导向，通过深化公司化治理体制机制创新，在两三年内实现“五自”。

二是组建异地图书编辑加工中心。针对近年来在京办公和生活成本快速增长，以及出版行业图书编辑加工等业务外移的实际情况，组建异地图书编辑加工中心。2017 年，计划在成都组建西南图书编辑加工中心，充分利用西南油气田、川庆钻探等企事业单位的作者资源、图书资源、仓储与营销资源，结合出版社西南图书出版中心办公条件，试点推行图书编辑加工业务，适时培育打造图书文稿校对、对口定点排版、就地印刷、就地进入图书储运与营销体系等一条龙业务链。

三是探索混合所有制合作模式。在深入调研充分论证基础上，按照集团公司关于混合所有制改革的政策要求，借鉴兄弟出版社的成功经验，按照互利双赢原则，在出版、印刷、数字技术等方面推进混合所有制合作，解决制约出版社发展的瓶颈问题。

（六）创新人力资源管理，推进三项制度改革

一是深化人力资源管理体制机制调整。围绕管理人员“能上能下”建立优胜劣汰选人用人机制，探索管理人员任期制和契约化管理，对任期内考核不达标管理人员进行诫勉谈话或岗位退出，开展职业经理人试点，健全完善一般管理人员选用考评机制；围绕员工“能进能出”建立畅通灵活的市场化用工机制，推行公开招聘制度，健全完善竞争择优的岗位动态运行和人员分流退出机制；围绕“能增能减”建立绩效挂钩的薪酬分配激励机制，建立健全与劳动力市场基本适应、与出版社经济效益和劳动生产率挂钩的工资决定和正常增长机制，推进薪酬水平与市场价位接轨，鼓励部门搞活内部分配方式，试点划小部门内部机构核算单元，采用事业部制管理模式，实行独立核算，释放创效活力。

二是加大人才培养力度。坚持“规模与发展相适应，引进与培养并重，激励与约束促进成长”工作思路，优化员工队伍结构，完善人才培养机制。落实岗位任职资格和培训管理体系，以培养专家型人才为目标，开展局处级干部培训，选拔首席策划编辑、首席销售经理、管理专家等一批出版社级专家，启动“石油出版名匠”培育计划，组织近三年入社新员工专题培训，通过岗位自学、技术交流、外派学习、专题讲座等形式，提高各类专业技术人员岗位胜任能力和技术创新能力，进一步提升员工职业化素养和专业化水平。注重人才实践锻炼，采取下派上挂、岗位轮换等方式，选拔优秀人才，进行压担子培养。

三是完善岗位薪酬绩效考核体系优化项目。巩固项目落实成果，持续建立和完善相关配套政策，深入推进二级单位自身绩效考核和薪酬兑现实施，完成全员绩效考核，进一步加大绩效考核和薪酬激励力度。加大绩效考核结果应用力度，上半年适时进行岗位任职资格调整工作。

（七）创新管理工作，提高工作效率

一是加强统筹运行管理。坚持管理和服务并重，完善加强四个“管理枢纽”建设实施办法，制定落实“首问首办负责制”和“限时办结制”细则，认真落实督查督办制度，强化考核问责，确保整体运转高效顺畅。加强信息技术管理使用，完善落实硬件、软件和安全管理制度，运用信息化手段改造管理运行流程，提高信息传递时效，推进 ERP 和 OA 系统高效运转。加强图书出版和生产经营计划性，严控出版周期，梳理管理流程，减少审批环节，在图书编辑、审稿、排校、印刷各环节实现平稳运行，确保生产运行均衡和工作效率提高。

二是加强财务运营管理。发挥财务服务、决策支持、价值创造的管理职能作用，强化预算管理引领，把预算指标与绩效指标对接，增强预算执行严肃性和预算考核精确性。建立创新压力传导机制，营造“任务家家有，指标人人扛”的全面预算管理局面。加强管理会计型人员培养，实现“核算型会计”向“管理型会计”转变。及时跟踪各业务板块关键指标变化情况，抓住关键问题，强化分析应用，为生产经营决策提供高质量建议。强化子公司财务管理工作，进一步放权同时，加强子公司会计核算指导及财务管理监督。

三是推进“开源节流降本增效”。群策群力、集思广益，利用多种形式做好宣传引导，全员、全过程、全方位开展活动。着力推进“开源”，经营部门主要业务收入、毛利润、品种均增长10%。着力推进“节流”，严控成本费用支出，着重控制非生产性费用支出，实现服务、管理费用硬下降。做好“营改增”后相关政策宣贯工作，统筹做好税收管理及筹划工作，降低税务成本及风险。

四是推进依法治企。以全员合规培训为主线，强化合规意识和风险意识，夯实合规管理基础。以重大风险管控为主线，深入开展全业务领域战略决策、市场经营、安全环保、法律法规等风险排查识别，逐级落实风险管理责任，推动风险入流程、入制度，有效防止和规避风险。认真落实内部审计、效能监察、内控宣贯测试、合同管理，妥善处置法律纠纷，积极打击盗版，不断提升合规管理水平，推进落实依法治企。

五是推进后勤保障。全面提升本质安全水平，确保全年无重大事故发生。创新工作思路，规范管理程序，完善规章制度和岗位职责，推进后勤管理科学化、规范化、精细化。做好综合楼安全隐患治理等 5 个工程项目，保证项目设计、采购、施工、安装调试等各环节顺利进行。

（八）创新党建工作，坚持全面从严

一是持续深化理论武装。认真学习领会习近平总书记系列重要讲话精神和党的创新理论成果，抓住学习目标、内容、方法、效果四个关键环节深入推进，切实增强“四个意识”。党委中心组每月集中学习一次，上半年重点抓好局处级干部参加的党的十八届六中全会精神专题培训，下半年党的十九大召开后，集中学习宣传贯彻党的十九大精神。坚持政治理论学习与推进生产经营中心工作相结合，针对转型发展中遇到的困难和挑战，强化学习针对性，在破解出版社发展瓶颈难题上见成效。

二是强化党建工作规范。认真贯彻全国国有企业党的建设工作会议精神，修订公司章程和党委工作细则，进一步明确党组织在公司治理结构中的法定地位，健全党建工作责任体系，党委每年至少安排 1 次会议专题研究党建工作。认真执行《出版社"三重一大"决策制度实施细则》，开好民主生活会。持续抓好"两学一做"学习教育，组织党支部书记述职，进行"党员先锋岗"评比表彰，研究落实党支部考评办法，把考评结果纳入出版社绩效考核权重。上半年召开出版社党员大会，完成党组织换届选举。

三是全面落实"两个责任"。广泛开展"廉洁警示谈话""廉洁从业案例分享"教育活动，增强党员干部、重点岗位人员自律意识。深化主体责任落实，确保"第一责任人"职责和"一岗双责"履行到位，把党风廉政建设和反腐败工作融入各项工作，把履职情况和评议结果作为评价使用干部重要依据，作为绩效考核重要权重。落实纪委书记与新提拔干部廉洁谈话制度，制定监督执纪"四种形态"实施细则，把"四种形态"体现在党员干部日常监督管理全过程。

四是加强干部队伍管理。坚持党管干部原则，严格落实出版社《处级领导干部选拔任用管理办法》，着力选优配强部门"一把手"，研究建立容错纠错机制和优秀年轻干部培养选拔实施办法，激励想干事、能干事的人勇于担当、主动作为。强化党员领导干部管理监督，继续抓好干部评议和领导干部个人有关事项报告工作。围绕"三严三实"专题教育、"两学一做"学习教育、民主生活会等查找出来问题，加大整改落实力度和监督考核力度，做到有禁必止、政令畅通。

五是加强和谐建设。继续深入开展"形势目标任务责任"主题教育，发挥思想政治工作凝心聚力、解疑释惑作用，营造稳定和谐环境。深入开展读书活动，培养石油出版人良好职业道德和职业行为。发挥正面宣传主渠道作用，凝聚队伍，鼓舞干劲，提升形象。加强工会、共青团和女工等群团组织建设，提高服务水平，发挥职能作用。加强民主管理，落实职代会职权，提高主题劳动竞赛质量，开展"巾帼建功"活动，举办迎"国庆"主题歌咏比赛，丰富员工文化生活。

同志们，2017 年是党的十九大召开的政治大年，是出版社努力实现"十三五"发展目标的关键之年，改革发展稳定各项任务艰巨繁重。企业发展离不开信心的支撑，坚定的信心是战胜困难的重要力量，信心比黄金更重要。让我们更加紧密地团结在以习近平同志为核心的党中央周围，认真贯彻落实国家新闻出版广电总局和集团公司的部署要求，坚定信心，迎难而上，坚持创新驱动，加快转型融合，努力促进石油出版事业持续健康稳健发展，以良好的业绩向党的十九大献礼！

在石油工业出版社有限公司2017年工作会议暨三届二次职代会结束时的讲话

张卫国

（2017 年 2 月 14 日）

各位代表、同志们：

经过大家共同努力，出版社 2017 年工作会议暨三届二次职代会圆满完成各项议程，就要闭幕了。这次会议，是在出版社实现“十三五”良好开局之际召开的一次十分重要的会议。会议全面总结出版社 2016 年工作，在科学分析当前形势基础上，确定出版社 2017 年的工作目标、思路及要求，符合出版社实际，符合干部员工的根本利益，可以说目标催人奋进、思路清晰明了、措施得当有力，对于我们进一步认清形势、凝心聚力，完成好 2017 年各项工作任务，必将产生积极的推动作用。在此，我代表出版社党委，向会议的顺利召开表示祝贺，向大家的辛勤努力表示感谢！为贯彻落实好这次会议精神，我再强调三个方面问题。

一、从严讲政治，引领创新发展

习近平总书记在全国国有企业党的建设工作会议上强调：坚持党的领导、加强党的建设，是我国国有企业的光荣传统，是国有企业的“根”和“魂”，是我国国有企业的独特优势。出版社作为国有出版单位，必须坚决贯彻全面从严治党各项要求，以严的标准、严的要求，不断加强党的建设，全面落实“把方向、管大局、保落实”要求，引领创新发展，推动转型升级。

一是坚持从严管党治党不动摇。春节前夕，集团公司召开 2017 年工作会议，集团公司党组书记、董事长王宜林部署 2017 年工作时，把坚持全面从严，着力加强企业党的建设放在首位，提出“五个从严”的要求，即从严强化思想教育、从严规范组织生活、从严抓好监督执纪问责、从严加强班子建设和干部管理、从严加强基层党组织建设，发挥政治文化优势，推动各项工作再上新台阶。首先，要从严加强理论武装，增强“四种意识”。各级党员领导干部要深入学习领会习近平总书记系列重要讲话精神、中央和集团公司党组关于党建工作会议精神，党委中心组要带头学习，不断补精神之钙、固思想之元，在坚定理想信念、坚定政治方向上做表率，坚定不移地向党中央看齐、向党组看齐，做到政治同心、思想同向、行动同步，牢固树立“四个意识”特别是核心意识和看齐意识，确保在任何时候任何情况下都做到方向不偏、立场不变、纪律规矩不松，自觉把党建与中心工作同谋划、同部署、同推动。其次，要从严落实责任，强化监督到位。要以贯彻《关于新形势下党内政治生活的若干准则》和《中国共产党党内监督条例》为抓手，构建完善管党治党的制度体系和工作平台，研究制定《出版社党建工作责任制实施细则》，建立刚性管用的党建工作考核评价办法，组织开展党支部书记抓基层党建述职评议考核工作，把考核评价结果与单位绩效考核、领导班子奖惩任免挂钩，不断提高党建工作科学化水平。

二是坚持正确出版导向不动摇。要认真贯彻中办通知要求，坚持社会效益和经济效益统一，把社会效益放在首位，充分认识出版工作是党的宣传思想工作的重要组成部分，充分认识科技出版工作对提高公民科学素质、建设创新型国家和构建社会主义和谐社会的重要意义，以繁荣出版事业为己任，紧扣时代脉搏，把握社会需求，坚持正确出版方向，努力弘扬科学精神，大力发展和传播社会主义先进文化和社会主义核心价值体系，以高度的政治责任感办好出版社，使政治文化优势转化为企业的核心竞争力，努力用更好更多的优秀作品和出版物去赢得读者、占领市场，实现社会效益和经济效益的有机统一。要严格落实选题论证制度，做到有政治问题不出、格调不高的不出、没有市场调研论证的不出。要大力实施精品战略，增强全员质量意识、精品意识，着力培育提升编辑人员选题策划能力，加大原创出版物出版力度。要加强质量管理体系建设和宣贯落实，严格选题策划、稿件编校、印装质量管控，集中精力打造精品图书，提高选题质量和出版质量，努力实现图书出版规模与效益同步增长，不断扩大图书出版的社会影响力和行业竞争力。

三是坚持创新引领发展不动摇。要始终把发展作为第一要务，把实施创新战略作为推动企业发展的强劲引擎。要创新管理机制，进一步明确各生产经营主体的责权利，完善管控模式，突出经济效益，确保高效运转；创新考核分配制度，继续推进岗位薪酬绩效考核体系优化项目，构建完善以绩效为导向的考核评价机制、以岗位贡献为核心的激励约束机制，充分激发广大员工的积极性创造性；创新人才成长机制，进一步规范用工管理，形成能上能下、能进能出、能升能降的新机制。要积极适应信息数字化发展大势，大力推进传统出版向数字出版转型及融合发展，加强资源建设、平台建设、流程建设、产品建设和运营能力建设，尽快在服务和赢利模式上取得突破，为出版社发展注入动力。

二、从严强作风，推动创新发展

作风建设不可能一劳永逸，培养良好作风、克服不良作风也不可能一蹴而就，要以久久为功的决心和毅力，持续推进作风建设，着力营造干事创业的良好生态。

一是立足领导班子建设强作风。各级领导干部作为引领发展的“关键少数”，要勇当先锋、争做表率，团结带领广大员工直面挑战、战胜困难，推动出版社创新发展。各级领导干部要自觉经常同集团公司党组的要求对表，校准自己的思想和行动；要坚持把驰而不息纠正“四风”作为严肃的政治任务，在常与严、严与实、深与细上下功夫；要树立担当、实干、有为、友善的新风尚，持续深化“四好班子”创建活动，不断提升“五种能力”，发挥好领导班子示范带头作用，重点抓好党委工作制度、“三重一大”

民主决策制度落实，坚持按原则办事、按程序决策。社党委已就召开专题组织生活会和开展民主评议党员下发通知，各级领导干部要率先垂范，积极参加，带头开展批评和自我批评，以实际行动推进“两学一做”。

二是立足干部队伍建设强作风。要认真贯彻习近平总书记从严管理干部“五个要求”，坚持党管干部，严格把好关、守好门，把人品正、干得好、能力强、作风实的优秀干部放到关键岗位，引导大家以德取胜、靠绩进步，为大家展示才华、发挥潜能提供平台。要加强干部队伍日常管理，把干部成长发展全过程、工作生活各领域、思想行为各方面都置于严格管理监督之下。要注重防微杜渐、纠偏纠错，多做咬耳扯袖、红脸出汗的工作，防止小毛病演化成大问题，真正管出好导向、管出精气神、管出正能量。要用好“四种形态”，特别是第一种形态，坚持遵守纪律一律平等、没有特权，讲原则不讲面子、讲党性不讲私情，对干部员工身上存在的问题该提醒的提醒、该教育的教育、该批评的批评、该处理的处理，让每名干部员工始终感到头上有利剑、心中有戒尺、耳边有警钟。同时，要把严格管理和热心关心结合起来，让大家心情舒畅、充满信心、快乐工作。

三是立足问题整改强作风。要坚持问题导向，针对民主生活会、组织生活会征求意见，逐一列出问题清单，认真分析问题产生原因，认真抓好整改。要紧盯重要节点和重点问题，狠抓各项制度落实，从严查处各种“隐形”变异问题。要进一步健全完善作风建设长效机制，紧密联系实际，总结经验、梳理问题，把制度建设的过程作为深化认识、增强执行力的过程，为持之以恒纠正“四风”提供制度保障。要切实将作风建设的重心向基层延伸，打好教育、监督、整治“组合拳”，加强作风建设常态化监督检查，强化舆论引导和群众监督，让作风建设成为基层党的建设的突破口和新亮点。

三、从严抓落实，确保创新发展

抓好落实是一切工作的归宿，是开展工作的全部意义所在，任何不能落实到结果和目标上面的战略都是空话。以前我多次讲过抓好落实、提高执行力的问题，但在实际工作中，不重视抓落实、不善于抓落实、不着力抓落实的现象依然存在，这其中有态度、能力、方法等方面的问题，但归根结底是态度的问题，态度决定一切，从严抓落实，也要从这个根本点抓起。

一是加强形象建设凝心聚力。要把形象建设作为一项长期战略任务，在巩固运用大讨论活动取得成果基础上，从内容、形式、载体和方法等方面不断改进和创新，持续推进企业形象迈向更好阶段。要大力加强社会主义核心价值观教育，把弘扬石油精神与企业形象紧密结合，认真开展好“形势目标任务责任”主题教育，引导广大干部员工把“干”“实”“严”的要求落实到岗位实践中，传承发扬大庆精神铁人精神和出版社 60 多年来的优良传统和作风，自觉做石油精神的践行者和企业形象的建设者，不断增强主人翁责任感，真正把出版社的事当作自己的事，不断提高综合素质和履职能力，尽职尽责做好岗位工作，积极为企业生产经营、改革创新献计献策，在推动改革发展中建功立业。

二是加强枢纽建设引导示范。管理枢纽部门是出版社上下联系、左右沟通的纽带和桥梁，担负着组织、实施、协调、检查、考核等多种职责，是确保出版社高效有序运转的关键，要在从严抓落实、提高执行力上做好引导和示范。要持续加强四个管理枢纽建设，树立争先意识、表率意识，进一步明确职责、梳理流程、建立规范，切实提高服务质量和水平，制定“首问首办负责制、限时办结制”实施细则，坚持向基层倾斜，把工作的着力点放在图书出版和生产经营一线，从根本上杜绝“门难进、脸难看、事难办”现象，避免推诿扯皮，提高办事效率。

三是加强监管考核责任到位。要落实目标责任，建立严格的绩效考核机制，严格实行检查考评、责任追究和表彰激励等制度，使目标、权利、责任相统一，推进抓落实走向制度化、程序化、规范化。生产经营考核指标体系要不断完善，细化办法，督促落实，做到严考核硬兑现。基层党建工作也要结合实际建立考核细则，逐步实施，并与绩效挂钩。要加强检查督办，任何工作做出决策部署后，都要有反馈、有检查、有考核。相关部门要做好跟踪落实，及时掌握工作进展情况，针对发现问题做好组织协调，提供帮助指导，保证工作部署一件落实一件，踏踏实实地把各项工作向前推进。

同志们，今天是农历正月十八，雄鸡高声唱，事业新篇章。让我们团结一心，闻鸡起舞，继续进发，撸起袖子加油干，为推进石油出版事业健康和谐稳健发展做出新的贡献！

印发转发文件

2017年石油工业出版社有限公司印发转发文件

编　号	时　间	印发转发文件
1	1月9日	《石油工业出版社有限公司出版物效益单项奖评选及奖励办法（试行）》
2	1月9日	《石油工业出版社有限公司数字出版优秀奖评选及奖励办法（试行）》
3	1月12日	《石油工业出版社有限公司石油科技图书出版专项（纵向图书）出版管理办法》
4	2月3日	《关于在“两学一做”学习教育中召开专题组织生活会和开展民主评议党员的通知》
5	2月10日	《关于下达2017年度部门财务预算的通知》
6	2月13日	《关于表彰石油工业出版社有限公司2016年度数字出版、图书营销、创意经济先进个人和优秀管理奖获得者的决定》
7	2月16日	《关于表彰石油工业出版社有限公司2016年度优秀出版物和效益单项奖的决定》
8	2月17日	《张卫国同志在出版社2017年工作会议暨三届二次职代会所作工作报告和在会议结束时的讲话》
9	2月24日	《关于开展“形势目标任务责任”主题教育活动的通知》
10	2月27日	《关于调整安全委员会及安全委员会办公室组成人员的通知》
11	2月27日	《关于表彰2016年度安全先进集体、安全先进个人的决定》
12	2月27日	《关于北京中油知源图书有限责任公司更名的通知》
13	2月27日	《关于启用和废止印章的通知》
14	2月28日	《关于〈中国油气〉业务划转的通知》
15	2月28日	《中国石油天然气集团公司管理人员违纪违规行为处分规定》
16	3月1日	《石油工业出版社有限公司管理服务部门2017年工作要点》
17	3月2日	《石油工业出版社有限公司党委中心组2017年学习计划》
18	3月3日	《石油工业出版社有限公司2017年党委工作要点》
19	3月7日	《石油工业出版社有限公司“践行四合格四诠释，弘扬石油精神，喜迎党的十九大”岗位实践活动方案》
20	3月8日	《石油工业出版社有限公司关于规范领导干部操办婚丧喜庆事宜的实施细则（试行）》
21	3月10日	《石油工业出版社有限公司2017年安全环保工作要点》

续表

编号	时间	印发转发文件
22	3月12日	《石油工业出版社有限公司关于规范领导干部亲属经商办企业行为的实施细则（试行）》
23	3月16日	《关于表彰石油工业出版社有限公司2016年度优秀发行站的决定》
24	3月21日	《石油工业出版社有限公司2017年数字出版重点工作》
25	3月21日	《关于调整全面深化改革领导小组下设专项工作组的通知》
26	3月22日	《张卫国同志在出版社2017年数字出版工作会上讲话》
27	3月27日	《张卫国同志在出版社2017年发行工作会上讲话》
28	3月28日	《关于健全党务部门机构设置的通知》
29	3月29日	《石油工业出版社有限公司出版物发行管理办法》
30	3月31日	《张卫国同志在出版社党建及反腐倡廉工作会上讲话》
31	3月31日	《关于废止〈关于加强处科级干部队伍建设的暂行规定〉等62项制度的通知》
32	3月31日	《关于成立综合楼安全隐患改造项目管理组的通知》
33	4月5日	《石油工业出版社有限公司2017年重点工作任务分解表》
34	4月12日	《关于做好2017年度培训工作的通知》
35	4月18日	《关于做好石油工业出版社有限公司第二次党员大会筹备工作的通知》
36	4月20日	《石油工业出版社有限公司工作交接管理办法》
37	4月25日	《石油工业出版社有限公司资金管理办法（试行）》
38	5月8日	《关于设立石油百科推进工作组的通知》
39	5月22日	《关于组织开展“弘扬石油精神、重塑良好形象”活动周的通知》
40	6月2日	《石油工业出版社有限公司2017年“安全生产月”活动方案》
41	6月7日	《关于设立石油工业出版社有限公司西南图书编辑加工中心有关问题的通知》
42	6月8日	《集团公司总经理党组副书记章建华在出版社调研时讲话》
43	6月20日	《关于扩大经营自主权试点的指导意见》
44	6月20日	《石油工业出版社有限公司总经理奖励基金管理办法》
45	6月20日	《关于加强和改进优秀年轻干部培养和选拔工作的实施办法》
46	6月22日	《石油工业出版社有限公司业务招待管理办法》
47	7月2日	《石油工业出版社有限公司外事接待工作管理办法》
48	7月4日	《关于在“四合格四诠释”岗位实践活动中开展党员岗位讲述的通知》
49	7月6日	《石油工业出版社有限公司迎接党的十九大主题宣传活动方案》
50	8月14日	《石油工业出版社有限公司电气火灾综合治理工作实施方案》
51	8月21日	《关于表彰先进基层党组织、五好党支部、优秀共产党员、优秀党务工作者和共产党员先锋岗的决定》
52	8月28日	《关于马海峰、杨静芬职务任免的通知》
53	9月6日	《石油工业出版社有限公司外编费管理办法》
54	9月7日	《关于设立创意发展部的通知》
55	9月12日	转发集团公司党组《关于深入学习宣传贯彻习近平总书记在省部级主要领导干部专题研讨班上重要讲话精神的通知》
56	9月22日	转发《中国石油天然气集团公司差旅费管理办法》
57	10月17日	《关于成立广告项目部的通知》

续表

编　号	时　间	印发转发文件
58	10 月 24 日	《石油工业出版社有限公司推进“两学一做”常态化制度化实施方案》
59	10 月 24 日	《石油工业出版社有限公司党费收缴、使用和管理办法》
60	10 月 24 日	《石油工业出版社有限公司党委（支部）意识形态工作责任制实施细则》
61	10 月 24 日	《石油工业出版社有限公司基层党支部工作考评细则》
62	10 月 31 日	转发《中国石油天然气集团公司生产安全事故与环境事件责任人员行政处分规定》
63	11 月 6 日	《中共石油工业出版社有限公司党委关于贯彻落实中央八项规定精神的实施细则》
64	11 月 7 日	《石油工业出版社有限公司领导人员履行推进法治建设职责实施细则》
65	11 月 8 日	《关于启用石油工业出版社有限公司发票专用章（2）等 3 枚印章的通知》
66	11 月 14 日	《石油工业出版社有限公司党委关于认真学习宣传贯彻党的十九大精神的通知》
67	11 月 23 日	《关于完善干部人事档案材料的通知》
68	11 月 24 日	《关于孙兆辉、胡海同志任职的通知》
69	11 月 29 日	《石油工业出版社有限公司党的十九大精神学习培训计划》
70	12 月 1 日	《关于启用〈石油人力资源〉编辑部印章的通知》
71	12 月 1 日	《关于启用中国共产党石油工业出版社有限公司委员会组织部等 2 枚印章的通知》
72	12 月 5 日	《石油工业出版社有限公司纪委关于加强和规范与出版社党委管理干部谈话工作的实施办法（试行）》
73	12 月 8 日	《关于章卫兵等 4 人职务任免的通知》
74	12 月 8 日	《关于成立巡视反馈问题整改领导小组的通知》
75	12 月 8 日	《关于王伟同志任职的通知》
76	12 月 14 日	《关于部分子公司试行财务委派制的通知》
77	12 月 28 日	《关于做好 2017 年度工作总结考核工作的通知》

生产数据

表 1　2017 年石油工业出版社有限公司出版新书目录

序　号	书　号	书　名	责　编	作　者
1	0546	油气管道调控运行对标方法	王昕	张伟、张帆、邵铁民
2	0819	油气管道调控运行关键绩效指标 KPI 测评体系	李梅	张帆
3	0878	柴达木盆地西部富油凹陷油气勘探理论与实践	庞奇伟	杜金虎
4	0986	中东地区碳酸盐岩油藏储层表征与开发技术	庞奇伟	魏晨吉
5	1028	精细化工原材料手册	张贺	朱洪法

续表

序号	书号	书名	责编	作者
6	1101	中国石油长城钻探工程公司年鉴 (2013)	赵冬梅	中国石油集团长城钻探工程有限公司
7	1106	中国石油苏丹项目 20 年管理模式探索与实践	潘玉全	中国石油尼罗河公司
8	1121	ZERO 雅思写作零起点	王敏娴	江涛
9	1139	油田开发战略性接替技术（第二版）	李中	何江川、王元基、廖广志
10	1159	中国石油企业文化辞典 独山子石化公司分册	陈朋	中国石油独山子石化公司
11	1175	长庆油田员工艺术作品精品集·油画	李玲	中国石油长庆油田公司
12	1209	塔里木盆地寒武系—奥陶系海相碳酸盐岩储层地质剖面图集	马新福	张惠良
13	1264	识破骗子的谎言	李梅	杨濡池
14	1265	蛛丝马迹中的答案	王昕	杨濡池
15	1271	海洋岩土工程	王金凤	张广清
16	1273	中国石油企业文化辞典 长庆油田公司分册	陈朋	长庆油田公司
17	1298	长庆油田员工艺术作品精品集·书法	李玲	中国石油长庆油田公司
18	1299	长庆油田员工艺术作品精品集·国画	李玲	中国石油长庆油田公司
19	1306	油藏注气开发方法研究及其应用	杨天龙	李菊花
20	1339	中国石油天然气集团公司保密管理规定条文导读	曹光朋	中国石油天然气集团公司保密委员会办公室
21	1360	古镇·深陷温柔的生活	马骁	朱云乔
22	1365	西藏·赴一场心灵之约	马骁	夏墨
23	1372	中国石油塔里木油田组织史资料	李廷璐	塔里木油田分公司组织史编纂委员会
24	1415	中国石油大庆油田组织史资料（1959.9—2013.12）	李廷璐	大庆油田有限责任公司人事部
25	1423	中国石油玉门油田组织史资料	李廷璐	玉门油田分公司（玉门石油管理局）人事处
26	1426	化险为夷：石油石化员工必读的安全环保风险预控知识	曲爱平	《化险为夷》编写组
27	1431	中国石油勘探开发研究院年鉴（2014）	胡宇芳	中国石油勘探开发研究院
28	1435	石油钻机维护保养手册	方代煊	熊育坤、方太安
29	1473	等一人花开	高超	吴玲
30	1475	陆相盆地页岩油气地质研究与实践	孙宇	张林晔
31	1491	含盐前陆盆地油气地质与勘探	庞奇伟	赵孟军
32	1509	沉积体系与沉积序列：挪威大陆架边缘	孙宇	吴因业
33	1517	油气田含油污泥处理技术	方子奇	屈撑囤、李金灵、朱世东
34	1523	低渗透特低渗透油藏开发预测技术	金平阳	陈岩
35	1544	鄂尔多斯盆地三叠系延长组致密储层特征及油藏富集规律	何桐	郭艳琴、李文厚
36	1549	超深裂缝性低孔砂岩储层特征与主控因素	庞奇伟	李勇
37	1550	井下作业工程师手册（第二版）	李中	吴奇
38	1558	中国石油物资公司组织史资料	李廷璐	中国石油物资公司人事处
39	1559	石油天然气行业赢在战略质量管理	曹敏睿	裴为赢
40	1561	苏里格气田水平井开发技术与实践	李中	长庆苏里格气田研究中心
41	1564	超深海相碳酸盐岩地震勘探与缝洞雕刻技术	庞奇伟	彭更新

续表

序号	书号	书名	责编	作者
42	1566	宇宙深处：探索宇宙的过去与未来	高超	金斯、吕德生、王蓓
43	1567	极简天文学	高超	西蒙．纽康、吕德生、王蓓
44	1568	别莱利曼的趣味天文学	高超	（俄）雅科夫·伊西达洛维奇·别莱利曼、文丽
45	1569	别莱利曼的趣味力学	高超	（俄）雅科夫·伊西达洛维奇·别莱利曼、文丽
46	1570	含水致密砂岩气藏开发技术——以四川盆地中部须家河组为例	张倩	李鹭光、胡勇、杨洪志
47	1573	海外石油科技创新理论与实践——中国石油苏丹项目20年科技论文集	潘玉全	中国石油尼罗河公司
48	1574	中国石油西部管道公司年鉴2016	付红	中国石油天然气股份有限公司西部管道分公司
49	1575	钻井液脉冲信号传输理论与应用	方代煊	刘涛
50	1580	储层孔隙结构评价方法与应用	席晶	刘堂晏、汤天知、张海宁
51	1591	采油站生产设备故障诊断与处理	李中	张巧明
52	1594	测井生产实习教程	方子奇	胡少兵、王婧慈、刘智颖
53	1597	视频会议系统实用指南	崔淑红	梅运谊
54	1598	油罐及管路技术与管理	方代煊	马秀让、彭青松
55	1599	长庆油田矿区服务事业部年鉴（2015—2016）	赵冬梅	长庆油田矿区服务事业部
56	1601	甲酸盐完井液技术	何莉	滕学清、杨向同、徐同台等
57	1602	低渗透砂岩油藏二氧化碳驱油技术	王瑞	王香增
58	1604	化工设备维护技术	何桐	杨晓兰
59	1605	准噶尔盆地复杂深井钻井关键技术与实践	李中	杨虎、杨明合、周鹏高等
60	1632	超深高温高压含硫化氢与复杂岩性低渗透储层试油配套技术新进展	金平阳	吴奇
61	1633	在需要的时候，勇敢地向他人寻求帮助	艾嘉	珍妮弗·莫尔·玛丽诺斯、古斯塔沃·马扎里、张晴
62	1634	肯定自己，坚持不懈别放弃	艾嘉	珍妮弗·莫尔·玛丽诺斯、古斯塔沃·马扎里、张家欢
63	1635	为上小学做好准备	曲会	珍妮弗·莫尔·玛丽诺斯、古斯塔沃·马扎里、张晴
64	1636	生气、沮丧与难过，哦不！冷静下来	艾嘉	珍妮弗·莫尔·玛丽诺斯、古斯塔沃·马扎里、张家欢
65	1639	别莱利曼的趣味几何学	高超	（俄）雅科夫·伊西达洛维奇·别莱利曼、文丽
66	1640	学会与他人合作	艾嘉	珍妮弗·莫尔·玛丽诺斯、古斯塔沃·马扎里、张家欢
67	1641	保持耐心，慢慢来，别着急	艾嘉	珍妮弗·莫尔·玛丽诺斯、古斯塔沃·马扎里、张家欢
68	1642	勇敢，有同情心，还要乐于助人	艾嘉	珍妮弗·莫尔·玛丽诺斯、古斯塔沃·马扎里、张家欢
69	1643	家庭是幸福的源泉	艾嘉	珍妮弗·莫尔·玛丽诺斯、古斯塔沃·马扎里、Lydia L
70	1644	石油地球科学——从沉积环境到岩石物理学（第2版）	王焕弟	王学军
71	1645	天然气脱硫与处理手册	潘玉全	赵章明、王展旭、唐海
72	1652	基本建设财务核算管理与审计	陈朋	徐丰利、李永军
73	1657	油田开发后期调剖堵水和深部调驱提高采收率技术	魏杰	付美龙、张顶学、柳建新等
74	1659	《石油资源管理体系应用指南》导读	庞奇伟	王永祥
75	1665	超深缝洞型海相碳酸盐岩油气藏开发技术	张倩	王招明、杨海军、张丽娟
76	1666	中国石油宝鸡石油钢管公司组织史资料	李廷璐	宝鸡钢管公司

续表

序号	书号	书名	责编	作者
77	1667	天然气管网调控运行技术	马晓光	《天然气管网调控运行技术》编委会
78	1669	定向井技术论文集——渤海钻探工程有限公司定向井分公司2015年度论文精选	曲荟锦	本书编委会
79	1671	“一五”—“七五”石油科技要览	马新福	傅诚德
80	1672	别莱利曼的趣味物理学	高超	（俄）雅科夫·伊西达洛维奇·别莱利曼、文丽
81	1674	油田注水开发技术与管理	曹光朋	《油田注水开发技术与管理》编委会
82	1675	沉积岩与沉积相（第二版）	柴毓	何幼斌、王文广
83	1678	为梦想出发：滴滴出行价值千亿的创业智慧	高超	林画
84	1679	兵荒马乱的年纪，从容盛放的你	高超	唐瑶瑶
85	1680	万物美好，我在中央	高超	陈若
86	1690	石油钻探企业班组长培训教材	曹光朋	中国石油天然气集团公司人事部
87	1692	顺丰飞扬：王卫给年轻人的21堂创业课	高超	申楠
88	1693	钻井作业HSE核心提示	孟坤	徐非凡、王勇
89	1696	油田地面工程基础知识	王宝刚	王明信、张宏奇、于曼
90	1698	剑桥历史课笔记	高超	王俊峰
91	1699	高温高压及高含硫井完整性指南	张倩	吴奇、张绍礼
92	1700	愿你要的明天，如约而至	高超	米苏
93	1701	中国石油玉门油田公司年鉴2016	付红	中国石油玉门油田公司
94	1702	趁我们还年轻，趁我们还相爱	高超	陈若
95	1703	我只是不想和大多数人一样	高超	米苏
96	1705	超深缝洞型碳酸盐岩钻井技术	张倩	滕学清、李宁、杨成新
97	1709	土壤和沉积物石油类污染防治方法与技术	葛智军	万云洋、杜卫东
98	1710	电气控制与PLC应用技术	马晓光	贯宇、郑晓莲
99	1711	别莱利曼的趣味代数学	高超	（俄）雅科夫·伊西达洛维奇·别莱利曼、文丽
100	1712	牟宗三讲儒家文化	高超	中亚
101	1715	希利尔讲世界史（彩色珍藏版）	艾嘉	希利尔、万童
102	1716	油气管道SCADA系统软件关键技术研究	王昕	中国石油北京油气调控中心
103	1717	天然气文集2016年3—4合辑	邸雪峰	中国石油勘探开发研究院廊坊分院
104	1718	古潜山勘探开发文集（2016年第二辑）	王学智	中国石油华北油田公司
105	1719	中国内部审计协会石油分会2015年度优秀审计论文集	杨天龙	中国内部审计协会石油分会 编
106	1722	挑战爱因斯坦：越玩越聪明的逻辑游戏	高超	石楠
107	1725	协同联动：大学生创新创业教育与区域经济发展研究	高超	姚远、陈鹏磊
108	1726	文学必修课（三年级寒假）	曹敏睿	窦昕
109	1727	文学必修课（四年级寒假）	曹敏睿	窦昕
110	1728	文学必修课（五年级寒假）	曹敏睿	窦昕
111	1729	中国石油天然气集团公司年鉴2016	杨天龙	中国石油天然气集团公司
112	1733	油藏工程原理（第三版）	葛智军	李传亮

续表

序 号	书 号	书 名	责 编	作 者
113	1734	化学工程与工艺开发实验	魏杰	郑延成
114	1736	冀东复杂断块油田开发技术论文集（2015）	金平阳	席庆福
115	1737	南堡滩海大斜度井采油工程技术与实践	金平阳	常学军、李良川
116	1738	库车前陆盆地超深油气地质理论与勘探实践	庞奇伟	王招明
117	1739	恪守红线：新形势下企业安全环保工作的探索与实践	曲爱平	沈殿成
118	1740	城镇燃气典型事故案例选编	吴莺	昆仑能源有限公司
119	1741	能源世界是平的	刘文国	丹尼尔·拉卡耶、迪亚哥·帕瑞拉、同创天立科技发展有限公司
120	1742	采油工程文集 2016 年第 4 辑	邸雪峰	大庆油田有限责任公司采油工程研究院
121	1743	思美人：屈原传	马骁	曹睿
122	1744	普罗旺斯·捕捉浪漫的故事	马骁	孟语嫣
123	1745	让孩子爱上写日记：一年级的小婷婷	马骁	张巍方
124	1746	让孩子爱上写日记：二年级的小婷婷	马骁	张巍方
125	1749	图解剑桥雅思真题·8	田之秋	江涛
126	1750	图解剑桥雅思真题·11 培训类	田之秋	江涛
127	1751	长庆油田公司第二采气厂管理创新成果论文集	杜禾	长庆油田分公司第二采气厂编委会
128	1752	前陆冲断带超深复杂地层钻井技术	张倩	胥志雄、梁红军、龙平
129	1753	新疆油田公司勘探开发研究院志（2009—2015）	杨天龙	《新疆油田公司勘探开发研究院志》编委会
130	1755	小学一年级必背的古诗词	马骁	崔峦、张在军
131	1756	小学二年级必背的古诗词	马骁	崔峦、张在军
132	1757	小学六年级必背的古诗词	马骁	崔峦、张在军
133	1758	小学三年级必背的古诗词	马骁	崔峦、张在军
134	1759	小学四年级必背的古诗词	马骁	崔峦、张在军
135	1760	小学五年级必背的古诗词	马骁	崔峦、张在军
136	1761	中国教师核心素养提升丛书：创新故事	马骁	方圆、窦奕好
137	1762	中国教师核心素养提升丛书：教育智慧	马骁	方圆、李建龙
138	1763	中国教师核心素养提升丛书：职场故事	马骁	方圆、刘万强
139	1764	中国教师核心素养提升丛书：励志故事	马骁	方圆、肖兵
140	1765	中国教师核心素养提升丛书：哲理故事	马骁	方圆、许锋
141	1766	中国教师核心素养提升丛书：情感故事	马骁	方圆、薛兆平
142	1767	油田开发常用指标计算手册	王宝刚	朱金龙、王瑞东、陆辉等
143	1768	世界石油工业关键技术发展回顾与展望	潘玉全	何艳青、饶利波、杨金华
144	1769	石油工程 HSE 风险管理（第二版）	谭玉杰	李文华
145	1770	我的石油梦	李中	赵政璋
146	1771	城市燃气概论	于红妮	赵伟章、董征
147	1772	理论力学	方子奇	陶春达、孙建强
148	1774	鄂尔多斯盆地靖边气田动态描述与试井	王瑞	谭中国

续表

序号	书号	书名	责编	作者
149	1775	图解剑桥雅思真题 · 9	田之秋	江涛
150	1776	有机化合物制备技术	何桐	池秀梅
151	1779	中石油煤层气有限责任公司组织史资料	李廷璐	中石油煤层气有限责任公司人事处（党委组织部）
152	1780	文风 · 学风 · 辩证思维——石油地质科研的三个问题	庞奇伟	梁狄刚
153	1781	油气田地面建设项目管理手册	杜小帅	《油气田地面建设项目管理手册》编委会
154	1782	雅思口语全薇机经	王敏娴	刘薇
155	1784	石油建设项目工程量清单编制规则	陈朋	中国石油天然气集团公司规划计划部、中国石油天然气集团公司造价中心
156	1785	2016 年国内外油气行业发展报告	潘玉全	刘朝全、姜学峰
157	1786	油库供配电技术与管理	方代煊	马秀让
158	1787	事故防控策略与技术	曲爱平	胡月亭
159	1788	文学必修课（六年级寒假）	曹敏睿	窦昕
160	1789	中国石油锦州石化组织史资料 第二卷（2014—2015）	李廷璐	中国石油锦州石化公司人事处（党委组织部）
161	1790	油田常用井下工具与修井技术	王宝刚	何登龙、朱艳华、贾广生
162	1791	油库设备维护与抢修	方代煊	马秀让
163	1792	油库自动化与信息化管理	方代煊	马秀让、王立明
164	1793	中国石油新疆销售组织史资料	李廷璐	中石油新疆销售有限公司
165	1794	南堡滩海大斜度井钻井工艺技术与实践	金平阳	常学军
166	1795	初中英语语法看这本就够了	王敏娴	马瑛
167	1796	油气田开发地质学	葛智军	国景星
168	1798	高等数学学习指南	方子奇	钟仪华、谢祥俊
169	1799	中国石油海南销售组织史资料	李廷璐	中石油海南销售有限公司
170	1800	石油工程持续融合技术创新管理与实践	李中	刘合、王峰
171	1801	党报科研教学初探	陈朋	王武录
172	1802	中国石油山东销售组织史资料	李廷璐	中国石油山东销售公司
173	1803	超深缝洞型碳酸盐岩油气藏完井与储层改造技术	张倩	杨向同、刘洪涛
174	1804	科学方法论及典型应用案例	方代煊	傅诚德
175	1805	初中英语语法练这本就够了	王敏娴	马瑛
176	1806	中国石油天然气运输公司组织史资料 第二卷（2014—2015）	李廷璐	中国石油天然气运输公司人事处
177	1807	超深缝洞型海相碳酸盐岩油气地质理论与勘探实践	马新福	王招明
178	1808	中国石油工程建设公司组织史资料（1980—2015）	李廷璐	中国石油工程建设公司人力资源处
179	1809	中国石油乌鲁木齐石化组织史资料（1970—2013）	李廷璐	乌鲁木齐石化分公司组织史编纂办公室
180	1810	图解剑桥雅思真题 · 10	田之秋	江涛
181	1811	图解剑桥雅思真题 · 11 学术类	田之秋	江涛
182	1812	玛湖凹陷西斜坡断裂结构及其对油气成藏的控制作用	林庆咸	支东明
183	1813	煤层气与页岩气概论	葛智军	何岩峰、王卫阳、田树宝

续表

序 号	书 号	书 名	责 编	作 者
184	1814	工艺工程师	方代煊	中国石油天然气股份有限公司管道分公司
185	1815	前陆冲断带超深高温高压砂岩气藏完井与储层改造技术	张倩	杨向同
186	1816	卡尔德号太空站 吃饱了	田之秋	David W. Ferguson
187	1817	希利尔讲艺术史（彩色珍藏版）	艾嘉	希利尔、文静
188	1818	希利尔讲世界地理（彩色珍藏版）	艾嘉	希利尔、文静
189	1819	灰姑娘 涂色版	田之秋	韩刚
190	1820	复杂地质条件地震勘探技术与实践——以准噶尔盆地和吐哈盆地为例	林庆咸	冉建斌
191	1821	长城钻探西部地区致密气与页岩气科技论文集	方代煊	刘旭礼
192	1822	前陆冲断带超深复杂构造山地地震勘探技术	张贺	周翼、王乃建
193	1823	计量工程师	方代煊	中国石油天然气股份有限公司管道分公司
194	1824	昆仑信托有限责任公司 中油资产管理有限公司组织史资料	周勇	昆仑信托有限责任公司
195	1825	化学基础（第二版）	魏杰	张玉平、陈海峰、李建芳
196	1826	中国石油吉林石化组织史资料 第四卷（2014—2015）	李廷璐	中国石油吉林石化分公司人事处（党委组织部）
197	1827	中国石油大连西太组织史资料（1990—2015）	李廷璐	大连西太平洋石油化工有限公司
198	1828	全球能源新闻索引	刘辉	刘旭
199	1829	陆相湖盆三角洲致密砂岩油气成储机理——以松辽盆地南部白垩系泉头组四段为例	林庆咸	蒽克来、操应长
200	1830	气体钻井中的若干力学问题	张贺	祝效华
201	1831	中国石油天然气第一建设公司组织史资料（1954.1—2013.12）	周勇	中国石油天然气第一建设公司
202	1832	中国寰球工程公司组织史资料（1953—2015）	李廷璐	中国寰球工程有限公司组织史编纂办公室
203	1833	重塑形象·金秋添彩——中国石油离退休职工风采录	秦云	中国石油天然气集团有限公司离退休职工管理局（老干部局）
204	1834	超深复杂油气藏录井技术	何莉	王清华、郭清滨、王国瓦
205	1835	微乳液性质与应用	曲荟锦	Monzer Fanun、熊春华、鲁长波等
206	1836	石油技术服务企业管理实践	付红	钟峥
207	1837	中国石油锦州石化组织史资料	李廷璐	中国石油锦州石化公司人事处
208	1838	中国石油西南油气田公司安全工作规范手册	曲爱平	《中国石油西南油气田公司安全工作规范手册》编写组
209	1839	新疆东南部中一下侏罗统沉积演化与聚煤规律	王宝刚	韦波、田继军
210	1840	雅思口语真题素材库及机经答案	朱世元	王陆
211	1841	地质填图基础（第五版）	马新福	周进高
212	1842	液体管道瞬变流理论及应用	何莉	刘恩斌、彭善碧、李长俊
213	1843	文学必修课 3—4	曹敏睿	窦昕
214	1844	沉积岩野外工作手册（第四版）	马新福	周进高
215	1845	兰州石化公司年鉴 2016	赵冬梅	中国石油兰州石化公司
216	1846	大庆油田组织史资料（基层卷）第一部 第五卷	李廷璐	大庆油田有限责任公司第五采油厂人事部

续表

序号	书号	书名	责编	作者
217	1847	大庆油田井震结合精细油藏研究与应用论文集	张贺	《大庆油田井震结合精细油藏研究与应用论文集》编委会
218	1848	油气储运设备	谭玉杰	邓雄、蒋宏业、梁光川
219	1849	安全环保法律法规 石油石化员工实务读本（2017年版）	曲爱平	《安全环保法律法规 石油石化员工实务读本（2017 年版）》编写组
220	1850	超深滨海相砂岩油藏开发实践与提高采收率技术	王宝刚	江同文、周代余、阳建平
221	1851	中国石油西部钻探工程公司年鉴 2016	赵冬梅	中国石油集团西部钻探工程有限公司
222	1852	油价真相	曲会	常毓文
223	1853	看电影学英语年度合集 2017 版	尹璐	吴菲衡、刘思岳、Marie White
224	1854	走赢职场头五年	曹敏睿	彭龙
225	1855	水力压裂解释——评估、实施和挑战	李中	卢拥军、王欣
226	1856	听歌曲学英语年度合集 2017 版	尹璐	吴菲衡、刘思岳、Marie White
227	1857	采油工程文集 2017 年第 1 辑	邸雪峰	大庆油田有限责任公司采油工程研究院
228	1858	中国石油勘探开发研究院组织史资料（1955—2013）	李廷璐	中国石油集团科学技术研究院人事处
229	1859	机械设备故障诊断技术及应用	葛智军	王江萍
230	1860	文学必修课 4—4	王海英	窦昕
231	1861	油库安全技术与安全管理	方代煊	马秀让
232	1862	跟着口诀学写作文 · 写人记事	李梅	李兴海
233	1863	油气资源评价数据库构建、管理及应用	马新福	谢红兵
234	1864	在幼儿园与小伙伴吵架了打架了应该怎么办?	艾嘉	巴贝尔 · 斯巴希尔孚、苏珊娜 · 塞妮
235	1865	“幸运背包”让我开心每一天	艾嘉	茱莉亚 · 弗默特、艾克 · 布罗斯卡
236	1866	迷路了我该怎么办?	艾嘉	茱莉亚 · 弗默特、苏珊娜 · 塞妮
237	1867	相信自己是个勇敢的孩子	艾嘉	克里丝汀 · 荣格灵、扬 · 文卡姆普
238	1868	别泄气，其实没有那么难	艾嘉	茱莉亚 · 弗默特、苏珊娜 · 塞妮
239	1869	陌生人靠近你了，当心!	艾嘉	巴贝尔 · 斯巴瑟夫、苏珊娜 · 塞妮
240	1870	我是职业梦想家	艾嘉	乔安娜 · 巴布拉、谷秋实
241	1871	中国昆仑工程公司组织史资料	李廷璐	中国昆仑工程公司
242	1872	水敏性稠油油藏开发技术	刘文国	孙焕泉
243	1873	听原声演讲学英语年度合集 2017 版	尹璐	吴菲衡、刘思岳、Marie White
244	1874	石油工程师指南——油田化学品与流体	潘玉全	余维初、吴军
245	1875	石油工程手册——可持续开发	王瑞	侯玉芳、郭昊
246	1876	集输站库数据采集与工况监控	席晶	《集输站库数据采集与工况监控》编写组
247	1877	语言艺术水平考级教程	马骁	谢伦浩、黄河
248	1878	工程流体力学学习指南	方子奇	陈小榆
249	1879	让孩子爱上写日记：三年级的小婷婷	马骁	张巍方
250	1880	西南油气田低效油气开发事业部组织史资料（1986—2015）	李廷璐	西南油气田分公司非常规油气开发事业部人事科（党委组织部）
251	1881	油气田 SCADA 和生产信息管理系统	席晶	《油气田 SCADA 和 PCS 系统》编写组

续表

序号	书号	书名	责编	作者
252	1882	油气田地面建设工程（项目）竣工验收手册(2017年修订版)	潘玉全	中国石油勘探与生产公司
253	1883	油品装卸技术与管理	方代煊	马秀让、谢军
254	1884	文学必修课 5—4	曹敏睿	窦昕
255	1885	中国石油内部审计理论研究	陈朋	中国石油天然气集团公司审计部
256	1886	油气物探项目成本核算与控制	李玲	陈永生
257	1887	复杂油气田文集（2017年第一辑）	金平阳	董月霞
258	1888	杰出女性英文演讲	尹璐	韩刚
259	1889	国内外车用天然气市场展望	潘玉全	杨浔英、郭焦锋、武旭
260	1890	中国工程院院士文集 李鹤林文集（下）——石油管工程专辑	方代煊	李鹤林
261	1891	国际间避免双重征税问题研究	马晓光	中国石油《国际间避免双重征税问题研究》课题组
262	1892	剩余油分布精细描述综合地球物理技术	金平阳	赵毅
263	1893	中国能源政策解读：能源革命与“一带一路”倡议	刘文国	许勤华、钟兆伟
264	1894	超深高温高压裂缝性砂岩气藏开发机理与应用	王瑞	肖香姣、陈文龙、郭平
265	1895	辽河油田高效开发	王瑞	武毅、李铁军、赵宏岩
266	1896	辽河油田精细勘探	金平阳	李晓光、单俊峰、陈永成
267	1897	辽河地震资料处理与地质开发实验	张贺	郭平、刘其成、高树生等
268	1898	中国石油江苏销售组织史资料（2002—2015）	李廷璐	中国石油江苏销售分公司
269	1899	中国石油离退休工作论文集	杜禾	中国石油天然气集团公司离退休职工管理局（老干部局）
270	1900	油气（水）井场生产数据采集与监控设备	席晶	《油气井场数据采集与监控设备》编写组
271	1901	煤层气钻井完井工程技术	李中	申瑞臣、田中兰、乔磊等
272	1902	准噶尔盆地典型野外地质露头踏勘指南	林庆咸	李学义
273	1903	地震勘探概论（富媒体）	方子奇	刘文革、赵虎、聂荔
274	1904	石油装备质量检验	曲爱平	《石油装备质量检验》编写组
275	1905	燃气行业有限空间安全管理实务	曲爱平	彭知军等
276	1906	学业之巅：北京博士后故事	曲会	刘文岭
277	1907	中国石油广东石化组织史资料（2009—2013）	李廷璐	中国石油广东石化分公司组织史编纂办公室
278	1908	中国石油集团经济技术研究院组织史资料（1964—2015）	李廷璐	中国石油集团经济技术研究院人事处
279	1909	油气管道工程环境监理技术	马晓光	《油气管道工程环境监理技术》编委会
280	1910	读报刊学英语年度合集 2017 版	尹璐	吴菲衡、刘思岳、Marie White
281	1911	美人鱼 涂色版	田之秋	付建利
282	1912	石油天然气建设工程质量监督手册	曲爱平	《石油天然气建设工程质量监督手册》编委会
283	1913	天然气工程（第三版·富媒体）采气工程分册	方子奇	李海涛
284	1914	地震沉积与储层研究中的信号分解方法	林庆咸	刘喜武、张远银
285	1915	地层倾角测井原理与应用	何桐	陈科贵
286	1916	中国石油宁夏石化组织史资料 第四卷（2014—2015）	李廷璐	中国石油宁夏石化公司人事处

续表

序号	书号	书名	责编	作者
287	1917	石油技师（18）	熊寅铭	中国石油天然气集团公司人事部
288	1918	中国石油大庆石化组织史资料（2014—2015）	李廷璐	中国石油大庆石化公司人事处（党委组织部）
289	1919	环保游戏	艾嘉	猴面包树工作室、张晴
290	1920	中国石油东北炼化工程公司组织史资料（2007.6—2013.12）	李廷璐	中国石油东北炼化工程公司
291	1921	牙哈凝析气田循环注气开发实践及开发规律	潘玉全	江同文、王振彪、谢伟
292	1922	中国石油大港油田组织史资料 第五卷（2014—2015）	李廷璐	中国石油大港油田公司人事处（党委组织部）、中国石油大港油田公司办公室
293	1923	低渗透油气田勘探开发文集 2017 年上卷	王学智	中国石油长庆油田分公司
294	1924	道德经	高超	尹小林
295	1929	让孩子爱上写日记：四年级的小婷婷	马骁	张巍方
296	1930	勇敢的小裁缝 折纸版	田之秋	韩刚
297	1931	睡美人 涂色版	田之秋	韩刚
298	1932	油库规章制度与业务管理	方代煊	马秀让、陈勇
299	1933	文学必修课 3-1	王海英	窦昕
300	1934	油气田生产数据通信与网络传输	席晶	《油气田生产数据通信与网络传输》编写组
301	1935	白雪公主 涂色版	田之秋	无老师
302	1936	第 15 届全国高校油气储运学术交流会暨纪念中国油气储运高等教育 65 周年论文集	魏杰	第 15 届全国高校油气储运学术交流会执行委员会
303	1937	宝宝创造力折纸	艾嘉	克劳迪亚·多维、鸭子
304	1938	油气地球化学（第二版）	葛智军	卢双舫、张敏
305	1939	油藏工程：基础、数值模拟及油藏管理	孙宇	魏晨吉
306	1940	提高油田精细分层注水开发效果技术文集	王宝刚	郑明科
307	1941	高考金钥匙	孟楚楚	张敏
308	1942	电潜泵采油系统优化设计技术	方子奇	周德胜
309	1943	油库工程建设管理	方代煊	马秀让
310	1944	大国工匠	李玲	于万夫
311	1945	油水井计量间操作实用手册	马晓光	何显斌
312	1946	低渗透油田堵水调剖技术研讨会论文集	王宝刚	郑明科
313	1947	中石油新疆销售有限公司年鉴（2016）	吴保国	中石油新疆销售有限公司
314	1948	采油地质技术员业务培训手册	曹光朋	大庆油田有限责任公司人事部
315	1949	石油石化企业管理现代化创新优秀成果选编（第二十四集）	付红	中国石油企业协会
316	1950	石油石化企业管理现代化创新优秀论文选编（第十二集）	付红	中国石油企业协会
317	1951	雅思标准词汇	王敏娴	刘薇
318	1952	地热能（第二版）	马新福	王社教
319	1953	油气田地面工程技术员业务培训手册	曹光朋	大庆油田有限责任公司人事部
320	1955	油气管道完整性管理	葛智军	帅健、董绍华

续表

序号	书号	书名	责编	作者
321	1956	管道工程师	方代煊	中国石油天然气股份有限公司管道分公司
322	1957	滩海油田开发海洋工程概论	何莉	中国石油天然气集团公司咨询中心
323	1958	孟子	高超	尹小林
324	1959	弟子规	高超	尹小林
325	1960	2016年世界炼油技术新进展	潘玉全	蔺爱国
326	1961	实用地质统计学——SGeMS用户手册	李中	刘烨、郭超、肖忠祥等
327	1962	油气大数据分析利用	刘文国	基思·霍尔德韦、青岛中石大大数据研究院有限公司
328	1963	古生物学与地史学概论（第二版·富媒体）	方子奇	肖传桃
329	1964	高等流体力学	方子奇	陈小榆
330	1965	中国石油管道公司组织史资料（1999.8—2015.12）	李廷璐	中国石油管道公司
331	1966	西南油气田川中油气矿组织史资料（1956—2015）	李廷璐	中国石油天然气股份有限公司西南油气田分公司川中油气矿
332	1967	油气长输管道工程站场监理实用技术	席晶	《油气长输管道工程站场监理实用技术》编委会
333	1968	石油地质综合研究方法	何桐	黄志龙
334	1969	不打不骂，送入北大	马骁	刘潇琦
335	1970	通信工程师	方代煊	中国石油天然气股份有限公司管道分公司
336	1971	井下作业技术员业务培训手册	曹光朋	大庆油田有限责任公司人事部
337	1972	质量检验基础知识	曲爱平	《质量检验基础知识》编写组
338	1973	油田采出水处理及地面注水技术	何莉	汤林、张维智、王忠祥、李冰
339	1974	海洋平台与结构工程	方子奇	高云、熊友明
340	1975	昆仑金融租赁公司组织史资料	张垲苹	昆仑金融租赁有限责任公司人力资源部
341	1976	修井作业技术员业务培训手册	曹光朋	大庆油田有限责任公司人事部
342	1977	中国石油集团钻井工程技术研究院组织史资料	周勇	中国石油集团钻井工程技术研究院
343	1978	油库设计简明速查手册	方代煊	马秀让
344	1979	油页岩开发——美国油页岩开发政策报告	王瑞	陈军
345	1981	坚定的锡兵 折纸版	田之秋	韩刚、徐志坚
346	1982	波兰传说故事	曹秋梅	Nikdla Kuchabska、俞佳
347	1983	希腊神话故事	曹秋梅	Nikdla Kuchabska、俞佳
348	1984	维抢修工程师	方代煊	中国石油天然气股份有限公司管道分公司
349	1985	油田泵机组节能监测与评价方法	郎杰	马建国
350	1986	领导力培训故事	徐秀澎	陈英
351	1987	液化天然气接收站建设与运行	曹光朋	《液化天然气接收站建设与运行》编委会
352	1988	中国典型油气藏形成机制与模式	马新福	柳少波
353	1989	井下作业设备与工艺	方子奇	杨志、张杰
354	1990	建筑施工组织	何桐	方修建
355	1991	教子请别太任性——父母送给孩子10份最珍贵的礼物	王海英	杨冰
356	1992	油气长输管道防腐蚀工程现场质量控制与检测技术	席晶	《油气长输管道防腐蚀工程质量检验技术》编委会

续表

序号	书号	书名	责编	作者
357	1993	仪表自动化工程师	方代煊	中国石油天然气股份有限公司管道分公司
358	1994	复杂油气田文集（2017 年第二辑）	金平阳	董月霞
359	1995	给孩子读的美文·夏·水仙卷	邬四娟	大卫
360	1996	给孩子读的美文·冬·百合卷	邬四娟	大卫
361	1997	四书五经	高超	尹小林
362	1998	小狐狸科普丛书 1	艾嘉	KATHRIN、肖玥
363	1999	小狐狸科普丛书 2	艾嘉	KATHRIN、肖玥
364	2000	小狐狸科普丛书 3	艾嘉	KATHRIN、肖玥
365	2001	小狐狸科普丛书 4	艾嘉	KATHRIN、肖玥
366	2002	小狐狸科普丛书 5	艾嘉	KATHRIN、肖玥
367	2003	小狐狸科普丛书 6	艾嘉	KATHRIN、肖玥
368	2004	小狐狸科普丛书 7	艾嘉	KATHRIN、肖玥
369	2005	小狐狸科普丛书 8	艾嘉	KATHRIN、肖玥
370	2006	南 fang 的私房水彩课之万物生 . 花事	王敏娴	南方
371	2007	中国石油测井公司组织史资料	周勇	中国石油集团测井有限公司人事处（党委组织部）
372	2008	绥中 36-1 油田志 1987—2010	吴保国	天津市军威拓展训练俱乐部有限公司
373	2011	新托福真题词汇	王敏娴	小站教育托福考试研究中心
374	2012	80 天攻克雅思听力（第五版）	王敏娴	江涛
375	2013	跟着口诀学写作文·写景状物	李梅	李兴海
376	2014	采油工程文集 2017 年第 2 辑	邸雪峰	大庆油田有限责任公司采油工程研究院
377	2015	跟着口诀学写作文·应用想象	李梅	李兴海
378	2016	前陆冲断带超深裂缝性砂岩气藏测井评价技术	金平阳	肖承文、陈伟中、信毅
379	2017	超深缝洞型碳酸盐岩油气藏测井评价技术	金平阳	田军、肖承文、祁新忠
380	2018	探路者之歌	刘辉	中国石油渤海钻探塔里木第四勘探公司
381	2019	技术秘密及专利知识问答（第五版）	马新福	齐敬思
382	2020	学海“星”浪花——自由学术报告文集	高赞	庞雄奇、姜振学
383	2022	同步作文权威指导（一）上	马骁	崔峦、方圆
384	2023	石油科技英语翻译教程（富媒体）	方子奇	胥瑾、陈军、吕旭英
385	2026	新石油战争	刘辉	金灿荣、韩晓平
386	2028	中国石油勘探史上的关键问题研究	邵冰华	屈展
387	2029	钻井技术基础	柴毓	陈颖超、唐小刚
388	2030	三字经百家姓千字文	高超	尹小林
389	2031	中国石油纪检监察优秀理论研究成果汇编 (2012—2016)	杜禾	中国监察学会石油分会
390	2032	给孩子读的美文·春·柠檬卷	邬四娟	大卫
391	2033	给孩子读的美文·秋·丁香卷	邬四娟	大卫
392	2035	炼油化工降本提质增效实用技术	潘玉全	何盛宝
393	2036	文学必修课	王海英	窦昕

续表

序 号	书 号	书 名	责 编	作 者
394	2037	文学必修课	王海英	窦昕
395	2038	高职院校课程教学质量评价体系的研究与实践	魏杰	孙新铭、谢波、樊宏伟
396	2039	油气管道全自动超声波检测技术	马晓光	《油气管道全自动超声波检测技术》编委会
397	2040	自然辩证法基本理论解读	王海英	张健丰、张建琴、徐示奥
398	2041	路漫漫	曹敏睿	路小路
399	2042	文学必修课	王海英	窦昕
400	2043	来柏林捣蛋吧！	刘晓婷	朱迪思·德鲁、孙红
401	2044	来巴塞罗那捣蛋吧！	刘晓婷	朱迪思·德鲁、孙红
402	2045	来伦敦捣蛋吧！	刘晓婷	朱迪思·德鲁、孙红
403	2046	来巴黎捣蛋吧！	刘晓婷	朱迪思·德鲁、孙红
404	2047	来慕尼黑捣蛋吧！	刘晓婷	安内格蕾特·赖西曼、孙红
405	2049	工程建设定额原理（第二版）	于红妮	王廷贵
406	2050	金属材料及其强韧化	谭玉杰	黄本生
407	2051	城市燃气专业英语	何桐	王立柱
408	2052	中国石油石化电话号簿 (2015—2016)	施云	中国石油集团通信公司
409	2053	我可能学的是假英语 英语、中式英语和偏误英语	朱世元	David W. Ferguson
410	2054	同步作文权威指导（二）上	马骁	崔峦、方圆
411	2055	油田开发方案设计方法——地质油藏工程开发方案	曹光朋	《油田开发方案设计方法》编委会
412	2056	油气管道工程仪表安装技术	马晓光	《油气管道工程仪表安装技术》编委会
413	2057	同步作文权威指导（三）上	马骁	崔峦、方圆
414	2058	采油安全经验分享 100 例	李中	中国石油新疆油田公司、采油技能专家（大师）工作室
415	2059	文学必修课	王海英	窦昕
416	2060	卡尔德号太空站 我怕黑	田之秋	David W. Ferguson
417	2061	同步写作权威指导（四）上	马骁	崔峦、方圆
418	2062	钻井设备使用与维护	曹光朋	王志伟、索长生、苗崇良
419	2063	从企业架构到智慧油田的理论与实践	庞奇伟	林道远
420	2064	同步作文权威指导（五）上	马骁	崔峦、方圆
421	2065	文学必修课	曹敏睿	窦昕
422	2066	同步作文权威指导（六）上	马骁	崔峦、方圆
423	2067	流化催化裂化手册（第三版）	张贺	王红霞
424	2069	古潜山勘探开发文集（2017 年第一辑）	王学智	中国石油华北油田公司
425	2070	石油企业知识型员工激励绩效评价	孟楚楚	熊志坚、曲浩
426	2071	世界经济地理	刘辉	孙聆轩、林建
427	2072	石油技师（19）	熊寅铭	中国石油天然气集团公司人事部
428	2073	可再生能源基础	马新福	王社教
429	2074	文学必修课	王海英	窦昕
430	2075	高密度聚乙烯合成工艺	培训	徐宝成

续表

序号	书号	书名	责编	作者
431	2076	水淹层测井资料解释	方子奇	王向公、王婧慈、黄玉珍
432	2078	层状盐岩储气库造腔设计与控制	马新福	丁国生
433	2079	中国天然气发展报告（2017）	孟楚楚	国家能源局石油天然气司、国务院发展研究中心资源与环境政策研究所、国土资源部油气资源战略研究中心
434	2081	战略十年：一位央企战略研究者的自白	曲会	陆如泉
435	2082	唐诗三百首	高超	尹小林
436	2083	唐诗·宋词·元曲	高超	尹小林
437	2084	漫画雅思	王敏娴	小站教育雅思考试研究中心
438	2085	文昌 13-6 油田非常规模块钻机技术	王宝刚	李中、黄熠
439	2086	重构“人、车、生活”生态圈：非油业务从 0 到 1 的商业逻辑	高超	田景惠
440	2087	高温高压及高含硫井完整性设计准则	张倩	吴奇
441	2088	高温高压及高含硫井完整性管理规范	张倩	吴奇
442	2090	老子·孔子	高超	尹小林
443	2091	中国石油西南油气田组织史资料 第六卷（2014—2015）	李廷璐	西南油气田分公司人事处、西南油气田分公司劳资处
444	2093	庄子	高超	尹小林
445	2094	中华成语故事	高超	尹小林
446	2095	中华寓言故事	高超	尹小林
447	2096	聊斋志异	高超	尹小林
448	2097	道与人生	高超	尹小林
449	2098	大庆油田组织史资料（基层卷）第一部 第十四卷 采气分公司（2004—2013）	李廷璐	大庆油田有限责任公司采气分公司人事部
450	2099	能源工程师	方代煊	中国石油天然气股份有限公司管道分公司
451	2100	天然气文集 2017 年 1—2 合辑	邸雪峰	天然气文集编委会
452	2101	国内外石油科技创新发展报告（2016）	潘玉全	吕建中
453	2102	宋词是一朵情花·唯美典藏版	艾嘉	采蓝
454	2103	中国石油西部钻探公司组织史资料 第二卷（2014—2015）	李廷璐	中国石油西部钻探公司
455	2104	复杂断块油藏重构地下认识体系与潜力评价——以大港油田典型区块为例	王瑞	刘文岭
456	2105	致密油气成藏理论与评价技术	马新福	赵靖舟、付金华
457	2107	第三届全国石油经济学术年会获奖论文集	刘辉	中国石油学会石油经济专业委员会
458	2108	油气储运技术论文集（第十三卷）	曲爱平	中国石油管道局工程有限公司
459	2109	地球物理信息处理基础	林庆咸	刘喜武、张远银
460	2111	安全工程师	方代煊	中国石油天然气股份有限公司管道分公司
461	2112	注二氧化碳提高石油采收率技术	李中	胡永乐、郝明强、陈国利
462	2113	气田井下作业井控技术	曹光朋	张建峰
463	2114	轻烃装置操作工	马晓光	大庆油田有限责任公司

续表

序号	书号	书名	责编	作者
464	2115	变电运行工	杜小帅	大庆油田有限责任公司
465	2116	石油化工生产技术	魏杰	白术波
466	2117	水平气井排水采气新技术	王金凤	长庆苏里格气田研究中心
467	2118	采气仪表	席晶	《采气仪表》编写组
468	2119	超高压酸性气田综合钻井技术——阿姆河右岸气田钻井工艺技术及实践	方代煊	吴先忠、邓民敏、刘廷富
469	2120	思想政治理论课与日常思想政治工作相结合的路径研究	高超	姚远、蒲彦羽
470	2121	听 CNN 学英语原声新闻年度合集 2018 版	尹璐	吴菲衡、刘思岳、Marie White
471	2122	原核微生物资源和分类学词典	林庆咸	万云洋
472	2123	四季的诗	曹秋梅	杰拉尔丁・雷诺、内奥米・卡苏
473	2124	奇怪的小花	艾嘉	杰拉尔丁・雷诺、内奥米・卡苏
474	2125	文学必修课	曹敏睿	窦昕
475	2126	诗歌如水：溅湿另一个人的梦境	马骁	李清秋
476	2127	《诗经》情歌：从远古传来的爱情赞歌	马骁	李清秋
477	2128	多期叠加改造盆地原型分析	何桐	宋立军
478	2129	深水钻井井控技术	方子奇	张贺恩
479	2130	一线创新成果案例集——采油采气专业（一）	曹光朋	中国石油天然气集团公司人事部
480	2131	一线创新成果案例集——油气集输专业（一）	曹光朋	中国石油天然气集团公司人事部
481	2132	天然气工程（第三版・富媒体）地面集输工程分册	方子奇	马国光
482	2133	钻井井控设备与技术	曹光朋	张发展
483	2134	电气工程师	方代煊	中国石油天然气股份有限公司管道分公司
484	2135	听 BBC 学英语原声新闻年度合集 2018 版	尹璐	吴菲衡、刘思岳、Marie White
485	2136	石油行业计算机新技术应用论文集（2016）	王瑞	刁顺
486	2137	储罐底板腐蚀声发射在线检测探索与实践	王宝刚	赵永涛
487	2138	猫村狂想曲・听妈妈的话	郧四娟	沈燕君、海狸工坊
488	2139	猫村狂想曲・巨风一号	郧四娟	海狸工坊、沈燕君
489	2140	猫村狂想曲・摘星星	郧四娟	沈燕君、海狸工坊
490	2141	大庆长垣南部低渗透及特低渗透油田采油工艺配套技术	张贺	刘洪军、曹鼎洪
491	2142	石油钻探企业消防安全实用手册	张雯霏	中国石油天然气集团公司安全环保与节能部
492	2143	地面集输工程	马晓光	《地面集输工程》编写组
493	2144	气藏工程	马晓光	《气藏工程》编写组
494	2145	文风・学风・辩证思维——石油地质科研的三个问题（繁体版）	庞奇伟	梁狄刚
495	2146	最是元曲销魂・唯美典藏版	刘晓婷	宿含章
496	2148	Monkey 的彩铅私房课	王敏娴	王俊宇
497	2149	新常态 新模式 新共识：企业司库、产融结合与金融服务实体经济	孟楚楚	兰云升

续表

序 号	书 号	书 名	责 编	作 者
498	2151	探索的足迹——中国石油天然气集团公司党建研究成果集	李玲	中国石油天然气集团公司人事部
499	2152	高扬的旗帜——中国石油天然气集团公司基层优秀党课选编	李玲	中国石油天然气集团公司人事部
500	2153	奋进的坐标——中国石油天然气集团公司基层党建工作案例集	杜禾	中国石油天然气集团公司党组组织部
501	2154	行动的标尺——中国石油天然气集团公司基层党建制度选编	杜禾	中国石油天然气集团公司人事部
502	2155	中国石油喜迎十九大丛书：学习明方向	李玲	中国石油天然气集团公司党组宣传部
503	2156	中国石油喜迎党的十九大丛书：实干塑形象	李玲	中国石油天然气集团公司党组宣传部
504	2157	中国石油喜迎十九大丛书：榜样领风尚	李玲	中国石油天然气集团公司党组宣传部
505	2158	前行的声音——中国石油报党建宣传报道选编	杜禾	中国石油天然气集团公司党组组织部
506	2159	儿童好奇心动物大百科 动物多生孩子的独门绝技	曹秋梅	卡尔拉·巴莱德斯、艾斯特班·托里、魏淑华
507	2160	儿童好奇心动物大百科 动物吃货的恶心事	曹秋梅	卡尔拉·巴莱德斯、冈萨罗·卡尔西亚·多德里格斯、魏淑华
508	2161	儿童好奇心动物大百科 动物特种部队绝杀武器	曹秋梅	卡尔拉·巴莱德斯
509	2163	采气工程	马晓光	《采气工程》编写组
510	2165	天然气市场营销	杜小帅	《天然气市场营销》编委会
511	2166	录井方法与技术	柴毓	刘强国、刘应忠、刘岩
512	2167	油藏动态构模预测论	王瑞	钟德康
513	2168	创新思维与管理创新	金平阳	王万方
514	2169	汉代琅华照寒烟·唯美典藏版	苑忆冉	白华
515	2170	地应力、裂缝测试技术在石油勘探开发中的应用（第二版）	王宝刚	张杰、李磊、张伟等
516	2171	听 VOA 学英语标准原声年度合集 2018 版	尹璐	吴菲衡、牛诚义、Marie White
517	2172	输气工（油气初加工专用）	马晓光	大庆油田有限责任公司
518	2173	猫村狂想曲·寻找猫神	邬四娟	沈燕君、海狸工坊
519	2174	复杂油气田文集（2017 年第三辑）	金平阳	董月霞
520	2175	石油钻探企业设备检维修作业安全实用手册	郎杰	中国石油天然气集团公司安全环保与节能部
521	2176	采油工程文集 2017 年第 3 辑	邸雪峰	大庆油田有限责任公司采油工程研究院
522	2177	油气田污水污泥处理关键技术	张贺	吴奇
523	2178	地学数值模拟与数学优化	马新福	李大伟
524	2179	低渗透砂岩气藏复杂渗流机理及水平井产能评价技术	王瑞	汪周华、钟兵、郭平
525	2180	出国一本通	田之秋	无老师
526	2181	2018 年诗历	邬四娟	大卫
527	2182	采油工人日常操作规程记忆歌诀	王宝刚	朱金龙、郑本祥、王新坤
528	2184	分子筛材料的合成及应用	张贺	陈艳红、于庆君、许孝玲
529	2185	油气井井口装置	葛智军	章敬
530	2186	太阳系险境历险记	曹秋梅	马里亚诺·里巴斯、哈维尔·巴西勒、魏淑华

续表

序号	书号	书名	责编	作者
531	2187	井下作业安全标准化图册	孟坤	《井下作业安全标准化图册》编委会
532	2188	人民共和国党报论坛 2015 年卷	李玲	中国传媒大学党报党刊研究中心
533	2189	最美不过诗经·唯美典藏版	苑忆冉	采蓝
534	2190	大庆油田组织史资料（基层卷）第一部 第五十九卷 房屋建设开发公司—房屋建设开发有限责任公司—房地产开发有限责任公司（1993—2013）	李廷璐	大庆油田房地产开发有限责任公司人事部
535	2191	油气管道项目全生命周期数据库实用技术	马晓光	《油气管道工程全生命周期数据库实用技术》编委会
536	2193	西南油气田重庆天然气净化总厂组织史资料（1977—2015）	李廷璐	重庆天然气净化总厂人事科（党委组织部）
537	2194	低渗透油气田勘探开发文集 2017 年下卷	王学智	中国石油长庆油田分公司
538	2195	西南油气田输气管理处组织史资料（1967—2015）	李廷璐	输气管理处人事科（党委组织部）
539	2196	天然气液化工厂项目管理核心技术	张贺	中国石油工程建设有限公司华北分公司
540	2197	页岩气开采技术	方子奇	江汉石油管理局职工培训中心、湖北科技职业学院
541	2198	第六届中国国际管道会议论文集（上册）	潘玉全	本书编委会
542	2199	第六届中国国际管道会议论文集（下册）	潘玉全	本书编委会
543	2200	石油员工心理健康手册第 2 版	王海英	檀培芳
544	2201	让每一个岗位都活起来	王海英	周锡冰
545	2202	魏晋风骨化沉香·唯美典藏版	苑忆冉	白华
546	2203	首届地下储库科技创新与智能发展国际会议论文集	何莉	《首届地下储库科技创新与智能发展国际会议论文集》编委会
547	2204	重庆万盛关坝地区野外地质考察指南	高赞	李祖兵、吴康军、谭勇
548	2205	低渗透—致密油藏微观孔隙结构测试和物理模拟技术	孙宇	杨正明、郭和坤
549	2206	欲作家书意万重	马骁	刘仕杰
550	2207	地球险境历险记	曹秋梅	马里亚诺·里巴斯、哈维尔·巴西勒、魏淑华
551	2208	入骨相思知不知	马骁	陈靖文
552	2209	高山流水遇知音	马骁	刘仕杰
553	2210	最风流，醉唐诗·唯美典藏版	艾嘉	上官月
554	2211	石油技师 20	熊寅铭	中国石油天然气集团公司人事部
555	2212	2017 年度全国钻井液完井液技术交流研讨会 论文集	方代煊	本书编委会
556	2213	我不怕黑	刘晓婷	Andras Daniel、谷秋实
557	2214	勾勾手指头 小鸡扭啊扭	刘晓婷	卡塔琳娜·泽格斯、张雪涛
558	2215	2017 年度钻井技术研讨会暨第十七届石油钻井院（所）长会议论文集	方代煊	《2017 年度钻井技术研讨会暨第十七届石油钻井院（所）长会议论文集》编委会
559	2216	亚洲新元古界—寒武系盆地地质学与油气勘探潜力	孙宇	吴因业
560	2217	工业生产过程危害和危险的消除与控制	曲荟锦	徐宝成、徐恺
561	2218	能源经济学	于红妮	唐旭、王建良
562	2219	构造地质学（富媒体）	何桐	漆家福、陈书平
563	2220	工匠精神	曹敏睿	张保文
564	2221	石油管材及装备材料服役行为与结构安全国家重点实验室科研成果汇编（2016 年）	王长会	中国石油集团石油管工程技术研究院等

续表

序 号	书 号	书 名	责 编	作 者
565	2222	天然气产业链风险研究	谭玉杰	刘毅军、钟光辉、王梓丞
566	2223	高含硫气藏开发腐蚀控制技术与实践	张倩	唐永帆、张强
567	2224	保护油气层技术（第二版·富媒体）	魏杰	熊海灵、廖作才
568	2225	塔里木盆地碳酸盐岩储集层烃包裹体研究图集	马新福	杨海军
569	2226	石油员工安全意识养成手册	曲爱平	《石油员工安全意识养成手册》编写组
570	2227	采油测试实用技巧	王宝刚	张希录
571	2228	中国分布式能源前景展望	刘辉	国际能源署
572	2230	石油老照片五	邵冰华	《石油老照片》编委会
573	2231	钻井 HSE 培训教材（第二版）	何丽萍	中国大庆井控培训中心
574	2232	辽宁石油销售口述史	付红	《辽宁石油销售口述史》编委会
575	2233	集体企业可持续发展动力机制和路径选择	曲会	徐东
576	2234	听 VOA 学英语慢速原声年度合集 2018 版	尹璐	吴菲衡、刘思岳、Marie White
577	2235	海洋立管涡激振动抑制方法	魏杰	朱红钧
578	2236	油气长输管道风险目录应用手册	曲爱平	成素凡、黄鑫等
579	2238	隐藏的教练——提问的道与术	吴莺	那子纯
580	2240	天然气增压	曹光朋	《天然气增压》编写组
581	2241	测井井控技术手册	金平阳	胡启月
582	2244	雅思写作 细节决定成败	尹璐	陈雪峰
583	2245	远离雾霾的危害	张贺	陈振涛、梁咏梅、韩晔华
584	2247	西准噶尔地区地质露头典型构造解析	林庆咸	靳军、吴孔友
585	2248	采气队 HSE 培训矩阵编制与应用手册	曹光朋	中国石油天然气集团公司质量安全环保部
586	2249	天然气净化工种 HSE 培训矩阵编制与应用手册	曹光朋	中国石油天然气集团公司质量安全环保部
587	2250	X80 管线钢管质量控制技术	王长会	马秋荣、仝珂、黄磊
588	2251	中高煤阶煤层气开发技术	何桐	王丹、王延斌、王春宇
589	2252	渤海油田新生界火山岩发育区地震勘探技术	林庆咸	张志军
590	2253	天然气文集 2017 年第 3 辑	邸雪峰	天然气文集编委会
591	2256	轻松写好技术论文	张传英	中国石油天然气集团公司人事部
592	2257	大学英语四六级晨读经典 365（第 4 版）春日激情篇	尹璐	江涛
593	2260	库车前陆盆地异常高压成因与分布规律	林庆咸	杨海军、李勇、石万忠
594	2261	库车前陆冲断带中部白垩系沉积相	林庆咸	唐雁刚
595	2262	库车前陆盆地挤压型盐相关构造与油气聚集	庞奇伟	谢会文
596	2263	秦皇岛地质实习指导书	何桐	邵先杰、褚庆忠、马平华
597	2264	大庆油田组织史资料（基层卷）第一部 第五十三卷	李廷璐	大庆师范学院党委组织部
598	2265	天然气脱水	曲荟锦	《天然气脱水》编写组
599	2266	全球油气勘探开发形势及油公司动态（勘探篇·2017 年）	马新福	穆龙新
600	2267	油气长距离管道输送	于红妮	潘晓梅
601	2269	使用人才的艺术	谭玉杰	陈英

续表

序 号	书 号	书 名	责 编	作 者
602	2270	第七届化学驱提高采收率技术年会论文集	王宝刚	周抚生、张方礼、樊中海
603	2271	照着做，你就能炼就完美沟通力	曹光朋	刘宁林
604	2272	仪表维修工	杜小帅	大庆油田有限责任公司
605	2273	卡尔德号太空站 —团糟	田之秋	David W. Ferguson
606	2274	天然气——21 世纪能源	张倩	周理志、孟祥娟
607	2275	油田开发重大试验实践与认识	王宝刚	廖广志、马德胜、王正茂
608	2276	全球主要沉积盆地常规油气资源分布	马新福	田作基
609	2277	国际石油公司的本质	张贺	王天娇、赵瞳、米林林
610	2278	油气管道清管技术与应用	马晓光	陈朋超、戴联双、赵晓利
611	2279	石油企业班组安全领导与员工安全行为	郎杰	刘鸿渊
612	2280	石油钻探企业钻井队现场 HSE 检查表	曲爱平	中国石油天然气集团有限公司质量安全环保部
613	2281	油气长输管道风险辨识与评价方法	曲爱平	成素凡 黄鑫等
614	2282	深层海相碳酸盐岩油气藏主体开采工艺新技术	马新福	叶正荣
615	2284	海洋油气地震勘探技术新进展	王焕弟	王学军
616	2285	西南油气田川东北气矿组织史资料（2001—2015）	李廷璐	西南油气田分公司川东北气矿人事科（党委组织部）
617	2286	西南油气田重庆公共事务管理中心组织史资料（2004—2015）	李廷璐	四川石油管理局重庆公共事务管理中心人事科（党委组织部）
618	2287	西南油气田川西南公共事务管理中心组织史资料（1999—2015）	李廷璐	西南油气田川南公共事务管理中心人事科
619	2289	勾勾手指头 大汽车轰隆隆	刘晓婷	马里特・派克尔特、张雪涛
620	2290	勾勾手指头 我们是朋友	艾嘉	艾拉、安娜・穆森布洛克
621	2291	勾勾手指头 谁在动啊动	艾嘉	马里特・派克尔特、卡琳・布鲁默、布里吉特・普罗科尼克
622	2295	中国气田开发丛书・总论	何莉	马新华、陆家亮
623	2296	管道保护	曹光朋	《管道保护》编写组
624	2297	油气田开发地质学	林庆咸	张为民
625	2298	数字化抽油机控制系统维护手册	曹光朋	张建峰
626	2299	海外钻井施工英语情景对话	何丽萍	中国大庆井控培训中心
627	2300	石油钻探企业钻井现场 HSE 作业程序实用手册	曲爱平	中国石油天然气集团有限公司质量安全环保部
628	2301	石油钻探企业钻机拆卸、搬迁、安装安全管理使用手册	郎杰	中国石油天然气集团公司安全环保部
629	2302	四级电气师晋级培训教材	曹光朋	《四级电气师晋级培训教材》编委会
630	2303	聚合物——表面活性剂复合驱油技术	张倩	刘卫东、王正茂、丛苏南
631	2304	设备（机械）工程师	方代煊	中国石油天然气股份有限公司管道分公司
632	2305	中国石油油气田地面建设工程项目与开工报告管理规定（2017 版）	李中	中国石油勘探与生产公司
633	2306	碳酸盐岩酸化实验评价技术与应用	王宝刚	李杰、韩慧芬、桑宇等
634	2307	大牛地气田大型岩性圈闭地质评价技术	金平阳	郝蜀民
635	2308	第十六届石油工业标准化学术论坛论文集	李健	全国石油天然气标准化技术委员会秘书处、石油工业标准化技术委员会秘书处

续表

序号	书号	书名	责编	作者
636	2310	储层改造特殊技术	方代煊	王益山
637	2312	天然气开发理论与实践文集（第五辑）	林庆咸	贾爱林
638	2313	复杂油气田文集（2017 年第四辑）	金平阳	董月霞
639	2315	世界能源展望中国特别报告	刘辉	国际能源署
640	2316	大学英语四六级晨读经典 365（第 4 版）夏日展望篇	尹璐	江涛
641	2317	大学英语四六级晨读经典 365（第 4 版）冬日沉思篇	尹璐	江涛
642	2323	创新你的思想：57 种方式开启你的创造性自我	刘辉	罗德・贾金斯、任漠楠
643	2324	中国石油 2016 优秀社会责任实践案例集	崔淑红	《中国石油 2017 优秀社会责任案例集》编委会
644	2325	炼厂环境管理体系手册	潘玉全	张志华
645	2326	复杂山地地震勘探技术新进展	王焕弟	李亚林
646	2327	卡尔德号太空站 开派对	田之秋	David W. Ferguson
647	2330	青春期乐活笔记 . 男生版	马骁	钟淼淼
648	2334	加拿大油气区块竞争出让管理	王瑞	国土资源部油气资源战略研究中心
649	2335	美国油气区块竞争出让管理	王瑞	国土资源部油气资源战略研究中心
650	2336	戴金星天然气地质和地球化学论文集（卷一）	庞奇伟	戴金星
651	2338	无机化学（第二版）	魏杰	王艳玲、孟祥福、于翠艳
652	2339	分析化学（第二版）	葛智军	李艳红、陈媛、郭健
653	2342	澳大利亚西北大陆架石油地质特征	马新福	祝厚勤
654	2343	任继愈谈中国哲学发展史	邬四娟	任继愈
655	2344	任继愈谈庄子	邬四娟	任继愈
656	2345	任继愈谈墨子与墨家	邬四娟	任继愈
657	2346	任继愈谈儒家与儒教	高超	任继愈
658	2347	唐诗宋词鉴赏	高超	尹小林
659	2348	任继愈谈汉唐佛教思想	高超	任继愈
660	2349	任继愈谈先秦诸子与哲学	邬四娟	任继愈
661	2351	任继愈谈道家与道教	高超	任继愈
662	2352	任继愈谈朱熹・王阳明・王夫之	高超	任继愈
663	2353	任继愈谈老学源流	邬四娟	任继愈
664	2354	二十五史	高超	尹小林
665	2357	任继愈谈孔子・孟子・韩非	邬四娟	任继愈
666	2358	任继愈谈《易经》	高超	任继愈
667	2359	任继愈谈老子哲学	邬四娟	任继愈
668	2360	西南油气田川南公共事务管理中心组织史资料（1999.9—2015.12）	李廷璐	西南油气田川南公共事务管理中心人事科
669	2361	全球非常规油气资源评价	马新福	王红军、马锋
670	2363	青春期乐活笔记 . 女生版	马骁	钟淼淼
671	2365	秃秃大王	邬四娟	张天翼
672	2366	油气开发技术进展	王瑞	刘合、张烈辉

续表

序 号	书 号	书 名	责 编	作 者
673	2367	任继愈谈武圣孙武与《孙子兵法》	邬四娟	任继愈
674	2368	任继愈谈魏晋玄学	高超	任继愈
675	2371	数独游戏全集 1	高超	邢声远
676	2372	数独游戏全集 2	高超	邢声远
677	2373	数独游戏全集 3	高超	邢声远
678	2380	任继愈谈魏晋南北朝的佛教经学	邬四娟	任继愈
679	2381	大学英语四六级晨读经典 365（第 4 版）秋日硕果篇	尹璐	江涛
680	2383	中国石油有形化技术汇编	庞奇伟	中国石油天然气集团公司科技管理部
681	2384	油气装备安全技术（富媒体）	葛智军	段礼祥
682	2385	100% 自然冒险：骑马	曲会	弗洛里安·瓦格纳、肖玥、卡尔·福斯特
683	2386	100% 自然冒险：火山之旅	曲会	卡斯滕·皮特、肖玥、汤姆·道尔
684	2388	准噶尔盆地莫北油田低渗透砂岩油藏开发实践	林庆咸	彭永灿
685	2389	中深层稠油油藏开发技术与实践	林庆咸	彭永灿
686	2390	人民共和国党报论坛 2016 年卷	李玲	中国传媒大学党报党刊研究中心、新疆经济报社、鞍山市新闻工作者协会
687	2391	如懿传	马骁	吴韵汐
688	2397	80 天攻克雅思口语（第四版）	王敏娴	江涛
689	2399	猫村狂想曲·创意贴纸书	邬四娟	沈燕君、海狸工坊
690	2400	猫村狂想曲·创意涂色书	邬四娟	沈燕君、海狸工坊
691	2413	100% 自然冒险：登山	曲会	弗洛里安·瓦格纳、余婷、汤姆·道尔
692	2414	100% 自然冒险：海底世界	曲会	大卫·海蒂诗、肖玥、汤姆·道尔
693	2416	准噶尔盆地“断凸”控制下的储层发育特征——以金龙 2 井区二叠系为例	庞奇伟	薛新克
694	2418	库车前陆冲断带新生界砾岩层分布与识别技术	林庆咸	杨宪彰
695	2419	盐构造与沉积和含油气远景	林庆咸	张功成
696	2421	中国石油重大科技成果（2011—2015）	庞奇伟	中国石油天然气集团公司科技管理部
697	2424	风城油田侏罗系齐古组辫状河储层构型研究及开发应用	林庆咸	霍进
698	2426	传统企业到底该如何转型	王海英	周锡冰、蒋建平
699	2439	漫画 SAT	王敏娴	小站教育 SAT 考试研究中心
700	2440	菜根谭	高超	尹小林
701	2441	鬼谷子	高超	尹小林
702	2447	安妮的花园	田之秋	茹潇、秋野玉茜
703	2448	空气及空气泡沫驱油机理	王金凤	杨怀军
704	2449	她是天使误入人间：奥黛丽·赫本传	马骁	布可小姐
705	2453	漫画托福	王敏娴	小站教育托福考试研究中心
706	2454	漫画 GMAT	王敏娴	小站教育 GMAT 考试研究中心
707	9102	乙烯装置能量系统优化技术	潘玉全	姚平经、都健

表 2　2017 年石油工业出版社有限公司出版中华人民共和国石油天然气行业标准

序　号	书　号	标准号	标准名
1	7606	SY/T 0021—2016	石油天然气工程建筑设计规范
2	7541	SY/T 0048—2016	石油天然气工程总图设计规范
3	7539	SY/T 0087.4—2016	钢质管道及储罐腐蚀评价标准　第 4 部分：埋地钢质管道应力腐蚀开裂直接评价
4	7460	SY/T 0087.5—2016	钢质管道及储罐腐蚀评价标准　第 5 部分：油气管道腐蚀数据综合分析
5	7608	SY/T 0321—2016	钢质管道水泥砂浆衬里技术标准
6	7452	SY/T 0404—2016	加热炉安装工程施工规范
7	7463	SY/T 0516—2016	绝缘接头与绝缘法兰技术规范
8	7462	SY/T 0524—2016	导热油加热炉系统规范
9	7453	SY/T 0546—2016	腐蚀产物的采集与鉴定技术规范
10	7630	SY/T 0600—2016	油田水结垢趋势预测方法
11	7629	SY/T 0601—2016	采出水中乳化油、溶解油的测定
12	7607	SY/T 4074—2016	钢质管道水泥砂浆衬里机械涂敷技术规范
13	7580	SY/T 4076—2016	钢质管道液体涂料风送挤涂内涂层技术规范
14	7538	SY/T 4091—2016	滩海石油工程外防腐技术规范
15	7516	SY/T 4106—2016	钢质管道及储罐无溶剂聚氨酯涂料防腐层技术规范
16	7591	SY/T 4114—2016	天然气管道、液化天然气站（厂）干燥施工技术规范
17	7455	SY/T 4115—2016	油气输送管道工程施工组织设计编制规范
18	7464	SY/T 4116—2016	石油天然气建设工程监理规范
19	7514	SY/T 4117—2016	高含硫化氢气田集输管道焊接技术规范
20	7536	SY/T 4118—2016	高含硫化氢气田集输场站工程施工技术规范
21	7531	SY/T 4119—2016	高含硫化氢气田集输管道工程施工技术规范
22	7465	SY/T 4131—2016	油气输送管道线路工程竣工测量规范
23	7592	SY/T 4132—2016	油气田集输双金属复合钢管施工技术规范
24	7467	SY/T 4208—2016	石油天然气建设工程施工质量验收规范长输管道线路工程
25	7515	SY/T 4209—2016	石油天然气建设工程施工质量验收规范天然气净化厂建设工程
26	7469	SY/T 4215—2016	石油天然气建设工程施工质量验收规范油气管道地质灾害治理工程
27	7501	SY/T 5049—2016	钻井和修井卡瓦
28	7480	SY/T 5051—2016	随钻井眼修整工具
29	7479	SY/T 5084—2016	井底碎物打捞器
30	7576	SY/T 5102—2016	石油勘探开发仪器基本环境试验方法
31	7648	SY/T 5107—2016	水基压裂液性能评价方法
32	7605	SY/T 5119—2016	岩石中可溶有机物及原油族组分分析
33	7493	SY/T 5164—2016	牙轮钻头
34	7628	SY/T 5183—2016	油井防砂效果评价方法

续表

序 号	书 号	标准号	标准名
35	7574	SY/T 5190—2016	石油综合录井仪技术条件
36	7492	SY/T 5211—2016	石油天然气钻采设备压裂成套装备
37	7490	SY/T 5217—2016	金刚石钻头
38	7586	SY/T 5234—2016	钻井参数优选基本方法
39	7489	SY/T 5236—2016	抽油杆吊卡、吊钩
40	7647	SY/T 5251—2016	油气井录井项目及录井质量要求（双语版）
41	7638	SY/T 5254—2016	测井数据处理符号
42	7506	SY/T 5262—2016	火筒式加热炉规范
43	7634	SY/T 5274—2016	树脂涂敷砂技术要求
44	7581	SY/T 5299—2016	电缆输送特殊射孔作业技术规范
45	7664	SY/T 5323—2016	石油天然气工业钻井和采油设备节流和压井设备
46	7555	SY/T 5331—2016	石油地震勘探解释图件要素规范
47	7646	SY/T 5368—2016	岩石薄片鉴定
48	7509	SY/T 5374.1—2016	固井作业规程　第 1 部分：常规固井
49	7512	SY/T 5416.2—2016	定向井测量仪器测量及检验　第 2 部分：电子单多点类
50	7561	SY/T 5480—2016	固井设计规范
51	7602	SY/T 5502—2016	石油物探标准劳动量折算方法
52	7491	SY/T 5532—2016	石油钻井和修井用绞车
53	7461	SY/T 5539.2—2016	石油管产品质量评价方法　第 2 部分：油气输送管
54	7598	SY/T 5540—2016	滩海区地震勘探劳动定额
55	7503	SY/T 5557—2016	石油天然气钻采设备固井成套装备
56	7621	SY/T 5579.5—2016	油藏描述方法　第 5 部分：致密砂岩油藏
57	7637	SY/T 5587.11—2016	常规修井作业规程　第 11 部分：钻铣封隔器、桥塞
58	7649	SY/T 5600—2016	石油电缆测井作业技术规范
59	7508	SY/T 5613—2016	钻井液测试泥页岩理化性能试验方法
60	7627	SY/T 5627—2016	滑套喷砂器与投球器技术要求
61	7451	SY/T 5668—2016	钻井液用页岩抑制剂腐殖酸钾（KAHm）
62	7614	SY/T 5699—2016	提升短节
63	7623	SY/T 5718—2016	试油（气）完井总结编写规范
64	7639	SY/T 5733—2016	注水井完井作业及分层注水测试调配方法
65	7611	SY/T 5750—2016	供电线路维修劳动定额
66	7578	SY/T 5768—2016	一般结构用焊接钢管
67	7589	SY/T 5819—2016	陆上重力磁力勘探技术规程
68	7618	SY/T 5851—2016	油田开发调整方案编制技术要求

续表

序 号	书 号	标准号	标准名
69	7449	SY/T 5888—2016	浮选剂浮选效果评价方法叶轮浮选法
70	7613	SY/T 5991—2016	套管、油管、管线管及钻杆螺纹保护器
71	7483	SY/T 6117—2016	石油钻机和修井机使用与维护
72	7600	SY/T 6129—2016	岩石中烃类气体扩散系数测定方法
73	7620	SY/T 6171—2016	气藏试采地质技术规范
74	7626	SY/T 6188—2016	岩石热解气相色谱分析方法
75	7625	SY/T 6265—2016	抽油机井工况诊断方法
76	7582	SY/T 6273—2016	油气井用电雷管检测方法
77	7622	SY/T 6385—2016	覆压下岩石孔隙度和渗透率测定方法
78	7513	SY/T 6466—2016	油井水泥石性能试验方法
79	7641	SY/T 6537—2016	天然气净化厂气体及溶液分析方法
80	7636	SY/T 6538—2016	配方型选择性脱硫溶剂
81	7459	SY/T 6567—2016	天然气输送管道系统经济运行规范
82	7651	SY/T 6576—2016	用于提高石油采收率的聚合物评价方法
83	7558	SY/T 6589—2016	陆上可控源电磁法勘探采集技术规程
84	7537	SY/T 6592—2016	固井质量评价方法
85	7617	SY/T 6596—2016	气田水注入技术要求
86	7472	SY/T 6648—2016	输油管道完整性管理规范
87	7466	SY/T 6659—2016	用科里奥利质量流量计测量天然气流量
88	7468	SY/T 6662.8—2016	石油天然气工业用非金属复合管　第 8 部分：陶瓷内衬管及管件
89	7494	SY/T 6668—2016	游梁式抽油机的安装与维护
90	7535	SY/T 6679.4—2016	综合录井仪校准方法　第 4 部分：红外气体分析仪
91	7454	SY/T 6717—2016	油管和套管内涂层技术条件
92	7579	SY/T 6751—2016	电缆测井与射孔带压作业技术规范
93	7631	SY/T 6763—2016	石油管材购方代表驻厂监造规范
94	7609	SY/T 6769.5—2016	非金属管道设计、施工及验收规范　第 5 部分：纤维增强热塑性塑料复合连续管
95	7590	SY/T 6770.5—2016	非金属管材质量验收规范　第 5 部分：纤维增强热塑性塑料复合连续管
96	7488	SY/T 6803—2016	海洋修井机
97	7553	SY/T 6811—2016	岩心油水饱和度蒸馏仪校准方法
98	7685	SY/T 6868—2016	钻井作业用防喷设备系统
99	7475	SY/T 7290—2016	石油企业粉煤灰综合利用技术要求
100	7478	SY/T 7291—2016	陆上石油天然气开采业清洁生产审核指南
101	7476	SY/T 7292—2016	陆上石油天然气开采业清洁生产技术指南
102	7457	SY/T 7293—2016	环境敏感区天然气管道建设和运行环境保护要求

续表

序 号	书 号	标准号	标准名
103	7456	SY/T 7294—2016	陆上石油天然气集输环境保护推荐作法
104	7495	SY/T 7295—2016	陆上石油天然气修井作业环境保护推荐作法
105	7496	SY/T 7296—2016	陆上石油天然气物探作业环境保护推荐作法
106	7504	SY/T 7297—2016	石油天然气开采企业二氧化碳排放计算方法
107	7497	SY/T 7298—2016	陆上石油天然气开采钻井废物处置污染控制技术要求
108	7498	SY/T 7299—2016	石油天然气开采业低碳审核指南
109	7499	SY/T 7300—2016	陆上石油天然气开采含油污泥处理处置及污染控制技术规范
110	7500	SY/T 7301—2016	陆上石油天然气开采含油污泥资源化综合利用及污染控制技术要求
111	7645	SY/T 7302—2016	液化天然气接收站陆域形成和土建工程技术指南
112	7632	SY/T 7303—2016	液化天然气管道低温氮气试验技术规程
113	7780	SY/T 7304—2016	低温液化气储罐混凝土结构设计和施工规范
114	7633	SY/T 7305—2016	连续油管冲砂及气举排液作业技术规范
115	7588	SY/T 7306—2016	致密油气测井资料综合评价技术规范
116	7587	SY/T 7307—2016	致密油气储层岩石物理实验室测量技术规范
117	7583	SY/T 7308—2016	泵出存储式测井作业技术规范
118	7595	SY/T 7309—2016	储层定量荧光分析方法
119	7601	SY/T 7310—2016	有孔虫化石分析鉴定方法
120	7599	SY/T 7311—2016	致密油气及页岩油气地质实验规程
121	7604	SY/T 7312—2016	致密油“甜点”评价技术规范
122	7603	SY/T 7313—2016	油气及岩石抽提物与干酪根中氢同位素分析
123	7596	SY/T 7314—2016	碳酸盐岩微区样品制备及测试规程
124	7597	SY/T 7315—2016	凝析油全二维气相色谱组分分析方法
125	7616	SY/T 7316—2016	油气输送钢管用板材电磁超声自动检测
126	7635	SY/T 7317—2016	海底管线用直缝埋弧焊钢管焊缝自动超声检测
127	7644	SY/T 7318.1—2016	油气输送管特殊性能试验方法　第 1 部分：宽板拉伸试验
128	7642	SY/T 7318.2—2016	油气输送管特殊性能试验方法　第 2 部分：单边缺口拉伸试验
129	7511	SY/T 7319—2016	气田生产系统节能监测规范
130	7594	SY/T 7320—2016	输油工程劳动定额
131	7624	SY/T 7321—2016	井口天然气中汞含量的测定差减法
132	7619	SY/T 7322—2016	天然气处理厂产出硫磺中残留硫化氢的测定化学法
133	7556	SY/T 7323—2016	陆上地震数据采集系统作业技术规范
134	7554	SY/T 7324—2016	X 射线荧光录井仪校准方法
135	7552	SY/T 7325—2016	钻井液切力计校准方法
136	7534	SY/T 7326—2016	恒电位仪通用技术条件

续表

序　号	书　号	标准号	标准名
137	7533	SY/T 7327—2016	页岩膨胀测试仪
138	7448	SY/T 7328—2016	驱油用石油磺酸盐
139	7450	SY/T 7329—2016	油田化学剂中有机氯含量测定方法
140	7485	SY/T 7330—2016	海上石油水下管汇连接器
141	7482	SY/T 7331—2016	潜油电动柱塞泵机组
142	7487	SY/T 7332—2016	钻井和修井吊卡
143	7484	SY/T 7333—2016	石油天然气钻采设备固井设备
144	7486	SY/T 7334—2016	石油天然气钻采设备混砂设备
145	7481	SY/T 7335—2016	连续抽油杆作业设备
146	7510	SY/T 7336—2016	钻井液现场工艺技术规程
147	7532	SY/T 7337—2016	含硫化氢油气井水基钻井液处理维护技术规范
148	7474	SY/T 7338—2016	石油天然气钻井工程套管螺纹连接气密封现场检测作业规程
149	7763	SY/T 7339—2016	水下焊接规范
150	7667	SY/T 7340—2016	立管干涉
151	7775	SY/T 7341—2016	水下泄漏探测系统选型与应用推荐作法
152	7707	SY/T 7342—2016	海底管道系统完整性管理推荐作法
153	7615	SY/T 7343—2016	致密气田集输设计规范
154	7593	SY/T 7344—2016	油气管道工程无人机航空摄影测量规范
155	7540	SY/T 7345—2016	油气输送管道悬索跨越工程设计规范
156	7610	SY/T 7346—2016	石油天然气工程地面三维激光扫描测量规范
157	7470	SY/T 7347—2016	油气架空管道防腐保温技术标准
158	7505	SY/T 7349—2016	低温储罐绝热防腐技术规范
159	7584	SY/T 7350—2016	低温管道与设备防腐保冷技术规范
160	7612	SY/T 7351—2016	油气田工程安全仪表系统设计规范
161	7507	SY/T 7352—2016	油气田地面工程数据采集与监控系统设计规范
162	7502	SY/T 7353—2016	金属构件及组件热渗锌防护层技术规范
163	7458	SY/T 7507—2016	天然气中水含量的测定电解法
164	7687	SY/T 10003—2016	海上平台起重机规范
165	7577	SY/T 10019—2016	海上卫星差分定位测量技术规程
166	7640	SY/T 10025—2016	海洋钻井装置作业前检验规范
167	7473	SY/T 10048—2016	腐蚀管道评估推荐作法
168	7719	SY/T 0060—2017	油气田防静电接地设计规范
169	7729	SY/T 0329—2017	大型油罐地基基础检测规范
170	7727	SY/T 0414—2017	钢质管道聚烯烃胶粘带防腐层技术标准

续表

序 号	书 号	标准号	标准名
171	7706	SY/T 0510—2017	钢制对焊管件规范
172	7711	SY/T 4112—2017	石油天然气钢质管道对接环焊缝全自动超声检测试块
173	7733	SY/T 4210—2017	石油天然气建设工程施工质量验收规范　道路工程
174	7716	SY/T 4212—2017	石油天然气建设工程施工质量验收规范　高含硫化氢气田集输场站工程
175	7723	SY/T 4213—2017	石油天然气建设工程施工质量验收规范　高含硫化氢气田集输管道工程
176	7722	SY/T 4214—2017	石油天然气建设工程施工质量验收规范　油气田非金属管道工程
177	7721	SY/T 4216.1—2017	石油天然气建设工程施工质量验收规范　油气输送管道穿越工程　第 1 部分：水平定向钻穿越
178	7718	SY/T 4216.2—2017	石油天然气建设工程施工质量验收规范　油气输送管道穿越工程　第 2 部分：钻爆隧道穿越
179	7666	SY/T 5087—2017	硫化氢环境钻井场所作业安全规范
180	7725	SY/T 5088—2017	钻井井身质量控制规范
181	7566	SY/T 5092—2017	钻井液用降滤失剂　磺化褐煤 SMC
182	7568	SY/T 5094—2017	钻井液用降滤失剂　磺甲基酚醛树脂 SMP
183	7701	SY/T 5153—2017	油藏岩石润湿性测定方法
184	7699	SY/T 5326.2—2017	井壁取心技术规范　第 2 部分：钻进式
185	7665	SY/T 5398—2017	石油天然气交接计量站计量器具配备规范
186	7668	SY/T 5431—2017	井身结构设计方法
187	7662	SY/T 5445—2017	石油机械制造企业安全生产规范
188	7684	SY/T 5454—2017	井中地震资料采集技术规程
189	7728	SY/T 5483—2017	常规地层测试技术规程
190	7695	SY/T 5674—2017	油田生产井井史编制方法
191	7670	SY/T 5678—2017	钻井完井交接验收规则
192	7659	SY/T 5679—2017	钻井液用降滤失剂　褐煤树脂 SPNH
193	7565	SY/T 5695—2017	钻井液用降黏剂　两性离子聚合物
194	7567	SY/T 5696—2017	钻井液用包被剂　两性离子聚合物
195	7650	SY/T 5856—2017	油气田电业带电作业安全规程
196	7694	SY/T 5965—2017	油气探井钻井地质设计规范
197	7658	SY/T 6137—2017	硫化氢环境天然气采集与处理安全规范
198	7704	SY/T 6156—2017	气枪震源使用技术规范
199	7731	SY/T 6178—2017	水淹层测井资料处理与解释规范
200	7676	SY/T 6268—2017	油井管选用推荐作法
201	7663	SY/T 6277—2017	硫化氢环境人身防护规范
202	7700	SY/T 6315—2017	稠油油藏高温相对渗透率及驱油效率测定方法
203	7790	SY/T 6344—2017	易燃和可燃液体防火规范

续表

序号	书号	标准号	标准名
204	7717	SY/T 6355—2017	石油天然气生产专用安全标志
205	7681	SY/T 6423.7—2017	石油天然气工业　钢管无损检测方法　第 7 部分：无缝和焊接铁磁性钢管表面缺欠的磁粉检测
206	7682	SY/T 6423.8—2017	石油天然气工业　钢管无损检测方法　第 8 部分：无缝和焊接（埋弧焊除外）钢管纵向和 / 或横向缺欠的全周自动超声检测
207	7655	SY/T 6429—2017	海洋石油生产设施消防规范
208	7659	SY/T 6430—2017	浅海石油起重船舶吊装作业安全规范
209	7693	SY/T 6439—2017	石油地质实验室样品管理规定
210	7712	SY/T 6451—2017	探井测井资料处理与解释规范
211	7678	SY/T 6476—2017	管线钢管落锤撕裂试验方法
212	7643	SY/T 6477—2017	含缺陷油气管道剩余强度评价方法
213	7661	SY/T 6478—2017	油管和套管表面镀层技术条件
214	7671	SY/T 6544—2017	油井水泥浆性能要求
215	7674	SY/T 6569—2017	油气田生产系统经济运行规范　注水系统
216	7732	SY/T 6601—2017	耐腐蚀合金管线管
217	7669	SY/T 6610—2017	硫化氢环境井下作业场所作业安全规范
218	7697	SY/T 6611—2017	石油定量荧光录井规范
219	7660	SY/T 6632—2017	海洋石油安全警示标志
220	7688	SY/T 6641—2017	固井水泥胶结测井资料处理及解释规范
221	7705	SY/T 6684—2017	气田商业评估技术要求
222	7735	SY/T 6771—2017	人工岛总图及岛体结构技术规范
223	7686	SY/T 6777—2017	滩海石油人工岛安全规则
224	7692	SY/T 6783—2017	石油工业计算机病毒防范管理规范
225	7675	SY/T 6834—2017	石油企业用变频调速拖动系统节能测试方法与评价指标
226	7673	SY/T 6835—2017	油田热采注汽系统节能监测规范
227	7679	SY/T 7318.3—2017	油气输送管特殊性能试验方法　第 3 部分：全尺寸弯曲试验
228	7653	SY/T 7354—2017	本安型人体静电消除器安全规范
229	7654	SY/T 7355—2017	油品采样测温用绳安全规范
230	7656	SY/T 7356—2017	硫化氢防护安全培训规范
231	7652	SY/T 7357—2017	硫化氢环境应急救援规范
232	7657	SY/T 7358—2017	硫化氢环境原油采集与处理安全规范
233	7691	SY/T 7359—2017	稀有气体同位素比值测定方法
234	7690	SY/T 7360—2017	钙质超微化石分析鉴定方法
235	7696	SY/T 7361—2017	稀有气体分离与组分含量分析　四极杆质谱法
236	7689	SY/T 7362—2017	海相碳酸盐岩油气区带评价技术规范

续表

序 号	书 号	标准号	标准名
237	7730	SY/T 7363—2017	黄土地区油气输送管道线路设计规范
238	7715	SY/T 7364—2017	多年冻土地区油气输送管道工程设计规范
239	7713	SY/T 7365—2017	油气输送管道并行敷设技术规范
240	7720	SY/T 7366—2017	油气输送管道工程水域开挖穿越设计规范
241	7724	SY/T 7367—2017	石油天然气工程建设卫星定位测量规范
242	7726	SY/T 7368—2017	穿越管道防腐层技术规范
243	7710	SY/T 7369—2017	纤维增强塑料管在油田环境中相容性试验方法
244	7698	SY/T 7370—2017	地下储气库注采管柱选用与设计推荐做法
245	7672	SY/T 7371—2017	石油钻井合理利用网电技术导则
246	7683	SY/T 7372—2017	微地震地面监测技术规程
247	7708	SY/T 7373—2017	陆上地震勘探数字检波器通用技术规范
248	7714	SY/T 7374—2017	地层元素测井仪
249	7709	SY/T 7375—2017	多频核磁共振测井仪
250	7702	SY/T 7376—2017	导流能力测量仪
251	7677	SY/T 7377—2017	钻井液设计规范
252	7703	SY/T 7378—2017	油气藏三维定量地质模型建立技术规范
253	7680	SY/T 10017—2017	海底电缆地震资料采集技术规程

表 3　2017 年石油工业出版社有限公司出版中华人民共和国能源行业标准

序 号	书 号	标准号	标准名
			煤层气（11 项）
1	7526	NB/T 10025—2016	水基压裂液敏感性评价用人工煤心制作方法
2	7520	NB/T 10026—2016	煤层气丛式井钻井技术规程
3	7529	NB/T 10027—2016	煤层气地面工程方案编制规范
4	7527	NB/T 10028—2016	煤层气集输管道运行管理规范
5	7528	NB/T 10029—2016	煤层气集输设计规范
6	7524	NB/T 10030—2016	钻井液完井液对煤层气储层损害室内评价方法
7	7523	NB/T 10031—2016	煤层气井有杆泵排采设计规范
8	7522	NB/T 10032—2016	煤层气井螺杆泵排采设计规范
9	7530	NB/T 10033—2016	煤层气评价井钻井地质设计规范
10	7525	NB/T 10034—2016	煤层气藏用水基压裂液性能评价方法
11	7521	NB/T 10035—2016	通过管道输送的煤层气技术要求和试验方法
			页岩气（25 项）
1	7571	NB/T 14002.5—2016	页岩气　储层改造　第 5 部分：水平井钻磨桥塞作业要求
2	7572	NB/T 14002.6—2016	页岩气　储层改造　第 6 部分：水平井分簇射孔作业要求

续表

序　号	书　号	标准号	标准名
3	7517	NB/T 14003.2—2016	页岩气　压裂液　第 2 部分：降阻剂性能指标及测试方法
4	7518	NB/T 14003.3—2017	页岩气　压裂液　第 3 部分：连续混配压裂液性能指标及评价方法
5	7546	NB/T 14004.2—2016	页岩气　固井工程　第 2 部分：水泥浆技术要求和评价方法
6	7542	NB/T 14004.3—2016	页岩气　固井工程　第 3 部分：质量监督及验收要求和方法
7	7550	NB/T 14009—2016	页岩气钻井液使用推荐作法油基钻井液
8	7544	NB/T 14010—2016	页岩气丛式井组水平井安全钻井及井眼质量控制推荐做法
9	7573	NB/T 14011—2016	页岩气地震资料处理解释和预测技术规范
10	7559	NB/T 14012.2—2016	页岩气工厂化作业推荐做法　第 2 部分：钻井
11	7551	NB/T 14013—2016	页岩气井生产数据试井解释规范
12	7557	NB/T 14014—2016	页岩气井试气技术规范
13	7547	NB/T 14015—2016	页岩气开发动态分析技术规范
14	7548	NB/T 14016—2016	页岩气开发评价资料录取技术要求
15	7545	NB/T 14017—2016	页岩气录井技术规范
16	7549	NB/T 14018—2016	页岩气水平井井位设计技术要求
17	7543	NB/T 14019—2016	页岩气水平井钻井工程设计推荐作法
18	7560	NB/T 14002.2—2017	页岩气　储层改造　第 2 部分：工厂化压裂作业技术规范
19	7562	NB/T 14020.1—2017	页岩气　工具设备　第 1 部分：复合桥塞
20	7585	NB/T 14021—2017	页岩气平台钻前土建工程作业要求
21	7519	NB/T 14022—2017	页岩水敏性评价推荐做法
22	7570	NB/T 14023—2017	页岩支撑剂充填层长期导流能力测定推荐方法
23	7563	NB/T 14024—2017	页岩气井产量预测技术规范
24	7564	NB/T 14025—2017	页岩气井试井技术规范
25	7575	NB/T 14026—2017	页岩气水平井地质导向技术要求

表 4　2017 年石油工业出版社有限公司出版中国石油天然气集团公司企业标准

序　号	书　号	标准号	标准名
1	18630	Q/SY 01001—2016	地震数据处理质量分析与评价规范
2	18638	Q/SY 01002—2016	石油地球物理成果图件编制规范
3	18645	Q/SY 01005—2016	碳酸盐岩缝洞型油气藏缝洞雕刻储量计算方法
4	18647	Q/SY 01006—2016	二氧化碳驱注气井保持井筒完整性推荐作法
5	18653	Q/SY 01007—2016	油气田用压力容器监督检查技术规范
6	18648	Q/SY 01008—2018	大斜度分层注水井偏心钢丝测调及同心直读测调分注技术规范
7	18650	Q/SY 01009—2018	油气藏型储气库注采井钻完井验收规范
8	18643	Q/SY 01051—2016	油井维护作业工程质量技术监督及验收规范

续表

序 号	书 号	标准号	标准名
9	18646	Q/SY 01052—2016	地震采集工程质量监督及评价规范
10	18594	Q/SY 04001—2016	新建油库投用管理规范
11	18596	Q/SY 04004—2016	加油卡发行与服务规范
12	18628	Q/SY 05002—2016	陆上管道溢油水面处置技术规范
13	18634	Q/SY 05003—2016	天然气管道远程控制技术规范
14	18609	Q/SY 05004.1—2016	天然气管道用燃气发生器工厂维修技术规范　第 1 部分：现场整体拆装及调试
15	18625	Q/SY 05005—2016	多年冻土区管道管理维护规范
16	18612	Q/SY 05007—2016	油气管道场站周界入侵报警系统运行维护管理规范
17	18617	Q/SY 05008—2016	在役油气管道材质性能测试技术规范
18	18624	Q/SY 05009—2016	油气管道焊缝应力超声检测技术规范
19	18611	Q/SY 05010—2016	油气管道安全目视化管理规范
20	18621	Q/SY 05011—2016	在役立式圆筒形钢制焊接油罐检测与评价
21	18626	Q/SY 05074.3—2016	天然气管道压缩机组技术规范　第 3 部分：离心式压缩机组运行与维护
22	18633	Q/SY 05130—2016	输油气管道应急救护规范
23	18641	Q/SY 05198—2016	SHAFER 气液联动执行机构操作维护规程
24	18614	Q/SY 05199—2016	液体容积式流量计运行操作和维护规程
25	18629	Q/SY 05201.10—2016	油气管道监控与数据采集系统通用技术规范　第 10 部分：网络传输
26	18631	Q/SY 05266—2016	油气管道设施锁定管理规范
27	18632	Q/SY 05267—2016	钢质管道内检测开挖验证规范
28	18642	Q/SY 05674.4—2016	油气管道通信系统通用管理规程　第 4 部分：光传送网运行维护
29	18593	Q/SY 08003—2016	石油石化企业保护层分析技术指南
30	18636	Q/SY 08124.4—2016	石油企业现场安全检查规范　第 4 部分：油田建设
31	18635	Q/SY 08124.20—2016	石油企业现场安全检查规范　第 20 部分：钢管制造
32	18656	Q/SY 10001—2016	油气藏开发管理数据规范
33	18654	Q/SY 10002—2016	炼化物料优化与排产系统数据规范
34	18662	Q/SY 10003—2016	数据中心标识系统规范
35	18659	Q/SY 10004—2016	移动应用平台接入规范
36	18657	Q/SY 10131—2016	VSAT 卫星通信系统运行维护管理规范
37	18658	Q/SY 10334—2016	互联网出口建设与运行维护规范
38	18670	Q/SY 10723.2—2016	视频会议系统规范　第 2 部分：运行维护
39	18649	Q/SY 11001—2016	煤层气采气工程劳动定额
40	18637	Q/SY 11002—2016	金属立式储罐安装工程劳动定员
41	18651	Q/SY 11003—2016	石油专用管材生产线劳动定员
42	18652	Q/SY 11027—2016	井下作业工程劳动定员

续表

序 号	书 号	标准号	标准名
43	18655	Q/SY 11072—2016	石油化工工艺设备检修劳动定额
44	18665	Q/SY 11075—2016	石油化工管道检修劳动定额
45	18661	Q/SY 11102—2016	采油工程劳动定员
46	18663	Q/SY 11103—2016	石油炼制系统劳动定员
47	18660	Q/SY 11279—2016	管道运营企业基层站队劳动定员
48	18618	Q/SY 12001—2016	石油石化矿区社会化托幼园所监督管理规范
49	18639	Q/SY 12002—2016	节假日矿区服务运行规范
50	18640	Q/SY 12255—2016	矿区住宅小区物业管理达标规范
51	18644	Q/SY 12259—2016	矿区物业管理优秀住宅小区考核评分细则
52	18623	Q/SY 13001—2016	承荷探测电缆采购技术规范
53	18622	Q/SY 13002—2016	通用三抽产品采购技术规范
54	18615	Q/SY 13003—2016	物资仓储条码及电子标签应用规范
55	18616	Q/SY 13004—2016	招标投标活动现场监督工作规范
56	18620	Q/SY 13005—2016	邀请招标条件与拟邀请投标人确定工作规范
57	18619	Q/SY 13007—2016	招标投标活动异议和投诉处理工作规范
58	18599	Q/SY 14003.1—2016	装备制造业务计量器具配备规范　第 1 部分：机械加工
59	18597	Q/SY 14003.3—2016	装备制造业务计量器具配备规范　第 3 部分：热处理
60	18598	Q/SY 17001—2016	泡沫排水采气用消泡剂技术规范
61	18608	Q/SY 17002—2016	调剖堵水用吸水体膨颗粒技术规范
62	18601	Q/SY 17088—2016	钻井液用液体润滑剂技术规范
63	18606	Q/SY 17089—2016	钻井液用降滤失剂　水解聚丙烯腈盐
64	18740	Q/SY 17095—2016	钻井液用封堵剂　磺化沥青
65	18605	Q/SY 17103—2016	钻井液用包被絮凝剂　聚丙烯酰胺类产品技术规范
66	18607	Q/SY 17348—2016	钻井液用页岩抑制剂　聚合醇技术规范
67	18604	Q/SY 17375—2016	钻井液用固体润滑剂　石墨类
68	18610	Q/SY 18001—2016	深水探井井场调查技术要求
69	18627	Q/SY 18002—2016	滩浅海海底管道检测技术规范
70	18692	Q/SY 02001—2016	可控震源地震数据高效采集技术规程
71	18669	Q/SY 02002—2016	远程录井技术规范
72	18682	Q/SY 02003—2016	电缆分层测试作业规范
73	18719	Q/SY 02004—2016	油气井氮气排液技术规程
74	18709	Q/SY 02005—2016	小通径套损井打通道推荐作法
75	18672	Q/SY 02006—2016	PVT 取样技术规程
76	18676	Q/SY 02007—2016	控压钻井系统使用、维护与保养

续表

序 号	书 号	标准号	标准名
77	18684	Q/SY 02008—2016	连续管作业机使用、维护与保养
78	18667	Q/SY 02009—2016	致密油气储层水平井固井技术规范
79	18671	Q/SY 02010—2016	水平井水力喷砂射孔分段压裂工艺规范
80	18668	Q/SY 02011—2016	钻井废物处理技术规范
81	18664	Q/SY 02012—2016	压裂酸化返排液处理技术规范
82	18683	Q/SY 02013—2016	石油钻机钢丝绳索具配套与使用规范
83	18666	Q/SY 02060—2016	Forward.NET 测井资料数据处理规范
84	18693	Q/SY 02296—2016	密集丛式井上部井段防碰设计与施工技术规范
85	18675	Q/SY 02297—2016	水力喷射泵排液作业规范
86	18791	Q/SY 05012.1—2016	城镇燃气安全生产检查规范　第 1 部分：天然气
87	18792	Q/SY 05012.2—2016	城镇燃气安全生产检查规范　第 2 部分：液化石油气
88	18688	Q/SY 05013—2016	城镇燃气维抢修设备及机具配置规范
89	18690	Q/SY 05014—2016	城镇燃气管网泄漏检测技术规范
90	18689	Q/SY 05015—2016	城镇燃气管网完整性管理导则
91	18708	Q/SY 06022—2016	输油管道集肤效应电伴热技术规范
92	18698	Q/SY 06301—2016	油气储运工程建设项目设计总则
93	18724	Q/SY 06302.1—2016	油气储运工程勘察测绘规范　第 1 部分：油气管道
94	18674	Q/SY 06303.1—2016	油气储运工程线路设计规范　第 1 部分：油气输送管道
95	18673	Q/SY 06303.2—2016	油气储运工程线路设计规范　第 2 部分：水工保护
96	18695	Q/SY 06304.1—2016	油气储运工程穿跨越设计规范　第 1 部分：河流开挖穿越
97	18681	Q/SY 06304.2—2016	油气储运工程穿跨越设计规范　第 2 部分：跨越
98	18680	Q/SY 06305.1—2016	油气储运工程工艺设计规范　第 1 部分：原油管道
99	18678	Q/SY 06305.2—2016	油气储运工程工艺设计规范　第 2 部分：成品油管道
100	18679	Q/SY 06305.3—2016	油气储运工程工艺设计规范　第 3 部分：天然气管道
101	18677	Q/SY 06305.5—2016	油气储运工程工艺设计规范　第 5 部分：地下储气库
102	18685	Q/SY 06305.6—2016	油气储运工程工艺设计规范　第 6 部分：管道应力分析
103	18706	Q/SY 06305.7—2016	油气储运工程工艺设计规范　第 7 部分：天然气液化厂
104	18707	Q/SY 06305.8—2016	油气储运工程工艺设计规范　第 8 部分：液化天然气接收站
105	18720	Q/SY 06306—2016	油气储运工程地下储气库自控仪表设计规范
106	18697	Q/SY 06307.1—2016	油气储运工程总图设计规范　第 1 部分：油气管道
107	18696	Q/SY 06307.2—2016	油气储运工程总图设计规范　第 2 部分：地下储气库
108	18781	Q/SY 06308.1—2016	油气储运工程建筑结构设计规范　第 1 部分：油气管道工程
109	18772	Q/SY 06308.2—2016	油气储运工程建筑结构设计规范　第 2 部分：液化天然气预应力混凝土外罐
110	18699	Q/SY 06309—2016	油气管道工程给排水设计规范

续表

序号	书号	标准号	标准名
111	18691	Q/SY 06310—2016	油气储运工程消防设计规范
112	18768	Q/SY 06311—2016	油气管道工程热工暖通设计规范
113	18766	Q/SY 06312—2016	油气储运工程供配电设计规范
114	18769	Q/SY 06313—2016	油气管道工程通信系统设计规范
115	18776	Q/SY 06314.1—2016	油气储运工程防腐绝热设计规范　第 1 部分：管道防腐层及阴极保护
116	18783	Q/SY 06314.2—2016	油气储运工程防腐绝热设计规范　第 2 部分：储罐防腐及阴极保护
117	18782	Q/SY 06314.3—2016	油气储运工程防腐绝热设计规范　第 3 部分：管道与设备绝热
118	18767	Q/SY 06315—2016	油气储运工程非标设备设计规范
119	18784	Q/SY 06316.1—2016	油气储运工程焊接技术规范　第 1 部分：管道线路工程焊接
120	18785	Q/SY 06316.2—2016	油气储运工程焊接技术规范　第 2 部分：管道站场工程焊接
121	18788	Q/SY 06316.3—2016	油气储运工程焊接技术规范　第 3 部分：管线钢环焊接头宽板拉伸试验
122	18787	Q/SY 06316.4—2016	油气储运工程焊接技术规范　第 4 部分：单炬双丝管道全位置自动焊
123	18789	Q/SY 06317.1—2016	油气储运工程无损检测技术规范　第 1 部分：钢质管道环焊缝 X 射线数字成像检测
124	18786	Q/SY 06317.2—2016	油气储运工程无损检测技术规范　第 2 部分：钢质管道相控阵超声检测
125	18770	Q/SY 06318—2016	油气管道工程环境监理规范
126	18795	Q/SY 06319—2016	油气管道工程地质灾害防治技术规范
127	18790	Q/SY 06522—2016	炼油化工建设工程监理规范
128	18777	Q/SY 06801—2016	压力容器焊接接头相控阵超声检测规范
129	18827	Q/SY 01010—2017	放空天然气回收工程技术规范
130	18847	Q/SY 01011—2017	桥式同心分层注水技术规范
131	18828	Q/SY 01012—2017	油气藏型地下储气库注采完井设计规范
132	18825	Q/SY 01013—2017	气田集输系统水合物防治技术规范
133	18862	Q/SY 01014—2017	柱塞气举技术规范
134	18844	Q/SY 01015—2017	油气田地面建设数字化工程信息移交规范
135	18823	Q/SY 01016—2017	油气集输系统用热技术导则
136	18856	Q/SY 01123—2017	常规地震勘探数据处理技术规范
137	18846	Q/SY 01360—2017	高压井和高含硫井录井技术规范
138	18834	Q/SY 02014—2017	陆上可控震源无桩作业技术规范
139	18817	Q/SY 02015—2017	机械式膨胀套管裸眼封堵作业规程
140	18824	Q/SY 02016—2017	油（气）田测井用放射性物品管理规范
141	18821	Q/SY 02017—2017	地震仪器地面设备测试系统使用与维护
142	18881	Q/SY 02018—2017	顶驱使用和维护保养规范
143	18818	Q/SY 02019—2017	井控设备控制系统用耐火软管使用规范和判废技术条件
144	18833	Q/SY 02020—2017	钻完井工程岩石力学基础参数室内测定方法

续表

序 号	书 号	标准号	标准名
145	18839	Q/SY 02025—2017	油水井压裂设计规范
146	18843	Q/SY 02082—2017	连续油管作业技术规程
147	18819	Q/SY 02113—2017	综合录井仪校验规范
148	18820	Q/SY 02406—2017	气井地面测试流程安装技术规程
149	18826	Q/SY 02407—2017	射孔—测试—水力喷射泵排液联作工艺技术规程
150	18801	Q/SY 03002—2017	薄壁注塑聚丙烯树脂
151	18802	Q/SY 03139—2017	丁腈橡胶（NBR）
152	18803	Q/SY 04005—2017	车用乙醇汽油中甲醇快速测定 比色法
153	18808	Q/SY 04006—2017	商用车手动变速箱油同步器耐久性的评定 ZF BK117 法
154	18807	Q/SY 04007—2017	汽油、柴油中氯含量的测定 微库仑法
155	18814	Q/SY 04200—2017	润滑油、润滑脂产品包装规范
156	18890	Q/SY 06018.14—2017	油气田地面工程防腐保温设计规范 第 14 部分：耐腐蚀合金 UNS S31603 冶金复合管件
157	18887	Q/SY 06018.15/2017	油气田地面工程防腐保温设计规范 第 15 部分：耐腐蚀合金 UNS S31603 冶金复合钢管
158	18888	Q/SY 06018.16—2017	油气田地面工程防腐保温设计规范 第 16 部分：耐腐蚀合金 UNS S31603 冶金复合弯管
159	18886	Q/SY 06023—2017	油气田生产作业区综合公寓标准化设计规范
160	18816	Q/SY 06024—2017	盐穴储气库注采系统设计规范
161	18832	Q/SY 06025—2017	盐穴储气库造腔系统地面工程设计规范
162	18869	Q/SY 06305.9—2017	油气储运工程工艺设计规范 第 9 部分：天然气液化装置工艺包
163	18830	Q/SY 06802—2017	中合金热强钢管道焊接及热处理施工规范
164	18804	Q/SY 07007—2017	可溶桥塞和可溶球
165	18873	Q/SY 07008—2017	中低压气井用套管气密封螺纹连接
166	18822	Q/SY 07009—2017	自动垂直钻井系统
167	18837	Q/SY 07101—2017	管壳式换热器用高效换热管
168	18805	Q/SY 07393—2017	高强度管线钢埋弧焊管用焊丝
169	18831	Q/SY 07399—2017	催化裂化用电液控制冷壁滑阀技术条件
170	18806	Q/SY 07400—2017	催化裂化用气动高温调节蝶阀技术条件
171	18799	Q/SY 08006—2017	转盘 / 转筒 / 转刷式收油机回收速率和回收效率试验方法
172	18885	Q/SY 08007—2017	石油储罐附件检测技术规范
173	18876	Q/SY 08047—2017	石油天然气测井作业健康、安全与环境管理导则
174	18845	Q/SY 08053—2017	石油天然气钻井作业健康、安全与环境管理导则
175	18889	Q/SY 08112.1—2017	炼化企业自备电厂及电网安全性评价方法 第 1 部分：热电厂
176	18829	Q/SY 08113—2017	油田专用湿蒸汽发生器检验规则

续表

序　号	书　号	标准号	标准名
177	18875	Q/SY 08124.8—2017	石油企业现场安全检查规范　第 8 部分：移动式海洋钻井与修井平台作业
178	18815	Q/SY 08124.21—2017	石油企业现场安全检查规范　第 21 部分：地下储气库站场
179	18842	Q/SY 08124.22—2017	石油企业现场安全检查规范　第 22 部分：火车装卸车栈台
180	18848	Q/SY 08124.23—2017	石油企业现场安全检查规范　第 23 部分：汽车装卸车栈台
181	18849	Q/SY 08124.24—2017	石油企业现场安全检查规范　第 24 部分：危险化学品仓储
182	18850	Q/SY 08124.25—2017	石油企业现场安全检查规范　第 25 部分：聚丙烯装置
183	18838	Q/SY 09003—2017	油气田用加热炉能效分级测试与评价
184	18853	Q/SY 09101—2017	抽油机及辅助配套设备节能测试与评价方法
185	18840	Q/SY 09120—2017	蒸汽疏水阀节能监测方法
186	18841	Q/SY 09372—2017	油气管道固定资产投资项目初步设计节能篇（章）编写规范
187	18836	Q/SY 09373—2017	炼油化工固定资产投资项目初步设计节能篇（章）编写规范
188	18835	Q/SY 09578—2017	节能监测报告编写规范
189	18851	Q/SY 10005—2017	无线局域网技术规范
190	18859	Q/SY 10006—2017	炼化物联网系统建设规范
191	18868	Q/SY 10007—2017	企业移动应用平台管理规范
192	18865	Q/SY 10008—2017	信息系统商业秘密安全保护技术规范
193	18891	Q/SY 10009.1—2017	天然气零售系统建设与运维规范　第 1 部分：运维管理
194	18892	Q/SY 10009.2—2017	天然气零售系统建设与运维规范　第 2 部分：燃气表 IC 卡接口
195	18860	Q/SY 10009.3—2017	天然气零售系统建设与运维规范　第 3 部分：银行代收系统接口
196	18867	Q/SY 10436—2017	海外网络建设与运行维护管理规范
197	18866	Q/SY 10606.5—2017	档案信息化建设规范　第 5 部分：系统权限管理
198	18861	Q/SY 11020—2017	成品油销售企业加油（气）站和油库劳动定员
199	18870	Q/SY 11074—2017	石油化工电气检修劳动定额
200	18864	Q/SY 11187—2017	采气工程劳动定员
201	18871	Q/SY 11374—2017	测井仪器制造劳动定额
202	18880	Q/SY 13008—2017	招标实施前期准备工作规范
203	18852	Q/SY 13009—2017	智能压力 / 差压变送器采购技术规范
204	18877	Q/SY 13123—2017	物资仓储技术规范
205	18878	Q/SY 13281—2017	物资仓储管理规范
206	18879	Q/SY 13423—2017	机电产品进口许可管理规范
207	18800	Q/SY 15003—2017	海外项目流动性作业社会安全防范指南
208	18797	Q/SY 15004.1—2017	石油石化企业安保防恐风险等级及防范规范　第 1 部分：油气田企业
209	18798	Q/SY 15004.2—2017	石油石化企业安保防恐风险等级及防范规范　第 2 部分：炼化企业
210	18794	Q/SY 15004.3—2017	石油石化企业安保防恐风险等级及防范规范　第 3 部分：销售企业

续表

序 号	书 号	标准号	标准名
211	18796	Q/SY 15004.4—2017	石油石化企业安保防恐风险等级及防范规范　第 4 部分：工程技术服务企业
212	18793	Q/SY 15004.5—2017	石油石化企业安保防恐风险等级及防范规范　第 5 部分：运输企业
213	18858	Q/SY 16001—2017	煤层气储层评价方法
214	18857	Q/SY 16002—2017	煤层气井井位设计规范
215	18863	Q/SY 16003—2017	致密油碎屑岩储层评价方法
216	18874	Q/SY 16004—2017	煤层气井站自动化数据采集与监控系统运行管理规范
217	18809	Q/SY 17003—2017	碳酸盐岩储层改造用黏弹性表面活性剂自转向酸技术规范
218	18810	Q/SY 17004—2017	弱碱三元复合驱用表面活性剂技术规范
219	18811	Q/SY 17005—2017	压裂用瓜豆片技术规范
220	18812	Q/SY 17006—2017	压裂酸化用起泡剂技术规范
221	18813	Q/SY 17376—2017	酸化压裂助排剂技术规范
222	18855	Q/SY 18003—2017	滩海人工岛构筑物管理规范
223	18854	Q/SY 18004—2017	海洋钢管桩三层包覆防腐技术规范
224	18884	Q/SY 19001—2017	风险分类分级规范
225	18883	Q/SY 19002—2017	风险事件分类分级规范
226	18882	Q/SY 19132—2017	业务流程描述规范
227	18872	Q/SY 25001—2017	工程建设项目焊工准入管理规范

表 5　2017 年石油工业出版社有限公司石油图书发货册数前 50 名

序 号	制品编号	制品名称	制品定价（元）	维护编辑	维护部门	发货册数	发货码洋（元）
1	1739	恪守红线：新形势下企业安全环保工作的探索与实践	50	曲爱平	标准安全分社	9327	466350
2	1339	中国石油天然气集团公司保密管理规定条文导读	60	曹光朋	职培分社	9208	552480
3	A6478	石油高职高专规划教材 石油 HSE 管理教程	26	何桐	高教分社	9190	238940
4	0529	井下作业井控技术与设备基本知识读本	38	李中	科技分社	8501	323038
5	A7113	石油石化职业技能鉴定试题集 采油工	48	培训	职培分社	8239	395472
6	A6881	中国石油员工培训系列教材 石油天然气井下作业井控	40	李丰	职培分社	6046	241840
7	1673	基建系统安全技术培训教程	58	郎杰	标准安全分社	5875	340750
8	1882	油气田地面建设工程（项目）竣工验收手册 (2017 年修订版）	150	潘玉全	科技分社	5817	872550
9	1849	安全环保法律法规 石油石化员工实务读本（2017 年版）	38	曲爱平	标准安全分社	5786	219868
10	0499	钻井井控技术与设备基本知识读本	36	李中	科技分社	5684	204624
11	1740	城镇燃气典型事故案例选编	25	吴莺	职培分社	5370	134250

续表

序号	制品编号	制品名称	制品定价（元）	维护编辑	维护部门	发货册数	发货码洋（元）
12	A6478	石油高职高专规划教材 石油 HSE 管理教程	26	于红妮	高教分社	5032	130832
13	1780	文风·学风·辩证思维——石油地质科研的三个问题	60	庞奇伟	科技分社	4607	276420
14	2058	采油安全经验分享 100 例	50	李中	科技分社	4275	213750
15	A7978	石油石化职业技能培训教程 采油工	60	培训	职培分社	3503	210180
16	0316	工程认知实践	28	方子奇	高教分社	3155	88340
17	1804	科学方法论及典型应用案例	75	方代煊	科技分社	3136	235200
18	1670	企业主数据管理实务	100	崔淑红	科技分社	2981	298100
19	1668	抽油井综合诊断示功图分析与应用	32	王宝刚	科技分社	2979	95328
20	A6953	石油石化职业技能鉴定试题集 注水泵工	48	于红	职培分社	2768	132864
21	1426	化险为夷：石油石化员工必读的安全环保风险预控知识	50	曲爱平	标准安全分社	2646	132300
22	1729	中国石油天然气集团公司年鉴 2016	258	杨天龙	年鉴史志分社	2583	666414
23	1317	保密工作培训教材	48	曹光朋	职培分社	2555	122640
24	1421	千“忽”万“患”：石油石化员工习惯性违章典型案例剖析	30	曲爱平	标准安全分社	2502	75060
25	1358	采油队 HSE 培训矩阵编制与应用手册	36	培训	职培分社	2491	89676
26	0421	工程制图基础习题集	12	方子奇	高教分社	2379	28548
27	1576	地质之美——经典地貌	78	马新福	科技分社	2161	168558
28	A0278	工程流体力学（高教）	28	徐秀澎	高教分社	2158	60424
29	1591	采油站生产设备故障诊断与处理	80	李中	科技分社	2134	170720
30	A6908	石油石化职业技能鉴定题集 输气工	48	鉴定	职培分社	2107	101136
31	1948	采油地质技术员业务培训手册	28	曹光朋	职培分社	2083	58324
32	A7820	油气田水处理工	48	培训	职培分社	2004	96192
33	1696	油田地面工程基础知识	68	王宝刚	科技分社	2001	136068
34	A6986	普通高等教育“十一五”国家级规划教材 高等院校石油天然气类规划教材 石油炼制工程（第四版）	60	院校	高教分社	1967	118020
35	1563	高效革新——TRIZ 理论在石油石化行业技术革新中的应用	49	王宝刚	科技分社	1965	96285
36	1971	井下作业技术员业务培训手册	70	曹光朋	职培分社	1926	134820
37	1798	高等数学学习指南	49.9	方子奇	高教分社	1790	89321
38	A6650	石油石化职业技能鉴定试题集 井下作业工	48	培训	职培分社	1758	84384
39	A6882	中国石油员工培训系列教材 石油天然气钻井井控	38	李丰	职培分社	1750	66500
40	A7622	油气井生产动态分析	55	培训	职培分社	1705	93775
41	A8490	高职高专教材 化工自动化及仪表	20	何桐	高教分社	1700	34000

续表

序 号	制品编号	制品名称	制品定价（元）	维护编辑	维护部门	发货册数	发货码洋（元）
42	1677	中国天然气发展报告（2016）	48	庞奇伟	科技分社	1679	80592
43	A6490	石油高等院校特色教材 石油教材出版基金资助项目 石油工程概论	22	方子奇	高教分社	1674	36828
44	A7003	普通高等教育“十一五”国家级规划教材 高等院校石油天然气类规划教材 石油地质学（第四版）	32	徐秀澎	高教分社	1637	52384
45	0011	高职英语综合教程 2（第二版）	32	何桐	高教分社	1591	50912
46	1733	油藏工程原理（第三版）	55	葛智军	高教分社	1588	87340
47	1787	事故防控策略与技术	65	曲爱平	标准安全分社	1547	100555
48	1552	油气田地面建设标准化施工技术手册 安全文明施工管理	32	李中	科技分社	1542	49344
49	A6633	石油石化职业技能鉴定试题集 集输工	48	李丰	职培分社	1539	73872
50	A7630	输油工	48	李丰	职培分社	1510	72480

表 6 2017 年石油工业出版社有限公司石油图书发货码洋前 50 名

序 号	制品编号	制品名称	制品定价（元）	维护编辑	维护部门	发货册数	发货码洋（元）
1	1882	油气田地面建设工程（项目）竣工验收手册 (2017 年修订版）	150	潘玉全	科技分社	5817	872550
2	1729	中国石油天然气集团公司年鉴 2016	258	杨天龙	年鉴史志分社	2583	666414
3	1339	中国石油天然气集团公司保密管理规定条文导读	60	曹光朋	职培分社	9208	552480
4	1739	恪守红线：新形势下企业安全环保工作的探索与实践	50	曲爱平	标准安全分社	9327	466350
5	A7113	石油石化职业技能鉴定试题集 采油工	48	培训	职培分社	8239	395472
6	1673	基建系统安全技术培训教程	58	郎杰	标准安全分社	5875	340750
7	0529	井下作业井控技术与设备基本知识读本	38	李中	科技分社	8501	323038
8	1670	企业主数据管理实务	100	崔淑红	科技分社	2981	298100
9	1780	文风・学风・辩证思维——石油地质科研的三个问题	60	庞奇伟	科技分社	4607	276420
10	A6881	中国石油员工培训系列教材 石油天然气井下作业井控	40	李丰	职培分社	6046	241840
11	A6478	石油高职高专规划教材 石油 HSE 管理教程	26	何桐	高教分社	9190	238940
12	1804	科学方法论及典型应用案例	75	方代煊	科技分社	3136	235200
13	1849	安全环保法律法规 石油石化员工实务读本（2017 年版）	38	曲爱平	标准安全分社	5786	219868
14	2058	采油安全经验分享 100 例	50	李中	科技分社	4275	213750
15	A7978	石油石化职业技能培训教程 采油工	60	培训	职培分社	3503	210180
16	0499	钻井井控技术与设备基本知识读本	36	李中	科技分社	5684	204624
17	1785	2016 年国内外油气行业发展报告	500	潘玉全	科技分社	377	188500

续表

序 号	制品编号	制品名称	制品定价（元）	维护编辑	维护部门	发货册数	发货码洋（元）
18	1484	地震沉积学原理与应用	260	庞奇伟	科技分社	689	179140
19	1591	采油站生产设备故障诊断与处理	80	李中	科技分社	2134	170720
20	1576	地质之美——经典地貌	78	马新福	科技分社	2161	168558
21	1912	石油天然气建设工程质量监督手册	140	曲爱平	标准安全分社	1013	141820
22	A9964	井下作业监督（第三版）	150	培训	职培分社	910	136500
23	1696	油田地面工程基础知识	68	王宝刚	科技分社	2001	136068
24	1971	井下作业技术员业务培训手册	70	曹光朋	职培分社	1926	134820
25	1740	城镇燃气典型事故案例选编	25	培训	职培分社	5370	134250
26	1960	2016 年世界炼油技术新进展	120	潘玉全	科技分社	1116	133920
27	A6953	石油石化职业技能鉴定试题集 注水泵工	48	鉴定	职培分社	2768	132864
28	1426	化险为夷：石油石化员工必读的安全环保风险预控知识	50	曲爱平	标准安全分社	2646	132300
29	A6478	石油高职高专规划教材 石油 HSE 管理教程	26	于红妮	高教分社	5032	130832
30	2199	第六届中国国际管道会议论文集（下册）	280	潘玉全	科技分社	464	129920
31	1554	油气田地面建设标准化施工技术手册 建筑和油气田道路工程	99	王宝刚	科技分社	1294	128106
32	2198	第六届中国国际管道会议论文集（上册）	280	潘玉全	科技分社	457	127960
33	1317	保密工作培训教材	48	曹光朋	职培分社	2555	122640
34	A6986	普通高等教育“十一五”国家级规划教材 高等院校石油天然气类规划教材 石油炼制工程（第四版）	60	院校	高教分社	1967	118020
35	A9369	中国沉积学（第二版）	880	马新福	科技分社	131	115280
36	1550	井下作业工程师手册（第二版）	198	李中	科技分社	574	113652
37	1644	石油地球科学——从沉积环境到岩石物理学（第 2 版）	298	王焕弟	国际出版交流中心	365	108770
38	1477	完井设计	256	何莉	科技分社	407	104192
39	9787900576194	中国石油天然气集团公司年鉴 2016（光盘版）	258	杨天龙	年鉴史志分社	403	103974
40	A6908	石油石化职业技能鉴定题集 输气工	48	鉴定	职培分社	2107	101136
41	1787	事故防控策略与技术	65	曲爱平	标准安全分社	1547	100555
42	1553	油气田地面建设标准化施工技术手册 管道和设备安装工程	72	王宝刚	科技分社	1357	97704
43	1563	高效革新——TRIZ 理论在石油石化行业技术革新中的应用	49	王宝刚	科技分社	1965	96285
44	A7820	油气田水处理工	48	培训	职培分社	2004	96192
45	1668	抽油井综合诊断示功图分析与应用	32	王宝刚	科技分社	2979	95328

续表

序 号	制品编号	制品名称	制品定价（元）	维护编辑	维护部门	发货册数	发货码洋（元）
46	A7622	油气井生产动态分析	55	培训	职培分社	1705	93775
47	1358	采油队 HSE 培训矩阵编制与应用手册	36	培训	职培分社	2491	89676
48	1798	高等数学学习指南	49.9	方子奇	高教分社	1790	89321
49	A6986	普通高等教育“十一五”国家级规划教材 高等院校石油天然气类规划教材 石油炼制工程（第四版）	60	徐秀澎	高教分社	1480	88800
50	0316	工程认知实践	28	方子奇	高教分社	3155	88340

表 7　2017 年石油工业出版社有限公司大众图书发货册数前 50 名

序 号	制品编号	制品名称	制品定价（元）	维护编辑	发货册数	发货码洋（元）
1	A7772	狼性团队——企业如何打造精英团队	28	高超	26814	750792
2	1402	乐死人的文学史・元明清篇	38	曹敏睿	25929	985302
3	1126	乐死人的文学史唐代篇	38	曹敏睿	24105	915990
4	1145	乐死人的文学史・宋代篇	38	曹敏睿	23439	890682
5	A7771	狼性执行——企业如何打造卓越执行力	28	高超	22754	637112
6	A7967	狼性管理——企业傲然生存的狼性管理法则	28	高超	22672	634816
7	1782	雅思口语全薇机经	98	王敏娴	20378	1997044
8	1229	背着英语去旅行（美绘版）	39	尹璐	19905	776295
9	2152	高扬的旗帜——中国石油天然气集团公司基层优秀党课选编	85	李玲	19889	1690565
10	1951	雅思标准词汇	110	王敏娴	14868	1635480
11	1840	雅思口语真题素材库及机经答案	100	朱世元	12705	1270500
12	1854	走赢职场头五年	39	曹敏睿	11695	456105
13	0285	一生最爱纳兰词（全词彩插珍藏版）	38	艾嘉	10626	403788
14	1321	哇呜，好多好多小汽车	29.8	艾嘉	8968	267246.4
15	0778	初一英语晨读经典 84 篇（第 4 版）	29.8	朱世元	8910	265518
16	2011	新托福真题词汇	50	王敏娴	7900	395000
17	1888	杰出女性英文演讲	39	尹璐	7482	291798
18	1319	嘀嘀，小汽车来了	29.8	艾嘉	6326	188514.8
19	A5366	责任胜于能力	19.8	王昕	6319	125116.2
20	1567	极简天文学	49.8	高超	6215	309507
21	0674	雅思口语多米诺 PONY 版	138	刘倩	6025	831450
22	0979	民国大师最重要的四十堂国史课	39.8	高超	5596	222720.8
23	1323	哇呜，热热闹闹的工地	29.8	艾嘉	5545	165241

续表

序　号	制品编号	制品名称	制品定价（元）	维护编辑	发货册数	发货码洋（元）
24	1322	哇呜，繁忙的飞机场	29.8	艾嘉	5311	158267.8
25	0aj03	我的想象力训练书（德国幼儿智力发展启蒙训练书：经典 WIMMELBUCH 小汽车图画书）(全五册)	149	艾嘉	5153	767797
26	1481	从零开始学音标	25	尹璐	5051	126275
27	1320	嘀嘀，施工乐园来了	29.8	艾嘉	5034	150013.2
28	1483	从零开始说英语	29	尹璐	5006	145174
29	1566	宇宙深处：探索宇宙的过去与未来	42	高超	4940	207480
30	1805	初中英语语法练这本就够了	45	王敏娴	4880	219600
31	1581	小学英语晨读经典 365 上（第 4 版）	19	田之秋	4809	91371
32	A5366	责任胜于能力	19.8	曹敏睿	4781	94663.8
33	0aj07	我的想象力训练书（德国幼儿智力发展启蒙训练书：经典 WIMMELBUCH 小汽车图画书）(全五册) 发货京东网	149	艾嘉	4703	700747
34	1795	初中英语语法看这本就够了	45	王敏娴	4678	210510
35	1672	别莱利曼的趣味物理学	29.8	高超	4663	138957.4
36	1586	小学英语晨读经典 365 下（第 4 版）	19	田之秋	4615	87685
37	1095	中学生魅力阅读（第 3 版）八年级·上	29.8	马骁	4516	134576.8
38	1243	把工作做到零缺陷	29.8	王昕	4497	134010.6
39	1582	小学英语晨读经典 365 中（第 4 版）	19	田之秋	4407	83733
40	1281	看美剧学日常口语	34	尹璐	4337	147458
41	1543	看电影学日常口语	29	尹璐	4315	125135
42	1541	看英剧学日常口语	30	尹璐	4219	126570
43	1653	英语 10000 句 上册	39	尹璐	4202	163878
44	1969	不打不骂，送入北大	36	曹敏睿	4125	148500
45	1476	弘扬“石油精神”学习读本	39	杜禾	4100	159900
46	A6978	责任胜于能力（白金版）	29.8	王昕	4046	120570.8
47	1981	坚定的锡兵 折纸版	15	田之秋	4019	60285
48	1654	英语 10000 句 下册	35	尹璐	3946	138110
49	1542	看电影追剧学旅游口语	22	尹璐	3931	86482
50	1108	中学生魅力阅读（第 3 版）九年级·上	29.8	马骁	3891	115951.8

表 8　2017 年石油工业出版社有限公司大众图书发货码洋前 50 名

序　号	制品编号	制品名称	制品定价（元）	维护编辑	发货册数	发货码洋（元）
1	1782	雅思口语全薇机经	98	王敏娴	20378	1997044
2	2152	高扬的旗帜——中国石油天然气集团公司基层优秀党课选编	85	李玲	19889	1690565

续表

序　号	制品编号	制品名称	制品定价（元）	维护编辑	发货册数	发货码洋（元）
3	1951	雅思标准词汇	110	王敏娴	14868	1635480
4	1840	雅思口语真题素材库及机经答案	100	朱世元	12705	1270500
5	1402	乐死人的文学史·元明清篇	38	曹敏睿	25929	985302
6	1126	乐死人的文学史唐代篇	38	曹敏睿	24105	915990
7	1145	乐死人的文学史·宋代篇	38	曹敏睿	23439	890682
8	0674	雅思口语多米诺 PONY 版	138	刘倩	6025	831450
9	1784	石油建设项目工程量清单编制规则	580	陈朋	1362	789960
10	1229	背着英语去旅行（美绘版）	39	尹璐	19905	776295
11	0aj03	我的想象力训练书（德国幼儿智力发展启蒙训练书：经典 WIMMELBUCH 小汽车图画书）(全五册）	149	艾嘉	5153	767797
12	A7772	狼性团队——企业如何打造精英团队	28	高超	26814	750792
13	0aj07	我的想象力训练书（德国幼儿智力发展启蒙训练书：经典 WIMMELBUCH 小汽车图画书）(全五册）发货京东网	149	艾嘉	4703	700747
14	A7771	狼性执行——企业如何打造卓越执行力	28	高超	22754	637112
15	A7967	狼性管理——企业傲然生存的狼性管理法则	28	高超	22672	634816
16	1854	走赢职场头五年	39	曹敏睿	11695	456105
17	0aj04	我的想象力训练书（德国幼儿智力发展启蒙训练书：经典 WIMMELBUCH 小汽车图画书）(全五册）	149	艾嘉	2974	443126
18	0285	一生最爱纳兰词（全词彩插珍藏版）	38	艾嘉	10626	403788
19	2011	新托福真题词汇	50	王敏娴	7900	395000
20	1567	极简天文学	49.8	高超	6215	309507
21	0aj05	三维空间智力游戏情景迷宫脑力训练地板书	149.4	艾嘉	2031	303431.4
22	1888	杰出女性英文演讲	39	尹璐	7482	291798
23	1321	哇呜，好多好多小汽车	29.8	艾嘉	8968	267246.4
24	0778	初一英语晨读经典 84 篇（第 4 版）	29.8	朱世元	8910	265518
25	2153	奋进的坐标——中国石油天然气集团公司基层党建工作案例集	68	杜禾	3744	254592
26	0979	民国大师最重要的四十堂国史课	39.8	高超	5596	222720.8
27	1805	初中英语语法练这本就够了	45	王敏娴	4880	219600
28	1795	初中英语语法看这本就够了	45	王敏娴	4678	210510
29	1566	宇宙深处：探索宇宙的过去与未来	42	高超	4940	207480
30	1658	雅思口语梦工场	55	尹璐	3764	207020
31	1704	80 天攻克雅思核心词汇（第五版）	69.8	王敏娴	2801	195509.8
32	1686	儿童心理成长绘本 5	96	艾嘉	2017	193632
33	1689	儿童心理成长绘本 8	96	艾嘉	2003	192288
34	1682	儿童心理成长绘本 1	96	艾嘉	1984	190464

续表

序号	制品编号	制品名称	制品定价（元）	维护编辑	发货册数	发货码洋（元）
35	1319	嘀嘀，小汽车来了	29.8	艾嘉	6326	188514.8
36	1688	儿童心理成长绘本 7	96	艾嘉	1959	188064
37	1683	儿童心理成长绘本 2	96	艾嘉	1953	187488
38	1684	儿童心理成长绘本 3	96	艾嘉	1947	186912
39	1687	儿童心理成长绘本 6	96	艾嘉	1940	186240
40	1685	儿童心理成长绘本 4	96	艾嘉	1932	185472
41	1741	能源世界是平的	88	刘文国	1928	169664
42	1691	页岩战略	98	刘辉	1701	166698
43	1323	哇呜，热热闹闹的工地	29.8	艾嘉	5545	165241
44	1653	英语 10000 句 上册	39	尹璐	4202	163878
45	1893	中国能源政策解读：能源革命与 " 一带一路 " 倡议	98	刘文国	1668	163464
46	1476	弘扬“石油精神”学习读本	39	杜禾	4100	159900
47	1322	哇呜，繁忙的飞机场	29.8	艾嘉	5311	158267.8
48	1320	嘀嘀，施工乐园来了	29.8	艾嘉	5034	150013.2
49	1969	不打不骂，送入北大	36	曹敏睿	4125	148500
50	1715	希利尔讲世界史（彩色珍藏版）	49.8	艾嘉	2980	148404

编后记

《石油工业出版社年鉴2018》是出版社历史上第一次编纂年鉴，记载了出版社2017年深化改革、开拓进取的历程，既可作为出版社对外合作交流、宣传企业形象的名片，也可作为员工入社教育的简明读本，为管理人员和全社员工了解出版社各项工作提供重要参考。

2018年初，党委书记、执行董事、总经理张卫国提出编纂出版社年鉴，由办公室、年鉴与史志出版分社共同负责。2018年8月，《石油工业出版社年鉴2018》编写大纲研讨及启动会召开，9月下发通知，编纂工作正式展开。11月，各部门各单位陆续提交初稿，经过整理、编辑加工，12月底完成第一版数码样书。随后至2019年9月期间，先后排版、校对、回改9轮。由于是初次编写，各部门各单位每次审读清样后，都会对一些内容进行修改，有些几乎重写。特别是2019年6月召开审稿会后，出版社领导及各部门各单位又对全稿提出一些具体修改意见。经过一年多各方共同努力，本卷年鉴由初稿时10万字增加到35万字，比较全面系统地反映了出版社2017年整体情况。

在本卷年鉴的编纂过程中，编委会主任、总经理张卫国两次审阅全稿并提出要求，编委会常务副主任、总编辑张镇多次审阅全稿，进行具体指导；顾问许进军提出重要补充内容意见，出版总监宋向程、高教分社社长徐秀澎协助审读三校样，彩印公司总经理张红军和设计人员一起多次完善封面设计，办公室易昕、总编室姜华等协助查找照片；参与编纂、审稿工作的各部门各单位负责人、撰稿人精益求精；年鉴史志分社责任编辑认真征求修改意见。值此付梓之际，向所有为编纂、编辑、审稿、设计、印制等各个环节付出辛劳的出版社同仁表示诚挚的谢意！

虽然编纂人员已尽全力，但难免疏漏和不足，恳请读者批评指正，以便在今后各卷中加以改进。

鉴往知来，让我们携手努力，一起创造出版社更加美好的未来。

《石油工业出版社年鉴》编写组

2019年9月

图书在版编目（CIP）数据

石油工业出版社年鉴 . 2018/ 石油工业出版社有限公司编 . 北京：石油工业出版社，2019.9

ISBN 978-7-5183-1607-6

Ⅰ . ①石… Ⅱ . ①石… Ⅲ . ①出版社—北京—2018—年鉴 Ⅳ . ① F239.22-54

中国版本图书馆 CIP 数据核字（2018）第 301666 号

石油工业出版社年鉴 2018

SHIYOU GONGYE CHUBANSHE NIANJIAN 2018

出版发行：石油工业出版社

（北京安定门外安华里 2 区 1 号 100011）

网　　址：www.petropub.com

图书营销中心：(010) 64523731

编 辑 部：(010) 64523542　64523586

经　　销：全国新华书店

印　　刷：北京中石油彩色印刷有限责任公司

2019 年 9 月第 1 版　2019 年 9 月第 1 次印刷

889 毫米 ×1194 毫米　开本：1/16　印张：14.5　插页：20

字数：360 千字

定价：98.00 元

（如出现印装质量问题，请与图书营销中心联系）